贝克欧洲史 － 01

C. H. Beck Geschichte Europas

Hartmut Leppin

Das Erbe der Antike

©Verlag C.H.Beck oHG, München 2010

Arranged through Jia-xi Books Co., Ltd. / Literary Agency.

封面图片为《诱拐欧罗巴》，现藏于Gaziantep Zeugma Mosaic Museum；

封底图片为《掠夺欧罗巴》，现藏于Museo archeologico nationale di Napoli。

〔德〕哈特穆特·莱平——著

Hartmut Leppin

遗 古
产 代

DAS
ERBE DER
ANTIKE

欧洲的源起

徐 庆——译

社会科学文献出版社
SOCIAL SCIENCES ACADEMIC PRESS (CHINA)

丛书介绍

"贝克欧洲史"（C.H.Beck Geschichte Europas）是德国贝克出版社的经典丛书，共10卷，聘请德国权威历史学者立足学术前沿，写作通俗易读、符合时下理解的欧洲史。丛书超越了单一民族国家的历史编纂框架，着眼欧洲；关注那些塑造每个时代的核心变迁，传递关于每个时代最重要的知识。如此一来，读者便可知晓，所谓的"欧洲"从其漫长历史的不同阶段汲取了哪些特质，而各个年代的人们又对"欧洲"概念产生了何种联想。

丛书书目

本卷作者

哈特穆特·莱平（Hartmut Leppin），当代德国杰出的历史学家，目前在美因河畔法兰克福歌德大学担任古代史教授，重点研究基督教史和希腊史。他是德国考古研究院院士，2015年获得德国科研最高奖——莱布尼茨奖。莱平教授还担任国际学术期刊《历史研究》《古代与基督教问题研究》主编，著有《古代史入门》《教父和他们的时代》《查士丁尼大帝：基督教的试验》等作品。

本卷译者

徐庆，语言学博士，上海电机学院外国语学院讲师，上海翻译家协会会员。毕业于复旦大学外文系，曾在"韩素音国际翻译大赛"和"上译杯翻译竞赛"中获奖，译有《完全卡夫卡》《耳证人》《资本主义简史》等。

目　录

前　言

在极为有限的篇幅中依靠丰富的知识对古代进行论述是一项难以应对的挑战，却也很有吸引力。由于本书将成为一套欧洲史中的一卷，这项挑战就变得更加艰巨而有趣了。想完成此类工作就得敢于取舍。我几年前出版过一部面向大学生的《古代史入门》，它的内容要比本书更加条理分明及客观。而本书归根结底是一篇长篇论述文，立场更加尖锐、鲜明，对于古代在奠定传统方面的意义，本书表达的观点更具个人色彩。我并不总会转述所谓的最新研究成果，因为其中的一部分我肯定并不知晓，况且有时它们无法令我信服。本书涉及的许多细节存在学术争议，必要时我会加以简述。"建议阅读文献"所罗列的自然不是全部的补充材料，不过专业人士懂得筛选，略有兴趣的读者也能依靠这些文献继续深入学习。

感谢美因河畔法兰克福及其他地区的同行，我们之间的许多讨论——尤其是我和弗兰克·伯恩斯坦（Frank Bernstein）紧密而友好的合作（我们对某些问题有不同看法）——对我大有启发。亚历山德拉·哈塞－翁格霍伊尔（Alexandra Hasse-Ungeheuer）和曼努埃拉·凯斯勒（Manuela Keßler）对书稿的审读很有价值。我的妻子娜迪亚·舍费尔（Nadja Schäfer）也提供给我许多灵感。我和 C. H. 贝克出版社及斯特凡·冯·德·拉尔（Stefan von der Lahr）、贝亚特·桑德尔（Beate Sander）等审稿人的合作一如既往地十分愉快。在修改及编写索引时，马里乌斯·卡尔费利斯（Marius Kalfelis）向我提供了可靠的帮助。

　　谨以此书纪念瓦尔特·埃德（Walter Eder, 1941~2009）[①]。与他相识以来，我们的交流一直使我受益良多。他是一位伟大却又长期被人低估的业内启发者，他擅长创造性思考，却过早离世，尚未将所有的新想法以及慷慨地与许多人讨论过的观点付诸笔端。

哈特穆特·莱平

2010 年春

[①]　瓦尔特·埃德：德国古代史专家，生前长期在波鸿鲁尔大学担任古代史教授。——译者注（如无特别说明，本书脚注均为译者注，尾注均为原作者注。）

第一章

序 幕

欧洲情况特殊。因为我们只是想当然地将这片位于乌拉尔山以西的"亚洲附属地区"称为独立大陆，看地图的时候，我们至多觉得它是一块次大陆。尽管如此，大家普遍承认欧洲是一块大陆，这自然有着历史原因，因为"欧罗巴"不仅代表地理区域，也代表特定的思想传统。这种传统主要形成于这块大陆，但影响从不局限于此地。我们很难将欧洲的政治史和文化史同近代美洲的政治史和文化史分割。在澳大利亚，欧洲史便又是欧洲移民所抵达的第五块大陆的历史。

我们今天所说的"欧洲"起源于地中海地区，古代的地中海一部分属于亚洲，一部分属于非洲，还有一部分属于欧洲。但是"古代欧洲"的说法与史实不符，且不说明确的欧洲观念诞生于何时，起码在古代，它尚未存在。对古人来说，欧罗巴（Europa）是神话中的女性角色，讽刺的是，她并非来自欧洲，而是来自西亚的腓尼基。宙斯倾心于欧罗巴，变成公牛的样子接近她，将她驮到了克里特岛（根据现代人的理解，此时她才到了欧洲），后来她的儿子米诺斯（Minos）在那里建立了王室。此外，对古人来说，欧罗巴还指希腊中部和巴尔干南部地区。他们有时也认为欧罗巴是有别于亚洲和利比亚（非洲）大陆的。不过，与近代的做法不同，古代的地理划分很少顾及文化差异和政治差异。古人的做法和当时的格局并不匹配，因为当时有大量的希腊人定居于小亚细亚的西部海岸地区，而欧洲的许多地方又居住着一些显然属于蛮族世界的民族。

古人从不将人类划分为欧洲人、亚洲人和非洲人，尽管他们也会思考是否一方水土养一方人，地域和具有共同特征的当地居民之间是否存在关联。古人通常将希腊民族或者之后的罗马人划为一类，将蛮族划为另一类。最晚从古典时代开始，古人就将上述分类与他们对不同性格特征的看法联系在一起了：在他们眼中，富于理性、文化昌明、享有自由的希腊人和罗马人与粗笨、残暴、冲动、被暴君奴役的蛮族截然不同。古人很容易将这种刻板印象移植到波斯人或者埃及人、迦太基人、日耳曼人身上，只是评价略有不同。比如，古人觉得日耳曼人勇敢冒失，东方人十分娇弱，迦太基人阴险狡诈。古人有时候也会美化蛮族，然而这只是给人群定性的另一种表现罢了。

古人有时也会使用"人居之地"（Oikumene）一词，它其实是指有人居住的世界，与没有文明的地区相对。但是将地理术语"欧洲"同价值观联系起来——这种做法对于现代的欧洲观念来说十分典型——在古代是罕见的，在中世纪也不普遍，当时的人通常将自己所在的地方定义为"基督教世界"，而不是"欧洲"。从中世纪晚期开始，欧洲的自我理解才变得越发重要。

本书到底是否适合作为欧洲史中的一卷？这个问题很值得探讨，假如人们指的是欧洲大陆的古代史，那么答案就是否定的。从地理的角度看，地中海地区才是古代的中心。它在古代经历了引人瞩目的文化繁荣期。相关的记忆通过犹太传统、希腊传统及罗马传统传播开来，始终受到珍视。从这一意义上讨论欧洲古代史似乎极有价值。

对于欧洲的形成而言，古代的重要性无可回避，这是因为欧洲史不仅意味着某一地区的过往，还意味着欧洲对自身历史的接受、记忆及传播。假如要追忆古代，我们将面对的是这样一段欧洲史：它并不具备民族色彩，相反，不同的民族都觉得它是自己的历史。一说到欧洲的共同特征，大家就喜欢援引古代的例子，这种现象在现代的欧盟当中也很常见，尽管欧盟对待其他问题十分客观。欧洲认为自己有源自古代的思想传统，哪怕大家对它们的理解见仁见智，它们仍然备受推崇。古代要素随处可见，在戏剧舞台上、在电影院里、在政治领域的制度观念中、在奥运会上、在日常语言和学术语言中、在历史剧和科幻作品里，它们是脑力研究的对象，也是被湮没的文化遗产。虽然古代离我们很远，但是作为欧洲的自我描述的一部分，它似乎不可或缺，甚至对于专业研究者之外的人也是如此。因此，要讨论欧洲，我们就必须对古代进行思考。

所以我将本书视为欧洲史的一部分。我的思考重点是，哪些事物对欧洲的政治秩序和规范性秩序产生了持续的影响。本书将不会涉及太多对欧洲来说同样极为重要的东西（我只能略微提及古代对文学、造型艺术、科学的意义），然而对于一部有意以欧洲政治史为重心的欧洲史而言，上述有侧重的安排似乎是合理的。

为了增加本书的信息量，我又对它的内容做了进一步提炼。本书专注于讨论三个极具影响力的核心概念，它们分别是至今都极受重视的自由理念、尤其在"古代欧洲"极富争议的帝国理念以及近几年恰好再度扩散开来的真正信仰理念（人们经常误以为真正信仰理念只属于东方—伊斯兰教，与欧洲无关）。我将这三个概念定为本书的论述出发点带有较大的主观性，但我觉得这样一来本书便能述及古代的若干重要侧面，它们的重要性体现在影响史（Wirkungsgeschichte）领域。

本书根据以上三个概念划分章节，所以我没有使用传统的古代分期法。按照一种广受认可、细节略存争议的权威观点，古代应如此分期：希腊历史分为古风时代（约前800~前500）、古典时代（约前500~前336，终止标志是亚历山大大帝掌权）和希腊化时代（前336~前31，终止标志是后来以奥古斯都身份闻名的屋大维战胜了最后一个希腊化大帝国埃及），罗马历史则分为共和制时代（前510~前31）、帝制时代（前31~284，终止标志是戴克里先掌权）和古代晚期（284~634，终止标志是伊斯兰教开始扩张）。

但这种分期不是绝对的，因为它只适用于古代的希腊—罗马世界。本书多次提到的犹太历史的分期便与此截然不同，公元前516年前后重建耶路撒冷圣殿及公元70年圣地再度被毁才是犹太历史上的重要转折点。和希腊史一样，波斯也因为亚历山大大帝的诸多战果而经历了重大转折，不过奥古斯都统治时期并未给波斯带来转折，带来转折的是萨珊王朝，其在公元224年获得统治权，将帝国的历史引向了新的道路。伊斯兰教的扩张对于罗马—拜占庭帝国和萨珊帝国而言都意味着巨变。拜占庭帝国尽管势力衰落却得以存续，萨珊帝国则覆灭了。

指导本书章节划分的三大概念至少具备以下优势。在我选择的论述顺序当中，三大概念将会引出传统的古代分期法中的特定阶段，同时又会再度动摇这种分期法，如自由的发现——它将希腊—罗马世界同古代东方明显区别开来——和希腊古风时代及古典时代的历史联系在一起。希腊化时代以及罗马共和制时代和帝制时代则发展出了（截然不同的）帝国概念。在古代晚期，一种主张自己代表真正信仰的宗教——基督教站稳了脚跟，成了皇帝也信奉的宗教。然而，相关概念不仅属于一个时代：各种涉及自由的观念在希腊化时代、罗马时代，也在基督教世界中继续发展。帝国的建立在古代东方已有先例，所以本书正文第二章追溯的历史事件必然比第一章更古老，章节内容的时间跨度也会更大。最后，要讨论真正信仰这个理念，就不能不提与古代东方存在关联的犹太教。行文重复有时无法避免，但我觉得这种缺点也有好处，能使各种交互关联得到凸显。

我选择上述三个影响力巨大的概念——自由、帝国和真正的信仰——并不是为了明确欧洲的根基、展示各种延续性。虽然延续性确实存在，我们可以一再回顾古代，但是一切的源头仍是陌生的。我们无法直接看到古代的真面目。本书讨论的不是随便哪种陌生事物，我们不能将古代草草地视为最熟悉的陌生事物，相反，这种陌生事物造就了欧洲。回忆往事的时候，我们也一再将其视为自身的组成部分，所以，对于欧洲而言，古代始终比世界史上的其他阶段更为重要。

此外，古代留下的种种传统并不是一成不变的、可供我们照搬照抄的知识，相反，它们具备潜能，容后人用各式各样的方法加以更新利用。假如古代世界本身获得了赋予他者合法性的力量，那么这些传统的价值就会提升。在欧洲史上的许多阶段，某些古代时期被视为完美时期或者至少是模范时期，但是受人推崇的时期并不固定：中世纪统治者将古代以色列王权视为典范；在文艺复兴时期和法国大革命时期，罗马共和国成了榜样；拿破仑憧憬罗马帝制时代；在"世纪末"（Fin de siècle），许多人迷恋古风时代的希腊；还有许多时期将古典时代的希腊作为标杆或者参考物。

欧洲人经常喜欢引用诞生于古代或者描写古代的文本。欧洲人不仅将它们视为旧物，也经常将它们视为经典，它们的意义似乎不言自明，实际上却必须得到阐述。研究这些文本拓展了欧洲的经验空间，继而也拓展了行动空间。即便我们不采取复古崇古的立场，古代也一直在给后世提供各类参考，关乎想象的边界和人类的潜能，关乎美好的事物，也关乎覆灭。

我们也不能忽视古代传统的自相矛盾之处。在古典时代，涉及自由的思想与族群主义观点紧密相关，这种观点推崇希腊人，贬抑蛮族。罗马人光辉灿烂的帝国组织建立在对异族的压迫之上。基督教大力宣扬博爱，却以暴力手段打压其他信仰。上述方面也产生过巨大影响。大家从欧洲的古代学到的东西各不相同，所以我觉得本书书名看似过时的"古代遗产"隐喻始终很有意义，比"欧洲之根"或者"欧洲摇篮"等比喻更有意义，后者会让人想到稳定且独立的成长。

本书讨论的亦不是欧洲人独享的遗产。在书中的少数地方——可惜数量太少——我会提到其他人吸纳的一部分遗产。希腊哲学对于伊斯兰教的发展具有极其重要的意义，伊斯兰教形成于一个深受古代基督教和犹太教影响的世界。古代的影响也向印度和中国辐射，以古代为起点的道路不仅通往佛罗伦萨、巴黎和柏林，而且也通往巴格达、巴连弗邑（Pataliputra）①和新疆。

本书的历史叙述视野很少能越过希腊—罗马世界的边界。毫无疑问，希腊—罗马古代世界与周边各种文化保持着交流，不断受到外来的启迪，也不断输出影响。现代学者对此做了深入研究，本书只能略谈一二。

任何对古代略有了解的读者都会发现，还有许多内容未被本书提及。在综合处理如此庞杂的材料之时，这种问题无法避免。假如读者对本书内容产生兴趣，或者因其存在缺漏而顺理成章地感到不满，从而继续研究古代，那么本书的一大目标也就实现了。[1]

---

① 巴连弗邑：又译作波吒厘、华氏城等，恒河南岸古城，位于现在的印度巴特那（Patna）。

第二章

自　由

　　希腊人，这个人口稀少、高度自由、成就斐然的民族，令他们同时代的人疑惑："谁是他们的领袖，谁统率他们的军队？""他们不是他人的奴隶，不听从于任何人。""他们怎么能抵御进犯的外敌？""就像他们当年击败大流士的劲旅那样。"[1]这些诗句出自埃斯库罗斯的一部悲剧，上演于公元前472年。雅典观众看到的这一幕发生在波斯宫廷之中，问话人是阿托萨（Atossa），她是出师攻打希腊的波斯国王薛西斯（前486~前465年在位）的母亲，也是十年前被雅典人击败的大流士的遗孀。波斯太后十分忧虑，又看到了不祥的预兆，于是向长老组成的歌队打听独特的希腊人：他们看起来十分弱小，却又战功赫赫；他们没有国王，却能顽强抵抗。很快传来消息，波斯军队惨败。

　　不同寻常的是，这部悲剧取材于史实。希腊人成功抵御了波斯的两次军事入侵，尽管后者在兵力和资源方面都具有显著优势。希腊人的强大与纪律性来自何方？我们应当如何解释这场胜利？偶然因素可能发挥了一些作用：在萨拉米斯（Salamis）海战中，雅典人拥有杰出的指挥官地米斯托克利（Themistokles）；因为有银矿，雅典人建起了一支庞大的水师。地理环境也发挥了作用，因为波斯军队，尤其是骑兵很难在希腊的狭窄地带发挥威力。当然了，另一些人的看法也有道理，他们表示这场失败对波斯人打击不大。对波斯人而言，这只是小麻烦。然而，薛西斯此次出征确实调动了大批人马，因而此次失败的代价亦可谓惨痛，而希腊人的胜利给人留下了深刻印象。

对于希腊人的强大，同时代人早已给出了与上文截然不同的解释。史学家希罗多德（约前485~前425）在希波战争后的数十年述及东西之争，认为希腊获胜的主要原因显然在于自由——这个因素在埃斯库罗斯的剧作中同样重要。正是因为希腊人无须向当政者卑躬屈膝，他们才变得强大。但是这种自由并不意味着全然不受约束。在希罗多德笔下，逃往波斯的斯巴达前国王德马拉图斯（Demaratos）与薛西斯谈话时如此评价自己的同胞："他们虽然是自由的，但他们并不是在任何事情上都自由。他们受法律的统治。他们对法律的畏惧甚于你的臣民对你的畏惧。凡是法律命令他们做的，他们就做，而法律的命令却永远是一样的，那就是：不管当前有多么多敌人，都绝对不能逃跑，而是要留在自己的队伍里，战胜或是战死。"[2]波斯国王无法理解这种态度如何能使人取胜，他仍然坚信自己会是赢家，但结果使他得到了更深刻的教训。

现代人十分熟悉的纪律意识在希腊的自由概念中非常重要。然而另一点同等重要，却令现代观察者难以接受：希腊人认为，自由是自身与其他民族的斗争成果，它使自己区别于东边的邻人，即野蛮的波斯人。希腊人认为自己的成就来自自身独有、其他民族并不具备的特质。自由适用于希腊城邦及其公民，也许还适用于所有希腊人，但它不适用于所有人，就此而言它与现代的自由大相径庭。这种自由概念在希腊古典文化辐射的地方，尤其是在雅典不断发展，但它发端于古风时代的希腊，源自一个贵族制世界。

1 贵族之间的竞争：古风时代的希腊

荷 马

"荷马"是古代希腊绵延不绝的文学传统的源头。两部伟大的史诗和这个名字联系在一起，它们影响着后世，不仅产出了名言名句，所呈现的行为模式和价值观念也一直影响着后人。与后世的宗教共同体不同，古典时代的希腊人没有宗教正典，但是《荷马史诗》赋予了他们共同的思想根基，令他们自觉有过一段共同参与特洛伊战争的历史。

《伊利亚特》描述的事件发生在特洛伊城被阿凯亚人（Achaier）①围困第十年期间的几十天当中，阿喀琉斯受到联军领袖阿伽门农的侮辱，愤而退出围城者的行列，于是阿凯亚人的军队险些溃败。然而阿喀琉斯去而复返，因为他的挚友帕特洛克罗斯（Patroklos）死于特洛伊王子赫克托耳之手。重上战场的阿喀琉斯扭转战局，杀死了赫克托耳，侮辱了他的遗体。不过他最终被人说服交出了死者。史诗的结尾尸骨堆山，体现了贵族不受约束的行动会造成多么严重的破坏。

荷马的第二部史诗《奥德赛》叙述了奥德修斯艰险漫长的归乡之旅。这部作品虽然也有大量暴力内容，却颇具童话色彩。男主角遇到了其他民族的人，见识了不少奇风异俗。他不得不承受巨大的痛苦，但是最终回到故乡，杀死了那些欺负他家人的人。我们在这部作品中一再看到人物期望诸神以某种方式主持正义。

欣赏这两部史诗的读者会觉得自己进入了一个深受战争文化熏染的古风世界。在这个世界里，主角们纵情肆意、随心所欲。不过读者的印象与事实并不相符。《荷马史诗》中汇集了

---

① 阿凯亚：希腊地名，位于伯罗奔尼撒半岛西北部。阿凯亚群体是古希腊主要部落之一，在《荷马史诗》中，"阿凯亚人"是对攻打特洛伊的希腊人的称呼之一。

许多此前已然存在于希腊，或者拥有东方原型的故事。就连荷马使用的语言也是复杂的艺术语言，只有成熟的作者才能创作出如此精致的作品。

遗憾的是，我们对历史上的荷马所知甚少。大家普遍认为《伊利亚特》和《奥德赛》并非出自同一作者之手。《伊利亚特》的作者一般被认为生活在公元前8世纪中期，《奥德赛》的作者则生活在公元前8世纪末。还有许多研究者认为《荷马史诗》作者的生活年代更晚。此外，这些史诗肯定不是某人的一气呵成之作，而是融合了历史更悠久的诗歌而缓慢成型。目前，学术界将《荷马史诗》的作者视为文本编辑者，而这些文本此前已经口传了数百年。如果你认为每位作者都应该是狂飙突进时期推崇的灵感迸发的天才，或者必须有下笔成章的捷才，那么你就会难以理解学术界对荷马的看法。

我们同样不知道《荷马史诗》诞生于何地。大部分证据指向了小亚细亚的西海岸，即古代的爱奥尼亚地区。无论如何，荷马生活的世界深受东方的影响：新亚述帝国试图保存苏美尔时代以后古代东方的文化遗产，其势力范围有时扩展到小亚细亚；生活在亚述人霸权之下的腓尼基人驾船渡过地中海，也会接触到希腊人；一些希腊人为亚述人效力，后来又为巴比伦人效力。

《荷马史诗》里的许多母题都能在东方文学中找到应和。《伊利亚特》的主角阿喀琉斯和友人帕特洛克罗斯关系亲密，类似的，"美索不达米亚史诗"中的吉尔伽美什也有密友恩启都（Enkidu）。两位主角的朋友都去世了，不过帕特洛克罗斯战死沙场，恩启都则是病故。所以我们没必要高估东方的影响。位于西方文学源头的《荷马史诗》诞生于古代东方世界的边缘，必然吸纳了一些东方元素，但是《荷马史诗》也带来了新气象。

《荷马史诗》描述的是迈锡尼文明。公元前14世纪和公元前 13 世纪，一种宫殿文明在希腊十分繁盛，其主要中心是迈锡尼。迈锡尼文明既接近历史更悠久的克里特文明，也具有鲜明的自身特色。在迈锡尼出土的泥板上，我们第一次看到了希腊文，甚至看到了后来依旧如雷贯耳的希腊诸神之名。然而，迈锡尼文明的世界与后来的希腊世界截然不同。就其全部结构特征而言，克里特及迈锡尼的宫殿文明都更像美索不达米亚及西亚的文明，而不是后来的希腊文明。那些充当行政和政治中心的巨大宫殿本身就说明了这一点。

我们对这一时期的史实仅有只鳞片爪的认识，比如大家习惯于称为特洛伊战争的事件就一直云山雾罩。毫无争议的是，特洛伊的位置在小亚细亚西北，它或许位于当时支配着小亚细亚大部分地区的赫梯帝国的边境。特洛伊历经多次围城战，曾数度被人征服。我们不清楚荷马是否了解某次围城战的详细情况，也不知道阿伽门农或者阿喀琉斯等人物是否和历史上的某些战争有关。

《荷马史诗》中关于迈锡尼文明的内容是大致的回忆，涉及严重的军事冲突或是战车之类的特殊物件，它们在迈锡尼文明时代十分普遍，到了荷马的时代却不再常见。但是其他内容——文字的使用、宫殿的复杂管理等——并未出现在荷马笔下，因为荷马是古风时代的作家。

因此，学术界一般认为《荷马史诗》标志着希腊所谓黑暗时代（前 12～前 8 世纪）的结束，之所以称为黑暗时代，主要是因为我们对该阶段所知甚少。迈锡尼时代末期发生了一场巨变，和公元前 1200 年前后所谓的海上民族入侵大有关联，迈锡尼人后来加入了他们。海上民族蹂躏了东方的大片区域，摧毁了赫梯帝国和黎凡特的部分地区，威胁着埃及。很多地区面目全非，希腊也是如此，宫殿逐渐荒废，文字失传。然而此时也出现了重要的新器具和技艺，如陶工旋盘和冶铁技术（铁的硬度远远高于此前使用的青铜）。到了公元前 8 世纪，另一种文字开始传播，但它并非源自迈锡尼文字，而是可以追溯至埃及的象形文字，它主要在腓尼基人手中继续演变为字母。希腊人沿用了腓尼基人的文字并略作改动，系统地补充了元音。他们的书写目的不同于我们现在所知的迈锡尼人的书写目的。希腊人不仅开列清单，还抄录诗歌。

和同样源自埃及的希伯来文字一样，希腊的字母文字至今生机勃勃。希腊语一直有力地影响着我们描述世界的方式，奔流至今的文学传统便是在希腊语的河床上流淌的，尽管这条巨流也已蒸腾或流失了太多。因此，相比古代东方的历史，我们对希腊历史和犹太历史有着更强的认同感。不过，以《圣经》和希腊传说为中介，古代东方的历史也对欧洲世界产生了重大影响。希腊神话中留存着这种文化联系的痕迹：不仅有被宙斯拐走的腓尼基公主欧罗巴的故事——她后来成了克里特国王之母，还有欧罗巴的兄弟卡德摩斯（Kadmos）的故事——据说正是他把文字带到了希腊。就这样，古代东方的遗产经由不同渠道汇入了欧洲的遗产。

城邦世界与贵族文化

荷马描述的世界是一个贵族世界。不同于近代的欧洲贵族，古风时代的希腊贵族并没有稳定合法的特权，也没有贵族头衔等其他形式的等级划分标志。相反，希腊贵族一直得证明自己是名副其实的最优秀的人（áristoi）。证明方式包括作战时奋勇争先；生活奢靡，忙于打猎、运动，大宴宾客。这些活动的目的并不在于休闲娱乐，而是在于证明自我，展示自己在体力或者智力方面优于他人。展示途径之一是在宴会上妙语连珠。贵族的财富通常来自田产。贵族有着较大的农庄，可以从佃户那里收租。他们经常是某一地区的当政者，负责审判，管理崇拜活动，担任祭司。以东方统治者的标准来看，这一切平平无奇，在希腊社会中却已高人一等。

贵族在自己的圈子里结交朋友，不同年龄的男子之间也会建立同性恋关系。很多贵族组成了跨地区的关系网。他们相互拜访，安排子女联姻，也愿意跟非希腊人结亲。然而，基于等级的团结并不存在。有些人试图使贵族身份具有更强的世袭性，但是没有成功。贵族的儿子得到的优势只是更多的财富和更好的教育，可他们仍然必须证明自己"有本事"。

为了以和平方式证明自己高人一等并扬名立万，人们在附属于宗教庆典的大型竞赛上会聚一堂。这些竞赛名为赛会，只允许希腊人参加，其中最著名的就是奥林匹克运动会。赛会绝不崇尚重在参与的精神，它只看重胜利——有一点足以说明问题：在德语中，所有的奥运参赛者都被称为"奥运人"（Olympioniken），而这个词原本只指奥运会上的获胜者。

24

不断证明自己是贵族的一员让人饱受压力，也带来了很强的竞争意识，雅各布·布克哈特（1818~1897）将其称为希腊人的赛会精神。上述精神催生了令人赞叹的活力，却也会造成破坏性的影响，《荷马史诗》已然指出了这一点。此时的世界几乎沦为强者和试图成为强者的追逐个人利益的舞台。

贵族的任意妄为使农民难以忍受。另一部问世时间略晚于荷马作品的早期史诗刻画了农民生活的世界——这一现象令人惊讶。此书是赫西俄德（Hesiod）创作的《工作与时日》，他生活在希腊中部的波俄提亚（Böotien）。书中诗意地描绘了农民劳动的艰辛和体面，再三强调了集体生活的规则："增加存粮，就能避过大荒。"书中还写道："假如邻居人品好，你的牛就不会少。想要邻居对你好，你就也得对他好。"在此，最关键的不是规模更大的共同体，而是身边的邻里关系，它具有生死攸关的重大意义。

不过诗人也提到了诸神维护着正义，同时对贵族发出警告。这些诗句道出了普通百姓的无奈——

> 永生的诸神就在人类中间，且时刻注意那些不考虑诸神的愤怒而以欺骗的判决压迫别人的人。……其中有宙斯的女儿处女狄刻（Dike，正义女神），她和天上的诸神一起受到人们的敬畏。无论什么时候，只要有谁用狡诈的辱骂伤害她，她即坐到克洛诺斯之子、其父宙斯的旁边，数说这些人的邪恶灵魂，直至人们为其当政者存心不善、歪曲正义做出了愚蠢错误的判决而遭到报应为止。你们当政者要小心，你们这些爱收贿赂的人，要做出公正的判决。[3]

25

担任法官的贵族做出的判决看起来并不公平。

在这些诗句问世之时，希腊开始形成一种不同寻常的政治制度——城邦（Polis）制度，它在很多情况下包含贵族制，通过激发贵族制的活力造福大众。城市，哪怕是拥有自己政治制度的城市，并不是希腊的特产。公元前4千纪就出现了所谓的苏美尔城市国家，地中海东岸的腓尼基有许多相互竞争的城市。然而，城邦在希腊的发展壮大，却伴随着极为广泛而深入的参政行为。

希腊语单词"polis"意思为城市。现代学界将其变成术语，指一个小型政权，由公民团体即参政者共同体构成。现在我们尽量避免使用城市国家的概念，因为对于城邦来说，最关键的并不是国家领土。更确切地说，城邦是公民组织，将他们团结在一起的还有共同的崇拜——在这个世界里，宗教和政治是一体的。城邦的化身并不是抽象的雅典，而是"雅典人"，所以没有领土的城邦也是可以想象的。

城邦肇始于小块地区的中心区域，那里有重要的神庙和市场，也能举行集会。与中世纪的情况不同，当时的城市在法律上并未脱离乡村，因此乡村居民和城市居民享有同等权利。尽管如此，公民的数量很少，上千已属罕见——大多数希腊城邦更像近代村庄，而不是近代城市。

26

城邦的基础是家庭（Oikos）。这个希腊语单词通常被翻译成"住所"，但是意义更为丰富。它不仅指住宅本身，而且指一户人家及其仆役、奴隶，此外还可以是经济单位。理想状态下的家庭自给自足，它生产、加工及消费经济作物——自然以普通粮食为主。一家之主一般是公民。邻里关系将若干家庭联系在一起，因为只有做好在困难时期相互照应的准备，他们才能生存下去——赫西俄德介绍了很多此类生活准则。

广场（Agorá）是城邦的中心。该词的标准译法是"集市"，体现了它的主要功能之一——经济功能。不过除此之外，广场还是宗教中心及政治中心，因为人们在这里会面、讨论，以某种形式做出决定并祈求诸神的护佑。广场上出现了神庙和最早的政治建筑。

在希腊的黑暗时代，许多地区可能出现了王制，后来又被推翻。不过国王的头衔并未完全消失，因为人们不敢在重要的崇拜活动上、在与诸神交流时使用新的称呼，但是国王失去了政治权力。随着王制在希腊消亡，贵族之间的竞争变得更为公开和直接，同时，另一个机构——议事会变得举足轻重。最有身份的人聚在一起，顺利的时候意见能够达成一致。议事会至少要为最重要的决议准备草案，这在古风时代显然是经常发生的，而公民大会——等它召开的时候——就能对决议草案表示赞成或反对。

平民的地位随着军事史上的一项进步，即重装步兵战术的诞生而提高。这项进步可能出现于公元前 7 世纪上半叶。在此之前，战场上的士兵一对一搏杀，此时则有了新的作战方式。

27

它要求若干武装士兵，也就是重装步兵组成战阵（方阵）协同作战；他们可以用盾牌保护身旁的战友。这也需要很强的纪律意识，因为胆怯落后的人和为了出名而过分争先的人都会危及战友。此时讲求的是合作能力，而不需要自恋贵族的好胜心。这样一来，协作的美德就变得更为重要。此外，公民大会的影响力也在增强。因为贵族很少，无法满足重装步兵方阵的人数要求。人数更多的富农阶层便不可或缺。富农经常要求获得更多话语权，以便在处理宣战及媾和问题的时候发挥更大作用。

不由贵族决定，而由城邦处理的事务增加了。一些办事人员被指派负责某些领域，其岗位固定了下来，形成了正规的、分工越发明确的职务。本书避免使用有些学者用到的"公务员"（Beamten）这个词，大家不要误会，它指的不是附带退休金的有偿终身职务。

对于贵族和其他重装步兵而言，职务分配都隐含着风险——因为他们之中的某人可能会因为担任某职而变得过分强势。因此，必须制定相应的规则。这些规则有时会被刻写在石碑上流传下来。克里特小城德勒鲁斯（Dreros）就有这样的铭文——

> 城邦决定：担任过科斯摩（Kosmo）职务的人，在之后十年内将不得再任此职。假如有人违规连任，不论他在任内做出何种裁决，他个人都要承受双倍的惩罚并终身不得任职。他的命令一律无效。宣誓人为科斯摩、达米莫伊（Damioi）和城邦二十人队。[4]

铭文的很多内容我们都不理解，比如"科斯摩"（"维持秩序者"）、"达米莫伊"和二十人队的具体职能究竟是什么。不过铭文的重点在于禁止任何人在固定期限内再次担任某一职务，即任何人都不得长期掌握某项职权。

　　订立规则、从个案中提炼共性并且制定普遍适用的标准，体现了一种难能可贵的反思政治制度的能力，它是希腊人发展出复杂政治思想的前提之一。那时许多城市颁布了法律，一些法律汇编也被书面记录下来。它们的内容没有什么新意，人们主要是想通过惯例对含糊问题做出规定。由此可见，这些法律汇编并未完整罗列当时通行的法律，所以将它们理解为古风时代的法典至少不够准确。公元前 620 年前后活跃在雅典的德拉古（Drakon）闻名至今。他以固定程序处罚犯重罪者，消弭贵族之间的世仇。他区分了故意杀人和非故意杀人，使这种非常重要的法律思想的发展得到巩固。后世文献称，游手好闲和盗窃粮食的人都会被判死刑——"德拉古式"惩罚的概念由此诞生。

　　同期另一目标迥异的历史进程也推动了希腊人对政治制度的反思：在希腊本土和小亚细亚沿海地区的希腊人中间兴起了移民运动，使得希腊本土之外诞生了许多新城邦。它们遍布各地：黑海沿岸、意大利半岛南部、西西里岛、现今法国的南部、北非的昔兰尼加（Kyrenaika）①。在不受腓尼基人或者其他强大势力控制的沿海地区，希腊人建立了新的定居点，它们被称为"海外定居点"（Apoikia）——笔者不使用广为流传的"殖民地"概念，因为它会让人错误地联想到罗马史及近代史。值得注意的是，希腊的海外定居点是独立政权，共同的崇拜和特殊的忠实感情将它们与母邦（metrópolis）联系在一起，但是两者之间并没有政治上的依附关系。马赛、那不勒斯或锡拉库萨（Syrakus）②等现代城市在追溯自己的这段传统时都十分自豪（见地图 1）。

29

---

① 昔兰尼加：利比亚东部地区，得名于古希腊城市昔兰尼（Kyrene）。
② 锡拉库萨：西西里岛上由希腊移民建立的城市，指古希腊城邦时一般沿用传统译名叙拉古，下文同。

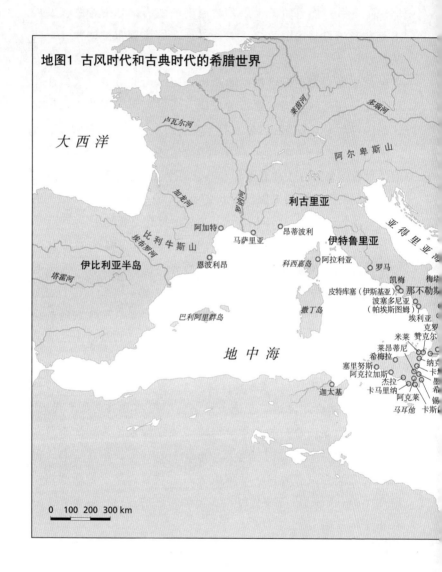

地图1 古风时代和古典时代的希腊世界

喀尔巴阡山脉

叙帕尼斯河

普鲁特河

包律斯铁涅斯河
（第聂伯河）

塔内斯河

奥尔比亚

别列鼻岛

梅奥提斯海
（亚速海）

潘提卡彭

法纳戈里亚

提拉斯

特奥多西亚

辛梅里安的
博斯普鲁斯

皮提乌斯

克森尼索

狄奥斯库里亚斯

发细斯

希斯特里亚

托米斯

好客之海
（黑海）

卡拉提斯

多瑙河

奥德索斯

锡诺普

特拉比松

墨森布里亚

安海洛斯

阿波罗尼亚

色雷斯

拜占庭

卡尔西顿

弗里吉亚

马其顿

阿布德拉

艾诺斯

戈尔迪翁

马拉蒂亚

斯

佩拉

塔索斯

奥林索斯

库齐库斯

卡尔凯美什

墨顿

塞斯都斯

兰普萨科斯

培希努

科马纳

波提底亚

利姆诺斯岛

阿比多斯

吕底亚

提阿那

斯

色萨利

埃雷

莱斯沃斯岛

土麦那

托罗斯山

阿勒颇

幼发拉底河

拉基亚

哈尔基斯

特里亚

希俄斯岛

萨迪斯

塔尔索斯

阿尔米纳

德尔斐

埃维亚岛

福卡

以弗所

阿斯班多斯

阿尔米纳

科林匹亚

雅典

科洛丰

米利都

佩尔格

西代

林匹亚

墨伽拉

纳克索斯

萨拉米斯岛

麦西尼

阿尔戈斯

哈利卡尔那索斯

斯巴达

尼多斯

罗得

索罗伊

塞浦路斯岛

大马士革

希拉

帕福斯

西顿

推罗

克里特岛

撒玛利亚

地 中 海

戈廷

耶路撒冷

加沙

昔兰尼

瑙克拉提斯

塞易斯

尼罗河

红 海

　　移民的动机多种多样：故乡局势紧张，或许贵族内部发生了冲突，或许其他居民群体之间有矛盾；人口增长，家中儿子太多、经济拮据；宗教原因；粮食歉收；也许朴素的事业心也起到了一定作用。但并非所有城市都加入了移民运动，雅典就没有建立海外定居点，斯巴达也只建立了一个。这两座城邦的周边都有较为广阔的区域可供市民定居。

　　人们通常在母邦的领导下建立新的城邦，母邦会派出有官方身份的新城建立者，即建城领袖（Oikistes），但是其他城邦的成员也经常参与建城。到了当地，人们必须根据新的情况建立城市及各类机构，这促使人们反思城邦的本质。政治制度不再被视为传统规定，建城者借鉴故乡制度时获得了重要经验：一部分旧的做法到了新城邦无法实行，因此制度也要与时俱进。

　　古风时代的许多事件似乎推动希腊世界变成了实现个人利益的舞台：贵族为了自己的名誉而争斗，公民服务于自己的左邻右舍或者城邦，许多人迁居他乡，为了利益建立海外定居点。希腊人的身份也得到了巩固，因为获得荣誉的平台一直对所有希腊人开放。赛会就是平台之一，只有奉行希腊的崇拜、融入希腊文化的人才能参加。各地的希腊人都能参加赛会，但只限于希腊人；在赛会上，来自海外定居点的希腊人和来自本土的希腊人会聚一堂，说着同一种语言，这样一来，就算方言五花八门，大家仍能顺利沟通。希腊人似乎正是通过接触他者而区分了自身与其他族群，同时思考了自身的语言、习俗和共同的崇拜。

　　在古风时代的希腊，自由的概念还不明确，但已存在一种自由观。当时在其他社会也有自由观，自由是奴隶制和债务奴役制的对立面（其中，债务奴役指的是还债无望者被迫将家人甚至自己卖给债主）。像这样失去社会地位的常见原因是农业社会中屡见不鲜的粮食歉收。歉收对于希腊农民而言尤其危险，因为希腊奉行所有继承人参与遗产分配的原则，结果是各人得到的田地有时太少，不足以维生。债务奴役制威胁着很多农民和重装步兵的自由，动摇了希腊城市的军事基础。

在当时的诗人笔下，优良秩序（Eunomie）即城邦的井然有序成了自由的前提。常打胜仗的共同体可以保护其成员不在战争中沦为奴隶。共同体的优良秩序来自宙斯，希腊人希望宙斯能维护优良秩序。

当时文献较为详细地描述了公元前6世纪初雅典的情况，那时它还不是举足轻重的城市，却也略具规模。债务奴役现象在雅典十分常见，贵族内部也争斗不休。担任过执政官（Archont）的梭伦被选为调停者。他亲笔记述了自己的作为——这是出自政治人物之手的少数古代详细记录之一。梭伦按照当时流行的文风用诗句写道："我们的国家不会因为宙斯的旨意或者不朽诸神的意图被毁灭。……人们自己却想通过愚行毁灭这座强大的城市。公民受到财富的引诱，人民领袖受到不义思想的引诱。……于是整个群体的不幸侵入每个人的家庭；庭院大门无力阻挡，不幸能越过高高的栅栏。"[5]同赫西俄德一样，梭伦也相信宙斯的庇佑之力，但他的读者却可能亲手破坏或者维护秩序。城市中发生的一切都和公民有关，谁都不能退回到自己的家庭之中独善其身。

后人将多项改革归到了大名鼎鼎的梭伦名下，实际情况则难以确证。我们可以肯定的是，梭伦采取措施取消了债务奴役制。他很可能开始推行一种金权政治（timokratisch）制度，依照收入水平划分公民等级。这样一来，他（可能首次）将公民划分为四个等级，其划分依据是粮食收成，计量单位为"麦斗"（médimnos），一"麦斗"约能装50升粮食，所以可以被德译为"舍费尔"（Scheffel）①：公民被分成五百麦斗户

33

---

① 舍费尔：德国古代容量单位，各地标准不一，一舍费尔折合十数升至数百升。

（pentakosio-medimnoi）、骑士（hippeis，拥有三百麦斗粮食）、有轭牲之人（zeugitai，拥有两百麦斗粮食）和彻底无产的雇工（thetes）。有轭牲之人及以上等级的公民都能担任重装步兵参战。政治权利根据公民所属的等级来划分。起初只有五百麦斗户才能担任执政官和国库的司库，雇工则毫无社会影响力。在这套分级制度中，贵族出身同样不能直接带来特殊地位，除非贵族继承了财产，间接获得特殊地位。

34 梭伦针对许多罪行制定了法规或审理办法，公民遇事必须提起诉讼，而不能私自处理。由此，那些无力亲自伸张权利的人得到了保障。民众诉讼（Popularklage）也被认为是梭伦发明的，说的是每位公民都有权利针对危及共同体的罪行提起诉讼。由于古典时代没有检察官，公民以这种方式关心集体就显得十分重要。梭伦始终呼吁公民要有公益精神，任何人都不能让自己的野心凌驾于城邦的利益之上——梭伦也很重视优良秩序，认为其来自诸神，却担心它会毁于人类之手。他的态度在下面这条看似古怪的法律中体现得淋漓尽致，据说它正是梭伦制定的：如果发生内战，每个公民都必须表明自己支持哪一方，不允许大多数人保持沉默。这样的规定很符合梭伦提高公民道德素质的著名理想，而公民道德后来成了民主制的必要前提之一。

梭伦改革削弱了贵族的力量，因为他们此前是债务奴役制的受益者。但是贵族势力衰弱的更主要原因在于内部斗争，由此诞生了对贵族自由的最大威胁：僭主。

僭主：超级贵族

贵族之间的竞争可以随着其中一人的地位超过所有人而告终，此人就是僭主。公元前7世纪之后，随着库普塞罗斯家族（Kypseliden）在科林斯获得统治地位，这种现象就反复在希腊本土的若干城邦出现，后来也见于西西里。一定程度上说，各方面都高人一等的僭主就是"超级贵族"，但他同时又破坏了贵族世界，因为贵族之间的平等，也就是培养竞争的温床不复存在。

一些僭主通过和其他贵族结盟上位，另一些僭主则试图动员民众为自己所用，还有一些僭主利用梭伦担任过的调解官之职来巩固自己的势力。这样，其他贵族必然将僭主视为危险的敌人。卷入公元前 600 年前后莱斯沃斯岛（Lesbos）贵族内斗的阿尔凯奥斯（Alkaios）通过诗句表达了自己的危机感。他的笔下出现了极富感染力的意象——共同体就像一艘船。

> 不知怎的起了这动乱的风暴。
> 波涛卷向这边，波涛卷向那边。
> 我们坐在黑木船上，
> 漂向这边，漂向那边。
>
> 这狂风让我们吃尽了苦头。
> 桅杆下的船舱里灌满了海水，
> 帆篷都被吹破烂，
> 裂开一个个大口子。[6]

和后来的作家不同，阿尔凯奥斯笔下的船指的不是国家，而是他的小集团（Hetairie），即他所属的贵族群体。他们对僭主皮达库斯（Pittakos）深恶痛绝，奋起反抗。对敌人的憎恨影响了古代传说中的僭主形象，我们更难把握真实历史人物的行为。

由于地位微妙，僭主必须竭尽所能地巩固自己的权力。他们很难将自己的地位固定下来，因此我们无法将其定义为一个特殊官职。这使得僭主个人可能对城邦的整体局势影响过大。僭主有时可以把权力传给儿子，但是得到普遍认可的世袭原则并未形成。僭主的家族传承从未超过三代。僭主最重要的权力在于掌控士兵——卫队的存在是僭主统治的标志——以及占据物资。此外，僭主还可以在宗教层面赋予自己的权力合法性，宣称庇佑胜利者的诸神特别青睐自己。不过恰恰出于上述原因，不断获胜对于僭主来说非常重要。

我们对雅典的情况最清楚。僭主政治在雅典出现得较晚，是在梭伦的措施看似失败之后出现的。梭伦至少未能长期抑制贵族之间的斗争，权势者也并不以提升集体福祉为己任。庇西特拉图（Peisistratos）在斗争中获胜，不过他几经波折，直到公元前546/545年才巩固了自己在雅典的统治。他在公元前528/527年去世的时候将统治权力传给了两个儿子，这表面上体现了僭主政治的稳定性。

庇西特拉图起初依靠与雅典内外的其他贵族结盟——这类同盟的存续时间一般很短——将其他竞争者逐出雅典。之后他没有推翻既有的法律，包括梭伦制定的那些法律，以免让人觉得他的统治违法，但他修改了一些法律。地方单位德莫（Demos）① 是贵族最重要的权力基础，他们以法官和祭司的身份控制这些地区。庇西特拉图似乎试图削弱贵族在地方上的影响，因此派出所谓的地方法官，与地方上旧有的法庭竞争。在雅典，尤其在城中的山丘卫城上，他举办了许多崇拜庆典。为了维护自己的权力，庇西特拉图削弱了阿提卡（Attika）的贵族制，也在无意间为民主制度的发展铺平了道路，使民主制度可以更方便地将衰弱的贵族制纳入其中。

辉煌盛大的泛雅典娜节活动影响广泛。节庆的高潮是各种

---

① 德莫：英语译为 deme，中文又可译为村社，古典时代雅典基层政治单位。

公民群体游行至卫城，在泛雅典娜节期间还经常会举办具有跨地区影响力的竞赛。尤其是在庇西特拉图之子统治时期，雅典出现了文化繁荣的局面，原因是掌权者需要炫耀。僭主通过奢侈的排场展示自己控制了重要资源。这时诗人迁居雅典，造型艺术蓬勃发展，重要的建筑在卫城及其他地方拔地而起。悲剧同样起源于僭主政治时期。压印硬币也产生了持久的影响。早期的硬币已印有雅典的标志猫头鹰图案，它至今仍印在希腊制造的欧元硬币上。僭主用这种硬币替代了贵族家族制造的带有各自家徽的旧硬币。

这项措施同时标志着经济史上一件难以理解的事情的发展。硬币起源于公元前7世纪西亚的吕底亚王国，自产生之后希腊人便认为其十分重要，尤其是在日常生活之中。因此希腊人促成了小币值硬币的问世，且规定硬币必须有声誉良好的机构的标志作为信用担保。与学用字母的情形相似，希腊人非常聪明地利用了一项或许起源于其他地方的发明。

庇西特拉图家族看似成功，其地位却不断受到攻击。公元前514年的"谋杀僭主"是一件大事。两名贵族哈摩尔狄乌斯（Harmodios）和阿利斯托盖同（Aristogeiton）刺杀了庇西特拉图的儿子西帕库斯（Hipparchos），但他们的目的不是解放城市，而是了断个人恩怨——此事还涉及一段同性感情纠葛。到了后来，在实行民主制的雅典，这一事件才被认为是对僭主政治的重大打击，人们还竖立了纪念像（见图1）。

在竖立雕像之前已经有人赋诗颂扬这场刺杀行动，人们在贵族的宴席上朗诵此诗——

> 我要装点这把宝剑！饰以桃金娘的枝蔓！
> 要仿效当年的哈摩尔狄乌斯和阿利斯托盖同，
> 因为他们将僭主

38

图 1　雅典人不能依靠自己的力量推翻僭主统治。因此他们称颂杀死了僭主的哈摩尔狄乌斯和阿利斯托盖同，尽管这场刺杀源自私怨。雅典人在广场上竖立了官方纪念像铭记此举，图中这件罗马仿制品留存至今

消灭，使雅典人

成了权利平等的伙伴。[7]

诗中出现了一个重要的关键词：雅典人成了 isónomoi（权利平等的伙伴）。这个词出现于公元前 6 世纪，表达了一种重要的政治诉求——追求平等。人们可以将其理解为贵族内部的平等，但也可以将它和范围更大的居民圈子联系起来。人们过去说的是 Eunomie，即优良秩序，此时人们对它的理解具体化了，成了 Isonomie，它大致可以被译为平等秩序。如果说优良秩序指的是一种由宙斯制定、可以被人类破坏或保持的秩序——这是梭伦的看法——那么平等秩序就是人们必须奋力争取的事物。

兄弟的遇刺似乎使庇西特拉图的另一个儿子西庇亚斯（Hippias）的统治变得更加严苛。但公元前 510 年僭主政治被推翻依靠的不仅是雅典人自己的力量，斯巴达人也提供了帮助。斯巴达人的背后是雅典贵族伊萨戈拉斯（Isagoras）。他卷入了贵族内斗，克里斯提尼（Kleisthenes）是他的主要对手。克里斯提尼出身于曾与庇西特拉图为敌的阿尔克麦翁家族（Alkmeoniden），后来却又可能同僭主政治妥协。克里斯提尼干了一件不同寻常的事：他争取到了人民的支持。大约三代人之后，希罗多德在记录此事时（《历史》第 5 卷第 66 章）使用了一个不同寻常的希腊语词 proshetairízesthai（把人民拉入他的一派），这个词中包含了单词 hetairos（伙伴），是贵族对朋友的惯用称呼。希罗多德以此说明人民的意义何等重要：他们可以作为一个整体成为贵族的朋友。此时雅典人十分自信，在这场内部斗争期间，人民在没有贵族领袖的情况下，于公元前 509/508 年击退了斯巴达人支持的伊萨戈拉斯的进攻。

在后世看来，僭主政治和自由是对立的，然而这种看法过

40

于简单。庇西特拉图家族的僭主统治是民主制成为政治制度的前提之一。民主制赋予公民自由，这一点在当时和后来都只有少数其他社会能够做到，而民主制的中心显然就是雅典。僭主政治对贵族势力的限制和在推翻僭主政治的过程中释放的力量都使阿提卡公民拥有了自信。"超级贵族"僭主宣告了贵族统治的终结。

2 公民协作：古典时代的希腊

僭主政治是一种诞生于贵族世界的城邦制度，还有一种制度是民主制。作为理念型（Idealtypus）的民主制——其中所有公民拥有平等权利——与有地位的人垄断权力的贵族制正相反。在历史事实中，民主制有许多层次，这体现于公民集体拥有哪些权利。若干城邦被当时的人称为民主制城邦，有些是广义上的民主制，有些是狭义上的民主制。其中有座城市的发展影响最大，它走上了一条特殊道路，在思想领域做出了无与伦比的贡献。它就是古典时代的雅典。

无心的民主化：雅典

此前没人想要民主制，也不可能想要民主制。因为人们无法想象公民团体，也就是普通的人民可以顺利掌控那么大的权力。但是，雅典有自信的人民，还有一些为人民的利益而发声的人，即与人民联合起来的贵族，他们这样做是为了在和对手的竞争中实现自己的抱负。

41　　克里斯提尼是他们的榜样。古代传说称克里斯提尼进行了实际上有利于人民的改革。他加强了德莫的力量，它的功能之一是公民登记。雅典人的身份认同不再基于家族，而是基于德莫。此外，克里斯提尼重新划分了居民，建立了十个新的部落

（Phyle）。这些部落以较为复杂的方式决定了政治制度的结构。因为每个部落都由三个部分组成，这些部分名为"三一区"（Trittys），其成员来自阿提卡三大地区（海岸、内地、城区）之一的德莫。这样一来，阿提卡的居民就混合在了一起，此举似乎意在防止部落变成地方利益的代表。

　　十个部落负责分派部队，确定议事会成员。议事会包含500名成员，此时它或许经过了重组。过去有悠久历史的战神山议事会，即贵族议事会，成员是卸任官员；也许梭伦又另外设立了四百人议事会。总之雅典（和很多城邦一样）依靠两个议事会运转。人们并未取消旧职务，而是增设了新职务，这足以说明问题。此前担任高级官职——执政官的有九人，其中一人为军事执政官（Polemarch，希腊语词 pólemos 意为战争），负责军事行动。克里斯提尼上台之后不久——可能就是因为他的措施——出现了十个将军（Strategos）职务，他们在军事方面的重要性日益增长。

　　传说还指出，克里斯提尼启用了一项特殊的，但在希腊世界中并非独一无二的措施，那就是"陶片放逐法"（Ostrakismos），首次实施时间为公元前 488/487 年：在特定条件下允许每个公民在陶片上写下自己心目中危险分子的名字。获得多数票的人必须离开城邦十年，但不会有名誉和财产方面的损失。根据记录，这项措施沿用至公元前 417 年，它似乎有利于平息贵族内部的争斗，因为此项措施使制造对立、树敌过多之人受到了震慑。我们经常将"平等秩序"视为克里斯提尼改革的关键词。实际上，这种贵族的价值观扩展到了公民集体。有些人说这是民主制，特别确切的表述似乎是"受到拥护的贵族制"（Akklamationsaristokratie），这说明贵族阶层仍然保有领导地位，但是必须得到民众的首肯［瓦尔特·埃德（W. Eder）语］。

42

之后几年发生的事件细节众说纷纭，几乎所有的数据都有争议。大多数相关人物模糊不清——我们甚至看不到关于克里斯提尼之死的记载。不过，我们可以确知民主制发展过程中的一些重要步骤。我们现在习惯于将这种发展视为在特定结构内发生的过程，发挥作用的不是个人的力量，发展的结果也鲜少符合相关人物的意愿。与之相反，古代史书却认为推动历史发展的是追求特定目标的实干者——比如梭伦或是克里斯提尼，接下来出现的人物是地米斯托克利。国内改革和公元前480年在萨拉米斯海战中击败波斯人的事迹都被算在他的名下：据记载，他在公元前488/487年推行了以复杂（但不彻底）的抽签方式确定执政官的做法。因为将军仍由选举产生，执政官一职的威望就下降了，如此一来，由卸任的执政官组成的战神山议事会也失去了影响力。

地米斯托克利当政之时，推崇平等秩序的雅典已然经受住了最初的考验：在公元前490年的马拉松战役中，公民完全依靠着自己的力量，凭借纪律意识和勇气击败了波斯军队。对于波斯而言，此次战役或许只是小打小闹，然而失利确实令波斯大王蒙羞。于是大家都能想到他很快就会来报仇。此外，波斯大王出师远征并不是因为心血来潮，而是因为此前小亚细亚沿海的爱奥尼亚城市脱离了波斯的控制，支持它们的正是雅典。

但是觉得自己受到威胁的不仅仅有雅典：若干希腊城邦坚定地结成希腊人同盟抵抗波斯。不过把此说成是希腊人争取自由的战争则与史实不符。许多希腊人在波斯统治下十分自在，一些城邦并未参与同盟，圣域德尔斐（Delphi）也不愿意抵抗。另外，希腊世界公认的第一强国斯巴达担任了同盟领袖（见图2）。

本章开头已经简要提及希腊人与波斯人的几次著名战役，此处不再重复。这些事件对于雅典的内部制度很重要：雅典人

44

图 2 公元前 479 年在普拉提亚决战中击败波斯人之后,希腊城邦一同为阿波罗竖立了这根纪念柱,它的造型是三条蛇互相盘绕,柱上刻有参战城邦的名称及各自出兵人数。这件艺术品后来被移到了君士坦丁堡的赛马场

倚重的是新兵种——海军。凭借在阿提卡发现的银矿，雅典人有能力大量制造战船。他们的三列桨战船使得他们在公元前480年的萨拉米斯海战中大获全胜，迫使波斯大王败退。亲雅典的人认为这场战役解放了希腊，而雅典人的获胜原因在于拥有自由的制度，他们只遵守法律，不服从国王。

这场胜利推进了民主制的发展。在陆战中，无法担任重装步兵的雇工影响力不大，至多胡乱攻击、滋扰敌人的队列。然而，他们在水师中必不可少，因为需要他们担任水手。早期希腊城邦中的政治影响力是军事力量的产物，于是贫民在内政方面表现得更为自信，而局势的改变必然使他们更有底气。

斯巴达人通过普拉提亚（Plataiai）的陆上战役证明了自己的强大。但当希腊人一路追击波斯军队来到小亚细亚的沿海地区时，国内原因——这点后文再谈——迫使斯巴达就此收兵，于是联军领袖从斯巴达人变成了雅典人。雅典和爱琴海地区的希腊城市组建了一个同盟，目的是将它们从波斯人治下解放出来，所以他们对联合水师极为重视。

诸邦起初大概是真正自愿建立同盟并信任雅典的：雅典的将军同时担任（第一个阿提卡）海上同盟的统帅。然而，雅典的领先地位很快变成了绝对优势，因为海上同盟的许多成员没有能力供养自己的水师。于是他们向雅典支付款项，使得雅典能够建立大型船队。雅典很快就拥有了实力超群的水师，除此以外只有三个同盟城邦拥有自己的战船。已经脱离同盟的城邦在暴力胁迫下重新加入，丧失了自身的海上力量。公元前454年，海上同盟的金库从提洛岛（Delos）移到雅典，同盟成员要定期向雅典缴纳贡金，此外，贸易管辖权也逐渐落到了雅典手中，长度及质量单位最终得到统一。大家都明白了事态发展的结果：海上同盟变成了一个支配团

体（Herrschaftsverband）①。就希腊的情况而言，经常被称为
"阿提卡海上帝国"的海上同盟是一个疆域辽阔的政权，但是
跟古代东方的大帝国或者后来的亚历山大帝国相比，它很小。

　　一开始，雅典还忠于同盟的目标，继续与波斯人作战。公
元前449/448年，双方同意休战，划定势力范围，和平状态将
会维持数十年。然而，雅典对同盟的支配并未松动。因此，海
上同盟证明了希腊的自由具有辩证性：希腊城邦为了争取自由
而组建同盟，不过对于许多成员来说，同盟却成了压迫的化身，
而民主之城雅典变成了海上同盟里的僭主。雅典人似乎只能依
靠牺牲他人来实现自己的自由。

　　随着海上同盟的建立，各种资源流入雅典，促进了民主制
的发展，因为更多的贫民有了用武之地，经济条件有所改善。
同时，有权有势的雅典人可以担任海上同盟的统帅，崭露头
角。但是，对于雅典的高层政治家来说，倚重这项政策并不是
天经地义的；很多人觉得维护雅典和斯巴达的良好关系更为重
要，此时斯巴达仍是第一陆军强国。公元前5世纪60年代末，
地震之后的斯巴达发生了暴动。雅典人派出了一支援军，结果
被打发回国。雅典的亲斯巴达派颜面尽失。

　　与此同时，可能正是因为上述情况，雅典的政治制
度有了重大发展，现有的（少量）文献提到了埃菲阿尔特
（Ephialtes）及公元前462/461年发生的事件：战神山议事会
失去了一些权力，其中最主要的可能是监督官员的权力，这些
权力转移到了由大众主导的陪审法庭。许多一般法规进一步促
进了民众参政程度的提高，推行这些法规的可能是一些并未在
史料上留名的人物。虽然细节仍待研究，但是我们可以比较清

46

① 　支配团体：德国社会学家、政治经济学家马克斯·韦伯提出的概念，指成员服从
　　以制度为基础的具有支配关系的团体。

楚地看到公元前 5 世纪中期的情况。

下文将试图概述这种民主制度。但笔者的说法可能比历史事实更加刻板，因为真实的制度总在变化。我们根本不知道许多规定诞生于何时。我们还必须明白，雅典人从未使自己的政治制度正式成文。当时存在大量的一般决议和成例，它们是一个较为稳定的结构的产物。这一结构的四个关键要素是五百人议事会（boulé）、公民大会（ekklesía）、陪审法庭（dikasteria）和官员。

47　　五百人议事会负责日常事务，包含接待外邦使团。一个部落的代表主理城邦事务，他们被称为主席团成员（Prytan），任期为 30 天。一些主席团成员在广场上的一座专门建筑中日夜待命。假如说雅典有政府，那么政府就是主席团。议事会成员从德莫推荐的男性中抽签选出，任期一年。一个人一生中至多可以在议事会中任职两次，且不允许连任。于是很大一部分公民有机会加入议事会，成为"政府"的一员。

这体现了民主制的一项基本原则：希望权力广泛分散。专业能力在此无法培养，而且雅典人完全不看重培养专业能力，他们认为公民的能力是全面的——根据这种观点，人人都可以从政。因此，以抽签形式决定官员人选十分妥当。既然大家都有能力，抽签选官就没有风险，还能防止出身高贵的人通过收买或者胁迫选民来当官。

议事会的决议一般是草案（probouleúmata），要提交公民大会讨论。公民大会有权对草案做出修改补充，形成具有约束力的公民大会决议（pséphisma）。公民大会的实际权限十分广泛。它甚至可以要求五百人议事会预先讨论某事，但是公民大会至多在特殊情况下对未经议事会讨论的事务形成决议。

所有年满 18 岁的男性公民都有权在公民大会上发言及投票。投票公开，每一票都有效，简单多数即可通过。以现在的

眼光来看，这是天经地义的，但在历史上并非如此——比如罗
马，尽管也践行少数服从多数原则，但选民要组成百人团投票
（参见本书第三章第四节）。甚至少数服从多数原则本身也很
奇特，因为失利者的选票不再有用处。让公民，尤其是贵族理
解并接受这一原则肯定不易，因此要践行少数服从多数原则，
人们就要具备这样一种特点——善于协作，这也正是重装步兵
方阵的取胜秘诀。公民必须接受自己在选举中投的是少数票并
继续配合，即使是门第最高的贵族也必须遵守协作原则。

　　陪审法庭是雅典民主制饱受诟病的独特之处。雅典没有
法学家、律师和检察官。陈词、辩护由诉讼两方本人或其亲友
完成，发言的一部分内容可以参考职业的演说撰稿人拟好的稿
子。坐在法庭上的不是职业法官，而是业余陪审员（根据案件
的严重程度从 201 名到 1501 名不等），他们在互不商量的情
况下不公开地投票，做出判决。每次诉讼的陪审员都是从年满
30 岁、登记愿意承担这项职责的雅典人中随机选出的。这样
做似乎是为了平均地代表阿提卡居民的意见。然而，陪审员只
能代表一部分民意，因为并不是每个人都愿意参加审判：陪审
员拿到的津贴有限，对这份工作感兴趣的人多半是因为没有能
力找到报酬更高的活计。其中或许有老人，或许有恰好没活干
的雅典人，还有农民，他们在城里干活之余去法庭转转，想要
多挣几个奥波尔（Obol）[1]。

　　在特定情况下，陪审法庭可以检验公民大会的决议是否
有效。但它主要处理以现代标准来看属于民事或者刑事案件的
各类纠纷。只有涉及渎神和重罪的特殊审理要交给战神山议事
会。审理本身不仅围绕争议事件和法律问题——诉讼双方必须
朗读法律文本——而且涉及被告的整体品行，他必须指出自己

────────────

① 奥波尔：古希腊银币。

48

49

作为共同体成员很有价值。举例而言，当一个有钱有势的人对弱者犯下了罪行，嘲讽甚至虐待了弱者，陪审员的反应就会特别敏感。那么被指控者就必须向诸多法官——他们恰恰不是有权势的精英，而是普通甚至贫穷的公民——证明自己是"我们"中的一分子，这样他才是可以被民主城邦接纳的成员。如此看来，每个雅典公民实际上都能胜任法官一职。

不同于现代公务员，雅典官员也不需要专业能力。雅典官员一般每年一次从所有公民中抽签选出，职权极为明确。每个职务都由几名男性共同担任，避免一人揽权过重或者为害太多。同时，同僚集体任职也要求及培养了协作能力，这对于民主制来说必不可少。

雅典人只有在军事和财政方面根据其他原则选官。将军的军事才能对于雅典而言生死攸关，他们由选举产生，允许反复任职。从公元前443年开始，伯里克利每年都当选为十名将军之一。这奠定了他的权力基础，使他成了伯罗奔尼撒战争（前431~前404）爆发之前左右雅典政坛的人物。只有交税最多的男性才有资格出任影响力巨大的财政官员，这显然是因为他们有管理财产的经验。假如城邦陷入动荡，他们或许有能力拿出自己的财产救急。

50　　雅典国库充盈不仅是因为得到了海上同盟的贡金，国有财产收入或者关税也做出了重大贡献。此外，外侨（Metöke），即长住雅典的外邦人也必须纳税。不过，雅典财政最重要的基础还是公益捐献（Leiturgie）体系：许多任务，比如养护战船或者组织戏剧演出都不由城邦直接负责，而是交给富有的公民，主要由他们自掏腰包。此举有两大好处：第一，满足个人的虚荣心，因为大家都能看到负责人多么尽心尽力；第二，把很大一部分在现代由管理部门负责的事务分派给公民。

许多做法——本书只提到了其中几种——有利于解决阿提

卡民主制的一个结构性问题：雅典人试图在社会不平等的背景下实现政治平等。但是，他们几乎从不要求财产平等，他们更重视杜绝经济权力或者社会权力转化为政治权力。大型法庭和抽签机制遏制了腐败；"陶片放逐法"可以赶走那些可能威胁城邦的公民；陪审法庭监督公民严格遵守相互尊重原则，迫使出身高贵者遵守普遍的规则。雅典还竭力限制个人凭借官职揽权过多。

官员上任之前及任满之后，其法律地位都会受到严格的审查监督，这是一项有用的措施。官员有述职义务是民主制的特征，它让每一位官员都明白自己不能任意妄为。另外，雅典开始向议事会成员、官员、陪审员，甚至向参加公民大会的人发放津贴（按日发放），这样就不会有人因为经济拮据而不能参政。因此，在总数约为30000人的公民中，除了数以千计的陪审员，每年还有约1200名男性可以担任公职，成为官员或者议事会成员。在历史上，公民参政比例如此之高的社会是极为罕见的。

根据史家修昔底德的记载，伯里克利在一场悼念阵亡将士的演说中颂扬了民主制的成就。

> 我们的政治制度没有照搬任何其他城邦的法律，相反，我们的制度却成为其他城邦模仿的范例。我们的制度之所以被称为民主制，是因为城邦是由大多数人而不是由少数人加以管理的。解决私人争执的时候，每个人在法律上都是平等的；让一个人优先承担公职，所考虑的不是他的身份，而是他的功劳；任何人，只要他对城邦有所贡献，就绝对不会因为贫穷而湮没无闻。[8]

在公民集体内部，分散权力、实现平等取得了很大进展，不过并未彻底成功。和城内居民相比，住处远离雅典的公民行使自己权利的可能性较小。尽管以财产划分等级的做法已经在很大程度上失效了，然而政治精英实际上都出身于贵族家庭的局面还将延续数十年。直到伯罗奔尼撒战争时期，出身于新兴家族的人物方能崭露头角，但他们也拥有可观的财富。要想获得政治影响力，你就得有充足的时间做准备，不能忙于谋生，还要有自信，敢于抛头露面地演讲。在政治领域，社会差异的影响一直很大。

不过，普通公民一直能通过担任议事会成员、陪审员、公民大会成员来对地位更高的人做出判决。喜剧家阿里斯托芬安排作品中担任陪审员的穷老头说了下面这段话糙理不糙的台词："世上哪里有比陪审员——尽管已经上了年纪——更幸运、更有福、更满足、更令人畏惧的人？我刚刚起床，就有四肘尺 ① 高的大人物在法庭栏杆外等候我。我一到那里，就有人把盗窃过公款的柔软的手伸给我。他们向我鞠躬，泪汪汪地恳求我说：'老爹，怜悯我吧！我求求你，要是你也曾在当官的时候或者在为士兵采购的时候有过偷偷摸摸的行为。'那个说话的人根本不会把我放在眼里，若不是从我手里无罪释放过。"[9]有机会对权势者做出判决必定有利于维护公民集体的团结。

民主制内的机构要求人们通过说服他人来达到目的，在公民大会上、在议事会上、在陪审法庭中、在与同僚讨论时人们都要侃侃而谈。于是雅典自然成了这样一个地方：某些事物在其他地方的人看来天经地义，雅典公民却会展开许多新的思考，产生疑问。假如说哲学思考的萌芽诞生于古风时代，那么它们就是在雅典继续发展并且通过文字流传后世。

雅典的公民集体不仅是一个政治共同体，也是一个宗教共

---

① 肘尺：古代长度单位，对应从肘到中指尖端的长度。

同体。身为雅典人就要参与雅典的崇拜活动，公民在特定节庆活动上相互结识。崇拜并非基于个人的信仰选择，而是基于传统。戏剧——包含悲剧和喜剧的欧洲话剧即起源于此——反映了多个领域，即现代社会中划分出的政治、宗教和文化等领域的紧密融合。这种紧密融合典型地反映了一种受到僭主政治影响的传统。

戏剧演出一直是宗教节日的一部分，它们起源于献给诸神的轮唱，戏剧性的情节越来越独立、突出。独唱者上场表演一部复杂的戏剧，但是数量不超过三人——悲剧中不允许出现更多演员。此外还有歌队，队员歌唱、跳舞。喜剧的内容充满想象力和滑稽嘲讽，目的在于引观众发笑；悲剧则主要取材于神话并加以改编，现实题材——比如波斯宫廷对希腊人的胜利有何反应——很少出现在舞台上。

戏剧演出的形式是三部作品互相竞争，这也是公民以公益捐献的形式组织的公开活动。宗教游行及祭祀活动包含戏剧演出，长大成人的战争遗孤能趁此机会全副武装地露面，供品也会得到展示：这些都是城邦节庆的组成部分。

公元前 5 世纪，所有涉及戏剧演出的事务也都由公民——男性公民——承担：他们作诗、表演（包括扮演女性角色）、跳舞、唱歌，大部分观众是公民，评委也由公民组成。戏剧演出是节庆活动的组成部分，节庆活动赞颂公民集体崇拜的诸神。因此，公民的全面能力不仅包括参战、在公民大会上做决定、参加议事会、管理议事会主席团（Prytanie）、担任公职、在法庭上做出裁决，也包括参与戏剧演出。

公民参与表演和观看表演的时候在思考什么？他们在喜剧中看到最有身份的政治人物甚至诸神都会遭到讥讽，错误的行为被人嘲笑。他们在悲剧中体验到：伟大的英雄如何倒下，人们如何为了复仇进行血腥的谋杀，法律的效力如何被人讨论，波斯太后如何得知兵败萨拉米斯，如何保卫民主制，英雄的傲

53

54　慢行径如何受到惩罚。也许戏剧演出能让人更容易理解民主制的诞生带来的迅速变化，也许戏剧演出只能让人暂时脱离日常生活。不过，对一些人来说，欣赏华丽的节日服装和越来越奢侈的舞台设计或许更为重要。我们不知道悲剧的观众是谁。一般来说，他们并非知识分子。

　　能力全面的雅典公民在认真守护自己的特权。从公元前451/450 年开始，只有父母都是雅典人，子女才属于地位特殊的雅典公民群体。如此一来，与其他城邦的居民通婚的贵族等人就遇到了难题，想跟定居雅典的外侨结婚的较为贫穷的居民也受到了影响。只有专门的公民表决能将公民权授予不符合上述条件的人。定居雅典的外邦人被称作外侨，他们可以安心住在城里，也可以在诉讼时找代理人，但是一般不能购买土地。他们还有义务参加战斗及纳税。尽管如此，雅典的魅力仍然足以吸引许多外侨。

　　雅典与波斯停战后，又在公元前 5 世纪中期同斯巴达实现和平。此前，雅典连年作战，损失了大量人口，而在公元前446 年到前 431 年，雅典人基本平安无事。公元前 5 世纪初以后的短短数十年间，雅典的公民集体挡住了波斯军队，在希腊世界拥有了优势地位，适应了民主制，建造了至今还令人惊叹的建筑，创作了仍在现代舞台上演出的戏剧。此外，雅典还是这样一个地方：在这里，人们深入地思考哲学问题；在这里，古代的史学首次迎来繁荣。三万余名公民在短短数十年间，在爱恨纠缠、养育子女、吃吃喝喝之余达到的成就至今无可匹敌。当然，雅典的许多成就也来自那些移居此地的人，他们并

55　非无缘无故地选择了雅典。

　　以上种种让同时代的人害怕："他们热衷于革新，其特点是敏于构想，并真正付诸实践。……雅典人的冒险精神超过了他们的国力，他们的胆量超过了他们的判断，危难之中他们仍

能保持自信。……他们总是行事果决。……他们在胜利时对敌人穷追猛打，受到挫折时也很少退缩。他们不惜为城邦的事业慷慨捐躯，他们集中精神为城邦效力。……只有他们一定会得到自己想要的东西，因为他们总能迅速将决定转化为行动。因此，他们的一生都是在艰难险阻中度过的，他们忙于收获，却少有机会享受；履行义务是他们唯一的娱乐。"[10] 根据修昔底德的记述，科林斯人正是用这番话说动了斯巴达人同雅典作战。

伯罗奔尼撒战争于公元前 431 年爆发，持续至公元前 404 年，其间有过几次短暂停顿。战争的一方是雅典，另一方是斯巴达。雅典在海上占有优势，但是斯巴达一再攻入阿提卡地区并破坏了那里的田地。公元前 429 年，雅典经历了一场瘟疫，政治领袖伯里克利病故。战火一直蔓延至爱琴海北岸，虽然战役数量很少，但也没有决出胜负，于是公元前 421 年双方签订和约，或多或少地认可了现状，伯罗奔尼撒战争的第一阶段就此结束，人们根据一位斯巴达国王的名字把该阶段称为阿希达穆斯战争（Archidamischer Krieg）。但人们很快就看出此时的局面只是虚假和平，因为许多地方发生了战争，雅典和斯巴达都参与其中。

雅典人的举动特别符合科林斯人对他们的预判：他们将进一步扩张。目标是西西里岛（前 415~前 413）。尽管军备充实，雅典人却未能占领叙拉古，部队不是被歼灭就是被俘房。公元前 413 年，斯巴达在希腊本土重启战端。他们驻扎在狄凯莱亚（Dekeleia）的边境构筑防御工事，因此战争的这一阶段被称为狄凯莱亚战争。雪上加霜的是，波斯人向斯巴达人提供物资支援，帮他们建立了水师。雅典人奋力抵抗，在几场海战中获胜，但终因物力不足而投降。雅典城险遭毁灭。然而真正的赢家并不是斯巴达，而是波斯，因为斯巴达认可了波斯重新

56

统治那些希波战争后得到解放的小亚细亚希腊城市。

伯罗奔尼撒战争对于民主制而言是一场考验。结果是民主制被推翻了，贵族结成了一些名为小集团（Hetairie）的群体。受到威逼利诱的公民大会认为雅典面临军事危机，遂废止民主制——公民大会的权力就是如此之大。但是雅典人不仅生活在雅典城，也生活在萨拉米斯岛，那里有强大的混合舰队。他们忠于民主制，保卫了这一制度。公元前410年，雅典重新实施民主制。在战争的尾声，又有人——在斯巴达支持下——试图颠覆民主制，其结果便是恐怖统治。然而，民主派也集结起来返回雅典。在几年时间内，雅典不仅有一个民主政府，在厄琉息斯（Eleusis）①还有一个寡头政府，后来它们合并了。

大部分雅典人似乎不认为战败的原因在于民主制。但是对于那些颠覆民主制的人，雅典人也没有进行系统的追捕，他们决定不去回忆这段糟糕的历史。于是雅典极快地实现了内部稳定。然而，怀疑开始在一些地方蔓延。公元前399年对哲学家苏格拉底的审判可能就发生在这样的大背景下。苏格拉底的职业是石匠，他在历史上的真实形象很难把握，因此我们只能通过他的追随者和他的敌人的文字认识他，而双方描摹的形象截然不同。苏格拉底似乎宣称自己的所作所为受到了精灵（Daimon）驱使。苏格拉底的主要行为包括：为了思考什么是美德、什么是真理而和别人谈话。他的追问让谈话对象不知所措，造成他人缘不佳；他身边的青年贵族却有不少成了他的朋友。他们被苏格拉底的新奇问题吸引，肯定也乐于看到别人被苏格拉底问得张口结舌。阿克比亚德斯（Alkibiades）就是这些青年贵族中的一员，他起初负责远征西西里，但是因为渎神指控被召回，他转投斯巴达一方，为的是重回雅典。此后他在

---

① 厄琉息斯：位于雅典西北30公里处。

雅典再次受挫，于是前往一位波斯总督的宫廷，最终在那里死于谋杀。

这种人被视为怀疑一切传统的教育的产物。在浓厚的民主制氛围中诞生对苏格拉底的指控是十分自然的。他被指控发明新神——指的也许是精灵——并且腐蚀青年。苏格拉底曾经担任重装步兵和议事会成员，完全尽到了公民义务。但他挑衅陪审法庭：在被判有罪，即将量刑的时候，苏格拉底先是要求得到奖赏，最后表示自己同意支付罚款——有钱的朋友愿意资助他。他没有像常人一样恳求陪审员怜悯自己的家人。此时没人会对他获判死刑感到惊讶。他放弃了逃跑的机会，饮下毒酒——他的追随者将他塑造成民主制的牺牲品，他生前只是充分利用了民主制的自由而已。

在伯罗奔尼撒战争期间及战后，民主制无疑暴露了缺陷。这不仅体现于雅典仓促地决定远征西西里，也体现于另一场著名的审判：公元前406年，雅典在阿吉纽西群岛（Arginusen）附近的海战中获胜，此后公民大会——据说不顾苏格拉底的建议——草草地将十名将军中的六名判处死刑，理由是他们在风暴降临时没有及时救助遭遇船难的雅典人。不掩埋死者被视为严重罪行，因为这些人得不到正常的葬礼、悼念，无法进入来世，等等。这个说法也有道理，然而判刑过于草率——雅典的一大批军事精英就这样断送在自己人手中。

伯罗奔尼撒战争之后并没有留下民主制改革文件，但是一般公民表决的内容反映了很多人意识到民主制的问题，想要找出切实的解决办法。早在伯罗奔尼撒战争期间就有人试图搜集现行的法律，开始设法维护立法的严密性。审判和其他程序也有了固定流程。古代的民主制不同于以依法治国为基础的现代欧洲民主制，但是已经有了依法治国的色彩。

此外，出现了任职人员专业化现象。公民应具有全面能力

58

的思想并未消失，但有所弱化。特定的政治领域——比如财政管理——要依靠经验丰富的公民。因此雅典诞生了一批职能精英：比如演说家和推行政策的将军。过去，伯里克利既是优秀的演说家又是出色的统帅，而现在为城市服务的则是一些无法在公民大会上侃侃而谈的将军和一些不会带兵打仗的成功演说家（毕竟这时军事行动变得更专业了，对指挥者提出了更高的要求）。

尽管如此，雅典人还是坚持民主制传统，对身居高位者的狂妄行为保持警惕。此类恶行一再受到审判就体现了这一点。每年都有数百名雅典人一如既往地同意承担城邦中的责任，甚至参战。公益捐献的负担由更多的人分担。但是雅典人脱离政治的现象也比过去更常见了。哲学家柏拉图就是一个著名的例子，而且他绝非孤例。

下文还将讨论雅典在这一时期的若干外部失败，但它们不是由内部缺陷造成的，雅典的民主制甚至到了公元前 3 世纪仍保有活力。对于大部分雅典男性而言，它是一种成功的模式。然而，城里还有其他居民。

雅典公民的自由也是其他人的不自由。这种说法不仅仅适用于海上同盟。在自己的城邦里，雅典人对奴隶的存在和受压迫者的苦难视而不见。

> 亲爱的克赛诺克斯（Xenokles）、亲爱的妈妈：别让我死在铁匠铺里，快去见我的主人，为我谋求一份好点儿的工作！我遇到了一个大坏蛋。他用鞭子把我抽得死去活来，绑着我，待我如同粪土——将来还会更糟。

我们很少能在古代文献中看到小人物的苦难。上述文字写在铅片上，让我们听到了一个男人的声音，他极有可能是奴隶，恳求帮助。[11] 这个奴隶名叫莱希斯（Lesis），至少还能向人求援，对方是他的母亲——也许是被释放的奴隶——和可能是其伴侣的男人。其他奴隶求告无门，也从没学过写字。我们听不到他们的声音。然而这也是民主制的重要侧面：大多数居民无法参与自由的城邦生活。

在希腊，奴隶制一直存在，这个词指的只是具有不自由的法律地位的人，而奴隶的具体生活状况则是多样的。他可能在农村和主人并肩劳动，也可能是手工业者，主人承担盈亏，其他自己安排。归属于城邦的奴隶在公民大会上为城市维持秩序，或者在劳利昂（Laureion）的银矿里不见天日地干活，工作条件极为恶劣，他们攀爬岩石、埋头劳动，为的是增加民主制国家的收入。有些奴隶幸运地被人释放，有些则终身没有机会获得自由。

雅典人不可受刑，奴隶反倒只能在受刑后才能上法庭发言，否则人们不相信他们会说实话。以现代的眼光来看，这令人愤怒，但也恰恰证明了古代民主制和现代民主制的一项核心差异：古代民主制中并不存在普遍的人权。古代民主制的基础是公民权，所以雅典人不觉得奴隶是自己的同类，而是觉得奴隶不属于公民集体，当然就不享有某些特权。对奴隶制的批评罕见且不受重视。

然而，被排除在民主制种种许诺之外的不单是奴隶。阿里斯托芬的喜剧中有时会出现女性掌权的情节，这或许能让雅典人开心一笑。如此颠倒的秩序在现实中不可想象。雅典的女性恰恰一直处于政治空间之外。在贵族社会中，有地位的女性可以通过男性，比如父亲、兄弟或者丈夫间接地发挥一些作用。在古风时代，女诗人萨福可以建立一个以自己为中心的女弟子圈子，教导她们女性如何在古风世界中生活。在古风时代，（有地位的）女性拥有可观的行动空间，相比之下，民主制中的女性受到了很大限制。

其原因恰恰在于民主政体及其固定制度已经创造了自己的政治空间，严格地将"非公民"——当中包括女性——分隔在外。女性不能参加公民大会。我们以为大人物聪明的情妇可以在社会上自由活动，这种想象是对历史事实的浪漫歪曲。伯里克利同他的情妇阿斯帕齐娅（Aspasia）商量事情，此举传开后即损害了他的声誉。虽然这些女性可能一直待在大人物身边并参与谈话，但是她们能这样做正是因为她们在其他场合作为非公民或者非自由民被排除在雅典社会之外。

但是女性绝非——按照过去的说法——处于"东方式的禁锢状态"，被束缚于家中。尽管当时的审美标准是女性的皮肤不能晒黑，不过女性还是可以时不时地走出家门，富裕的女性还有女奴陪同。许多不那么富裕的女性则自行在广场上活动，她们的身份是商贩或者手工业者。有专门对女性开放的公众空间，比如只限女性公民参加的宗教节庆活动，此时才能看出哪些女性属于公民集体。但是女性不能进入政治空间。排拒妇女和奴隶、突出自己和他人的区别是雅典男性的自由之基，雅典人热衷于标榜自己拥有他人不具备的特点，即自控力。

希波战争之后，雅典人越发觉得自己不同于蛮族，而且优越感越来越强。蛮族指的是那些不说希腊语、不参与希腊人共同崇拜的人。蛮族遭到贬低，被视为没有能力自由地生活，甚至是天生适合受奴役之人。希腊的自由和族群主义观念联系在了一起。追求自由和建立政治限制之间的联系后来成了欧洲的一份沉重遗产。

多样化的城邦世界：斯巴达、第三希腊和西西里

斯巴达看似与雅典截然不同，它成了军事化国家的典型，全体男性公民都受征召。然而，古风时代的斯巴达没有任何特

殊之处，这里也有富裕的贵族，也有活跃的文化和令人印象深刻的诗歌作品，也有被算在莱库古（Lykurg）名下的早期立法。斯巴达人也追求优良秩序。特殊的是，这里从来没有出现僭主统治。斯巴达的与众不同之处是双王制，它起初拥有很大的权力。不过，和其他城邦里的情况一样，随着重装步兵方阵的诞生，斯巴达的权力范围扩大了。

生活在公元前 7 世纪的斯巴达诗人提尔泰奥斯（Tyrtaios）以看似典型的斯巴达式语句有力地表达了重装步兵的理想："英勇杀敌为祖国而战，死于前线最美好。弃城而逃，抛下沃土，到处行乞最可哀。"[12] 前两句诗开创了一种不祥的文学传统，罗马诗人贺拉斯（前 65~ 前 8）将其译为 dulce et decorum est pro patria mori（为国捐躯，美好崇高）[13]，在后世，这番话出现在了阵亡者的墓碑上，宣称许多士兵的死亡理所应当。但是提尔泰奥斯的本意其实要结合后面几句诗才能看出来，即与其活着却失去了自己的城邦，倒不如为城邦而死。换成一个雅典人也会这么说。在修昔底德笔下，发表纪念阵亡者演说的伯里克利也强调个人要有牺牲精神，认为个人只可能在城邦中生存。

然而斯巴达后来变成了截然不同的样子，许多证据表明，一个外在因素引发了关键的变化。斯巴达只建立了一个海外定居点，却占领了相邻的美塞尼亚（Messenien）地区。雅典通过僭主政治和民主制统合了阿提卡地区，斯巴达却不得不以高压控制美塞尼亚。他们将当地原住民变成黑劳士（Heloten）。黑劳士指的是非自由民，跟奴隶不同，他们被允许建立家庭，不能任人买卖，但是必须耕种某片土地，并依附土地的主人。斯巴达人总觉得自己受到黑劳士的威胁，不得不一直全副武装。

斯巴达人的生活方式由此诞生，同时代人及后世都强调

63

它的特殊性，甚至有了成见。斯巴达人自己对此的记录并未传世。对于雅典人来说，斯巴达没有人口密集的中心区已经很奇怪。斯巴达可能有公众集会场所和神庙，但是没有像雅典那样出现人口密集现象。新生的斯巴达婴儿会被带到长老会，要么被接受，要么被遗弃，后者意味着放任婴儿死亡，我们经常觉得这种做法毫无人性。实际上，不同寻常之处仅仅在于孩子的命运是由长老会决定的，而在希腊的其他地方，决定孩子命运的人是父亲。在希腊，必定有不计其数的出于某种原因不受父亲欢迎的孩子被遗弃。不过这种决定一般是在家庭内部做出的。

斯巴达人的教育也遵循这套理念：男孩年满 7 岁似乎就要开始集体生活，穿着打扮完全一样，毫无修饰，着力训练作战技巧和严格的自律。青年人也应当生活在公餐集体（Syssitia）当中，年满 30 岁才可以回家。旁人经常惊讶地报告说斯巴达人接受的技巧训练强度极大，近乎自我毁灭。据说斯巴达少年的任务之一就是偷盗而不被人发现。假如被逮住就要遭到重责。普鲁塔克（约 46~ 约 120）向读者奉上了这样一则逸闻，刻画了斯巴达人的古怪形象——

64 　　　　这些少年把偷窃看作一件异常严肃的事，正如传说讲的那样，一名少年偷了一只幼狐，把它藏在自己的大氅里，这畜生用尖牙利爪扒出了他的肠子，他强忍痛苦，一声不吭地死去，为的是不让别人发现他的偷窃行径。[14]

斯巴达的政治制度有些不同寻常。握有统兵权的两位国王在国内不得不面对一个与之竞争的群体——五名监察官（Ephoren）。他们由公民大会任命，任期一年，国王必须向他们述职。从公元前 6 世纪开始，监察官对国王行动空间的限制似乎越来越多，比如他们中的几人可以凭借自己的职务随军出征。此外，他们主持公民大会，并且有权对任何斯巴达人，包括国王提出指控，或许还能做出判决。他们也行使着财政监管的职能。在公元前 5 世纪，监察官似乎成了城邦中权力最大的机构。

不同于雅典，斯巴达只有一个议事会——长老会（Gerousie），其成员是两位国王和由公民大会欢呼选出的 28 名 60 岁以上男子。长老会成员称为长老（Geront），他们是法庭组成人员，监督各个领域。公民大会一般不是议事机构，不过可以在处理疑难问题时做出具有约束力的决定。公民大会有时通过欢呼表决，有时分成不同队伍（"站队表决"）。让人特别疑惑的是，遇到意见不统一的情况，斯巴达人有时会根据呼声大小做出评判，或许这能反映支持或反对的程度。

斯巴达社会主要分成斯巴达人、庇里阿西人（Periöken，"边民"）和黑劳士，其间存在若干中间群体。被称为斯巴达人的是斯巴达的全权公民，他们参加公民大会，担任公职，以作战为主业。斯巴达的经济基础是名为"份地"（klároi）的地产。斯巴达人追求相同的打扮，生活方式一致，所以我们很难看出他们的社会差异程度，不知道他们有没有贵族。无论如何，保有"份地"、有能力维持斯巴达人生活方式的人数在减少，所以在公元前 4 世纪，全权公民数量不足已经成了城邦的隐忧。排他性使得斯巴达人摧毁了自己的体系——不过这种排他性也并不特殊；雅典的公民身份同样绝不随意予人，但它没有和如此严格的经济标准捆绑在一起。

斯巴达家庭中妇女接受的教育似乎也强调体格锻炼，这样她们就能成为勤劳的母亲。因为男性经常不在家，她们就有了较大的自主行动空间，以集中份地为目标的继承法允许一名妇女嫁给多名男子（一妻多夫），但他们得是兄弟。以上种种和

65

现代意义上的妇女解放毫无关系，不过足以令其他希腊人坚信斯巴达与众不同。

斯巴达人和庇里阿西人被统称为"拉凯戴梦人"（Lakedä-monier）。我们对庇里阿西人所知甚少，他们在自己的村庄里享有一定的自主权，但是有义务为城邦服兵役。

黑劳士的生活极为艰苦。他们必须耕种份地，保障斯巴达人的生活。黑劳士几乎没有权利。也许生活在斯巴达核心地带拉科尼亚（Lakonien）的黑劳士受到的待遇要稍好于美塞尼亚的黑劳士。美塞尼亚的黑劳士牢记着自己曾经是独立的，这对斯巴达似乎构成了威胁。对黑劳士的畏惧一直是影响斯巴达政治的重要因素。

几乎没有一个城市像斯巴达一样深受内部压力的影响，这也影响了它的对外政策。跟雅典的情况一样，希波战争对斯巴达来说也意味着转折。战前，斯巴达是毫无争议的希腊霸主，战后，雅典的声望和实力都提高了。因此，斯巴达人更加骄傲地追忆他们在温泉关的成就，他们说300名斯巴达人为了抵抗波斯大军全部战死沙场。据说，希俄斯的西摩尼得斯（Simonides von Keos，前557/556~前468/467）作了一首短诗，它经过席勒的翻译在德语区家喻户晓："旅客，请你带话去告诉斯巴达人，你看到我们在此长眠，遵从了法律的命令。"15但我们同样不能把这种守法精神视为斯巴达人独有的特征，因为修昔底德笔下的伯里克利也赞美了雅典同胞的守法精神。

公元前479年，斯巴达国王的摄政波桑尼亚斯（Pausanias）指挥希腊军队在普拉提亚取胜，他希望利用这场胜利把尽可能多的希腊城市从波斯的统治下解放出来。但他的同胞觉得他过于独断，威胁了斯巴达人的团结。有一段时间，他又被召回国内。他试图重新掌权，却不得不再次返回斯巴达，最终被杀。

第二章 自 由 / 053

斯巴达人无法控制在遥远的境外活动的人，对他们来说，内部团结似乎比扩张政策更重要。所以他们实际上任由雅典在爱琴海地区活动。

公元前464/463年，美塞尼亚的一场黑劳士暴动深深震动了斯巴达。虽然斯巴达人以极其严酷的手段镇压了暴动，但他们深感自己不断受到黑劳士的威胁。此时雅典人愿意援助斯巴达人，不过如上文所述，他们被赶走了。这体现了斯巴达人越发倾向于将昔日的盟友视为威胁。战争爆发了，雅典和斯巴达互有胜负。双方于公元前446/445年签订和约，约定停战30年，实际只维持了15年和平。伯罗奔尼撒战争证明了斯巴达是希腊霸主，但这只是表象，因为它勾结波斯。此后斯巴达再也无法恢复自己昔日的强大。

值得注意的是，斯巴达进行伯罗奔尼撒战争是打着自由旗号的，要将希腊城市从雅典的支配之下解放出来。希波战争时雅典人曾经在对外政策中以自由为口号，此时它反过来成了对付他们自己的武器。现代人觉得斯巴达人的生活极不自由，他们的自我认知不得而知，也许他们并不认为约束重重的生活方式与自由的思想有矛盾，因为正是这种生活方式使他们能够参与政治与战争活动，而上述活动对希腊的自由概念至关重要。

斯巴达与雅典的斗争让我们很容易忽视还有很多其他城邦的存在。它们在那些主要关注雅典的文献中默默无闻，最近却由于考古发现和出土铭文得到了更多重视。参考19世纪的德意志历史，我们可以说希腊本土有着"第三希腊"①。第三希腊的城邦结构极其多样。一些城邦，比如伯罗奔尼撒半岛上的阿哥斯（Argos），形成了可以与雅典相媲美的民主制；另一些城邦，比如克里特岛上的城市，更像斯巴达。此外，色萨利

①　第三希腊：指雅典和斯巴达之外的希腊地区及城邦。

（Thessalien）有族群（Ethne），它们是没有中心城邦的大范围政权，还有马其顿之类组织松散的王制国家，等等。不过各地建立城邦的趋势都在增强。

建立海外定居点运动兴起之后，西西里沿岸和大希腊地区（意大利半岛南部）沿岸一直受到希腊的影响。这里的政治制度也多种多样，这尤其体现在一些城市的内部发生了多次制度变迁。在西西里岛上，僭主统治的持续时间长于希腊本土，但是从公元前 466 年前后开始，叙拉古发生过一段民主制插曲。公元前 405 年起，叙拉古人自认为受到迦太基的威胁，于是以所谓的第二次僭主统治取代了民主制，叙拉古的第二次僭主统治中的统治者豪奢极欲，却未能长期维持该地区的稳定。

68　　西西里和大希腊地区特别富庶，那里的一些神庙至今保存完好，在规模和装饰方面都胜过了希腊本土的神庙（见图 3）。各个希腊语地区之间有着活跃的交流。在参加希腊运动会及其他活动的时候，希腊人认为共同的语言和共同的崇拜是自身区别于蛮族的特征。埃斯库罗斯等悲剧家在西西里岛上也有观众，来自西西里的高尔吉亚（Gorgias）也能在雅典顺利地教授修辞术。

在对外政策方面，西西里岛上的城市必须不断应对迦太基的进犯。公元前 480 年，希腊人大胜迦太基人，据说此役跟萨拉米斯海战的胜利发生在同一天。然而，威胁仍然严重。迦太基在公元前 406 年发动了一场大规模进攻，深入西西里岛西部，战果可以同波斯在伯罗奔尼撒战争中的收获相比。在这场较量中，叙拉古与爱琴海城市协同作战，但是军事合作只是暂时的，因为西西里岛西部的城市不得不应对全新的挑战：半岛内部的意大利势力发动的进攻越来越多。新的敌人之一就是罗马。

图 3 西西里岛和意大利南部的希腊海外定居点获得了惊人的财富，因此它们有能力建造大型神庙，图中所示建筑即为一例。它名为和睦女神孔科耳狄亚（Concordia）神庙，建于公元前 440 年前后，只是西西里岛上的城市阿克拉加斯［Akragas，现名阿格里真托（Agrigent）］的所谓神庙谷中的多座神庙之一

城邦衰落

斯巴达在伯罗奔尼撒战争中获胜，结果是希腊变得衰弱，波斯占得优势。斯巴达由于与波斯人达成协议而颜面尽失，此后它在公元前 400 年至前 394 年参加了对波斯帝国的战争，但未获成功。联盟之间战争不断的时期开始了。公元前 5 世纪的两极势力格局一度稳定了局面，而后来多极格局取而代之，不同城邦轮流成为霸主，没有一个城邦愿意容忍其他城邦取得优势地位，因为它们都很珍视自主权。

雅典很快恢复了元气，不过只要波斯愿意，波斯就能仅凭自己的经济资源影响城邦之间的强弱关系。这个因素变得重要的另一个原因就是雇佣兵随着军队的职业化而越发举足轻重，尽管公民组成的军队还会在很长一段时间内发挥作用。

69

出于自身原因，各城邦无法精诚合作。波斯在公元前387/386年签订了一份各方普遍接受的和约，人称《大王和约》。但是希腊人为此付出了沉重代价：他们承认了小亚细亚城市属于波斯，规定了希腊本土各邦自治，接受斯巴达出任担保国。

和平状态也没能维持多久。此前无足轻重的底比斯（Theben）实力大增，因为它的制度有所改善。就底比斯的变化而言，人员因素极为重要，它的统帅埃帕米农达（Epaminondas）是一名杰出将领。公元前371年，底比斯人凭借高超的战术在留克特拉（Leuktra）一役中战胜斯巴达。看似最为强大的军事化国家的失败令同时代人印象深刻。底比斯一度在希腊掌握霸权，但是随着其统帅在公元前362年去世，底比斯再度衰弱。之后几年里，关键的外事发展堪称诡异：公元前356年，落后的福基斯（Phokis）强占德尔斐圣库的财富，依靠雇佣兵与多国同盟对峙了十年。正中波斯人下怀的动荡似乎没有尽头。

在饱经战乱的希腊，呼吁全面停战的声音越发响亮。诞生于公元前4世纪的泛希腊化思想针对的是波斯及其优势地位。希腊人应当携手行动，各城邦不能在彼此攻伐中继续内耗，要一致对抗波斯。这种思想不久后就变成了现实，不过推动变化的是马其顿。

因为希腊人起初并不在意北部边境上发生的事情。马其顿就位于那里，大部分希腊人都不把马其顿居民视为同胞，自称出身于阿哥斯的马其顿王族被允许参加面向所有希腊人的运动会。马其顿疆域广阔、制度松散，没有真正意义上的自治城邦。马其顿有富裕的自由农民、在地方上势力稳固的贵族和位于他们之上的国王。国王担负着重要的祭祀职能，战时出任统帅。但是统治者实力很弱，王室成员彼此窥探、相互斗争，流血事件屡见不鲜。马其顿有时会介入希腊的政治，伯罗奔尼撒战争时期就是如此。有些统治者致力于亲近希腊文化——例如悲剧家欧里庇得斯就生活在马其顿国王的宫廷直至逝世，然而马其顿仍是一个不受重视的边缘国家。

马其顿面临的最大挑战根本不在希腊，而是在北部和东部。伊利里亚（Illyrien）和色雷斯部落的攻击迫使马其顿进一步集中力量。此时，一个人的出现十分关键：成就卓越的腓力二世（前 359~ 前 336 年在位）。他起初通过为侄子阿明塔斯三世（Amyntas III）摄政而掌权。腓力二世见识到了埃帕米农达领导下的底比斯，知道优秀的军事组织意义重大，于是他开始励精图治。马其顿军队开始使用长达数米的萨利萨（Sarissa）长矛。这种武器使得敌人难以对马其顿人发起冲锋。它也很难仿制，因为高大的树木是马其顿的特产。战胜伊利里亚人和色雷斯人之后，腓力二世获得了丰富的矿产资源。他的地位在马其顿内部无可匹敌，不过他很聪明，并不炫耀自己的地位，仍将战友称为伙伴，也如此对待他们。

腓力二世下一步试图在爱琴海北部地区扩充势力，但是雅典也想在那里谋取自己的利益。当地的城邦加入了一个新的海上同盟。腓力二世机智地一步步挤走雅典。马其顿人先控制色萨利，再利用福基斯人占领德尔斐的局面，以圣地保护者的身份进入希腊中部。马其顿和雅典签订了以谈判者命名的《菲洛克拉底和约》（前 346），正式确立了马其顿的地位。与斯巴达和底比斯的霸权不同，马其顿的优势不仅仅来自偶然条件，凭借着马其顿的新制度及其在北部获得的资源，腓力二世为势力扩张奠定了牢固的基础。

我们不清楚腓力二世有哪些目标。通常站在雅典立场上的文献判定他一开始就谋求希腊的霸权；然而客观思考的结论是，他最初的诉求必定是巩固自己在北部的势力。雅典人咄咄逼人的反应使得他不断向南扩张，另一个原因当然是他的自信不断增强。

在雅典，演说家就如何应对腓力二世而争论。一些人鼓吹和马其顿合作，另一些人主张与马其顿为敌。后者的代表是德摩斯梯尼（Demosthenes），他通过精彩的演说唤起雅典人的自由精神。虽然这位演说家经常卷入日常政治，形象有时也不怎么光彩，还有人指责他德行有亏，但是数百年来，人们一直在阅读他的讲稿，认为这些文字体现了不畏强权、热爱自由的精神，它们呼吁大众为了祖国献出一切以捍卫独立。

德摩斯梯尼最终说服了自己的同胞。签订《菲洛克拉底和约》之后，雅典成立了一个反马其顿联盟，其中甚至包含雅典的宿敌底比斯。公元前338年，双方在喀罗尼亚（Chaironeia）交战。马其顿人大获全胜，腓力二世之子亚历山大表现果敢、出类拔萃。腓力有意宽容地对待雅典，安排斯巴达以外的希腊诸邦组成了所谓的科林斯同盟，接受马其顿国王的领导。后来，科林斯同盟阻止了诸邦之间的斗争，并为与波斯人开战做准备。希波战争之后，与波斯作战者能在希腊人当中享有巨大的声望，腓力二世以与波斯作战为己任，秉持泛希腊主义思想，凸显自己是希腊人的先锋。正当腓力二世开始实施计划之际，他在公元前336年似乎因私怨遭人谋杀，其子亚历山大（后来被尊为大帝）以自己的方式延续了父亲的政策。

从古到今，我们都很容易将马其顿的胜利视为城邦衰落的标志。但这可能是错误的评价。城邦的本质使得它们对外软弱：和位于东方疆域辽阔的帝国相比，希腊城邦只拥有少量资源。城邦之间的竞争也阻碍了强大国家的诞生。城邦的繁荣，尤其是雅典的繁荣得益于一种有利局面：正是由于资源匮乏，希腊对于征服者来说才没有吸引力。直到雅典插手爱奥尼亚人的起义，波斯才与雅典为敌。后来波斯战败，而且它的疆域远达亚洲腹地，除了控制土地贫瘠、居民不驯的希腊，波斯大王还另有要务，于是希腊人才能长期保有较大的行动空间。然而这也只是希腊本土的情况：雅典在公元前 5 世纪 50 年代试图插手波斯控制下的埃及，结果惨败；伯罗奔尼撒战争时，雅典远征西西里也是一败涂地。一旦波斯恰当地利用自己的资源，或者马其顿集中力量介入希腊事务，城邦就再也没有机会了。

即使明白自己败给了马其顿，雅典人也没有马上放弃民主制。这种政体断断续续地维持到了公元前 3 世纪，在之后的时期，尽管雅典已经被并入更大的权力集合体，雅典人仍将自己视为一座城市的公民，自身的传统——主要是战胜波斯的成就——让他们对这座城市深感骄傲。在整个古代时期，雅典人一直都是为希腊的自由而战斗的先锋。

74

3 思考自由与民主

希腊在古风时代与古典时代的发展带来了翻天覆地的变化，民主制是一种全新的制度，它希望赋予一个城邦中的所有男性公民近乎平等的政治权利。这种发展不同于现代的制度变革，它的推动力不是政治理念或者对未来社会制度的设想，而是偶然条件。但是这种发展引发了深刻的反思：应当怎样描述城邦的制度，哪一种制度是正确的。对于民主制而言十分关键的观念诞生于实践之中，尤其体现于一般规定。

希腊历史的一个特殊之处是有力的自由概念，它主要是雅典的特点，因此也影响了民主制。与希波战争有关的传统强化了人们的自由意识，在这些战争中，希腊人曾经作为一个共同体保卫了自己的自由。但是自由意识还有更古老的根源，它们与生机勃勃的古风时代有关。

贵族之间的竞争也发生在思想领域，竞争精神有利于催生思想成就、摆脱传统。与古代东方国家不同，知识并不由有着内部规则的祭司集团控制。相反，大量祭祀活动由公职人员负责。其余的祭司并未结成强大且团结的共同体。

75　　希腊人能切实感受到自由受到威胁的滋味。假如一座城市被征服，那么战败的男性可能面临死亡，妇女和儿童可能遭人奴役。只有城邦共同体才能保护自由与生命。许多普通公民觉得自己的自由受到债务奴役制的威胁，还有些贵族为了自由而与僭主斗争。不过所有上述情况涉及的都是双重否定形式的自由定义：人不是不自由的。

地中海世界的其他文化当中也存在这种意义上的自由，即不受奴役。上文提到过，在古代东方，城市已有数千年历史，其中也有城市建立了自己的政权。此外，腓尼基城市和希腊城市之间也有显著的相似之处。但是在其他城市之中，没有一座具有和希腊城市一样的强烈自由信念，不过有一点必须立刻说明：那些地区根本没有留下可以跟希腊的文字材料相比的文献。

但是，希腊也有肯定形式的自由定义，它指行使特定政治职能的权利和能力。我们无法详尽地回答为什么这种发展恰恰出现在希腊，不过还是可以列举一些原因的。希腊人将希波战争视为依靠内在自由在保卫对外自由的战争中获胜的经历。而腓尼基城市很少能独立于大帝国，也不曾为了自己的自由而奋战。它们从来没有像希腊一样和波斯（或者亚述、巴比伦）作战。这样一来，希腊的自由似乎是一种特殊情况。

我们还要看到另一点：与政治诉求相关的自由及平等观念起初属于反抗僭主的贵族世界。但是正因为希腊的贵族处境困

76　　难、地位不稳定，自由概念才几乎不着痕迹地传播开来，影响了整个公民集体。

虽然希腊的自由对于现代观察者来说似乎十分熟悉，但

它离不开城邦的特殊环境。这种自由针对的是公民，不是全人类。所以这种自由从未像现代社会中的自由那样普适于全民。追求自由内含政治平等的意味，却不以社会平等为前提，尽管希腊人试图遏制富人将财产转化为政治势力。

雅典的例子特别适合解释自由的内容，它意味着在公民大会、公职岗位、法庭上参政。一项核心价值是"直言"（parrhesia），指公民有权对任何政治事务发表意见。公民觉得自己的生活方式是彻底自由的，正如修昔底德笔下的政治家伯里克利在悼念阵亡将士的演说中表示——

> 我们在城邦里自由地共同生活，日常生活中彼此尊重。当我们亲爱的邻人随心所欲的时候，我们不至于因此而生气，因为生气虽不严重却会伤害他的感情。我们在私人关系方面宽容大度，然而出于畏惧，我们不允许城邦中出现违法现象。我们服从每年任职的官员、服从法律，尤其是那些保护受迫害者的法律，我们也服从那些不成文的规则，违反它们是公认的耻辱。[16]

由此可见，雅典人的自由并不意味着随心所欲。正如人们认为希腊人战胜波斯人靠的是守法精神，这项美德对于民主制下的日常生活也极为重要。此外，雅典人自然地将自由原则和为城市效力的义务联系起来：充当士兵、进行公益捐献、担任公职。雅典男性享有自由，但他们不能为所欲为，而是要严格自律，为城市尽义务。他们对外却会说这不是负担，而是自由的表现。

有一种义务，现代公民虽有怨言，倒也觉得必不可少，雅典人却将它视为僭主统治的表现——缴纳直接税。只有经过特殊的决定，比如在伯罗奔尼撒战争初期，雅典才会征收直接的财产税，而且只征收 1 年。公元前 4 世纪，征收财产税的情况越来越常见，却从来没有变为成例。

在当时和之后的几个世纪里，源自哲学的另一种截然不同的自由概念变得重要起来——内化了的自由。公民个体越难发挥政治影响力，这种自由就越重要。它的要旨不是积极行使权利，而是不为外界左右，追求自己的目标。这指的不是耽于享乐，而是明辨是非，有强大的自制力，只有这样才能使人在面对逆境、野心、情绪波动和社会关系时内心坚定。内在的自由可以随着看似适应了外在条件的生活方式而产生，只要哲学家甘愿为这种生活方式付出一切相应的代价。内在自由脱离了自由只属于某个城邦的成员或者只属于希腊人的观念，它适用于全人类。上述思想的主要代表是斯多葛学派哲学。

当时几乎没有研究政治自由的思想家，但是哲学意义上的自由得到了深刻反思。爱比克泰德（Epiktet，约 50~125）的著作指出了自由概念的漫长发展之路：起初，自由被定义为不受奴役，之后出现了积极参政的理念，最终它演变为内心坚持自我。生活在罗马帝制时期的爱比克泰德出身并不自由，却成了研究自由的哲学家。基督教的自由观念可以与上述发展衔接，基督教认为，人类唯有通过信仰才能获得真正的自由，祈祷时可以对上帝直言，捍卫信仰时可以对他人直言。古典的自由概念以及相关论述就这样通过截然不同的各类传统影响了后世。

自由也在另一个古代社会制度中扮演着重要角色——罗马共和国以"自由"（libertas）而闻名（参见本书第三章第四节）。但是，罗马共和国的自由概念与雅典人拓展过的贵族制的联系更为紧密，直到自由概念触碰到哲学。

再回到古典自由：雅典人生活在自由当中，却几乎不对自由展开思考。但是，民主制的本质又使得自由促进思考。因为在议事会和公民大会上，在一个不允许社会优势转化为权力的世界里，大家必须讨论。所以在雅典人们教授修辞术，并且思考如何论证，例如要思考在没有证据的情况下，人们可否根据当事人可能的心理活动做出裁决。

有鉴于此，我们或许会以为思想家特别喜欢民主制。然而，似乎只有少数思想家明确赞成民主制。其中之一是阿布德拉 ① 的普罗塔哥拉（Protagoras von Abdera），据说他写了一篇与此相关的神话故事。故事的主旨是解释一些美德并非人人皆有，对政治而言十分关键的美德——正义感和相互尊重的精神——却寓于所有人的内心。普罗塔哥拉表示宙斯将它们赋予了所有人，因为没有这些美德，人类就无法生存。这个故事以哲学的方式倡导了民主制中的协作精神，把它和诸神联系了起来。

其他思想家却批评民主制，他们对后世的影响尤其深远。贵族圈子里很早就流传着抨击民主制的小册子，但他们也清楚民主制的建立顺理成章。雅典人柏拉图（前428/427~前348/347）对民主制的批评最为犀利，影响最大。他是苏格拉底的弟子，出身高贵。公元前387年前后起，柏拉图可以不受干扰地在雅典开办学园，学子都崇拜半神英雄阿卡德摩斯（Akademos），学园故而得名 Akademie，该词至今仍被用以指代一种精神生活场所。柏拉图生活在民主制的繁盛期，那时他是一个边缘人物。早先他偶尔试图从政，但在担任议事会成员或者公职人员时似乎并不出众。柏拉图属于不问政治、疏远城邦的那类人。

柏拉图愈加严厉地抨击民主制的弊病——父母子女之类的自然等级不再通行、生活方式随心所欲。公民的全面能力对

① 阿布德拉：古代色雷斯城市，哲学家普罗塔哥拉和德谟克利特的故乡。

于民主制来说十分重要，却正是柏拉图反复批评的对象。他问道，为什么各行各业都需要专才，政治活动却不需要？在他看来，正确的政策应当源于令人信服的见解，因为它关乎集体的福祉。他并不了解均衡各方利益的观念，不过他认为民主制之外的制度，即君主制和寡头制也都有弊端，会造成不良影响。

柏拉图在对话录《理想国》（*Politeia*）中描绘了一幅以长期存续为目标的国家蓝图，前提是城邦很小，只有5000名公民。国王应当是专门选出来的、训练有素的男性或女性哲学家，具有睿智的美德。国王之下应当有卫国者，他们具有勇敢的美德，保卫城市。卫国者之下还有谨慎的手工业者和农民。正义应当凌驾于一切。正义是《理想国》中柏拉图思考的出发点，他首先着眼于需要建立正义之地的个人。

柏拉图不太可能相信自己笔下的这种城邦可以变成现实。他主要是想在非现实的背景下讨论实现正义的条件，而不是构想如何建立国家。尽管《理想国》中的很多内容会让我们想到近代的乌托邦，人们也经常将这些乌托邦和柏拉图联系起来，但是《理想国》的主题和乌托邦截然不同：柏拉图的目标是完善与个体利益一致的集体，而近代乌托邦的目标通常是通过国家来满足个体的需求。

在之后问世的《法律篇》（*Nomoi*）里，虽然柏拉图认为城邦可以交给一个具备真正王者特征的男子负责，但是他又设计出了复杂的规则体系，即大量的一般法律，目的是建立一个尽量完美的城邦。这一蓝图可能也不以直接付诸实践为目标，不过整体上要比《理想国》中的理念更加实际。

不同于自己的老师柏拉图，来自马其顿控制的斯塔吉拉（Stageira）的外侨亚里士多德（前384~前322）开始研究政治制度问题。他寻求实证基础，指出了希腊城邦的多种结构。接着，他进一步详细描述了三种政体——它们的现代名称是民主制、寡头制和君主制——如何运转、诞生、维持和覆灭。此外，他还设计出了自己心目中完美的政治制度，并干脆将它称为 Politeia，即政制。亚里士多德表示它混合了三种政体的优点，也能平衡人们对财富和平等的不同追求。亚里士多德认为人数众多的中间阶层可以构成这种政体的基础。

亚里士多德对三种政体的看法和混合三者的理想在古代反复被人提及。历史学家波利比阿（Polybios，约前200~前120）试图以罗马的制度是一种混合政体来解释罗马的伟大。旧世界衰亡以后，人们仍然沿着这一方向思考；建立新的美利坚共和制之时，人们还在参考这一榜样。

4　小结

城邦具有排他性，因为只有男性的自由公民，也就是居民中的少数人，才有参政的权利；然而城邦也有开放性，因为它寄希望于公民集体内部的最大限度的政治平等。现代人自然而然地把雅典的民主制视为伟大的、重要的变化。雅典公民可以在稳定的基础上广泛参政，这一现象极为罕见。这里的文化成就具有无与伦比的影响力，即便是在对外扩张方面——我们今天已经不再愿意将它视为评价标准——考虑到它拥有的资源，民主制也非常成功。不过上文已经提过，在当时，民主制的批评者比它的支持者著名得多。柏拉图鄙视民主制，亚里士多德指出了民主制的缺点，而且一种古已有之的观点是，民主制败于马其顿之手就是世界历史做出的裁决。按照这种看法，太多的自由可能是危险的。

但是，雅典人对自由的追求给后来的许多代人留下了更深的印象，这种自由在抵御外敌时经受住了考验，也在允许公民参与国内事务，即参政时证明了自己的价值。我们不能把这种自由的重点理解为抵御国家对个人的干涉。人权观念对雅典人而言是陌生的，他们也不认为审判苏格拉底是打击言论自由的。

82 　　雅典人的自由建立在奴隶的不自由和妇女受到限制的基础上，民主派不觉得这有什么问题，因为他们不认为自由属于全人类。大部分人也不相信蛮族享有自由。这种想法也被欧洲人继承了，他们在很长一段时间内不允许其他民族像自己一样享有自由。

　　认为真正的幸福生活只能在自由中实现的思想在欧洲反复被推敲，焕发新生。斯多葛学派最早使自由思想脱离族群主义的限制，这种观点通过基督教传播开来，在启蒙运动时期发展深化，为现代的自由概念奠定了基础。现代的自由概念继承了古代思想，却又不断吸纳新的内容。

　　在更高级的抽象层面上，雅典还有一项重要遗产——自我批判式思想，也就是能够转换视角、反思自身的行为、检验自身的准则甚至重新质疑这些准则。这是古代民主得以形成、现代民主得以产生的基础之一。

　　自我批判式思想是希腊人和另一个民族的共通之处。后者也没有建立大帝国。虽然它没有发展出民主制，但是摆脱异族统治、争取自由对于它的历史形象至关重要，我们至今仍在阅读这个民族创造的文本。他们就是犹太人。也许正是因为这两个民族能够在一定程度上预见问题、分析失败的原因，他们才能通过著作得到永生。这些古代小国的精神财富比大帝国的精神财富拥有更长久的生命力。

第三章

帝　国

巴比伦国王尼布甲尼撒做过一个梦。一座神秘的立像出现在他的面前，先知但以理向他描述了立像的外形——

> 这像甚高，极其光耀；站在你面前，形状甚是可怕。这像的头是精金的，胸膛和膀臂是银的，肚腹和腰是铜的，腿是铁的，脚是半铁半泥的。你观看，见有一块非人手凿出来的石头打在这像半铁半泥的脚上，把脚砸碎。于是金、银、铜、铁、泥都一同砸得粉碎，成如夏天禾场上的糠秕，被风吹散，无处可寻。打碎这像的石头变成一座大山，充满天下。[1]

除了但以理，没人能够解释这一震撼人心的异象。他说，金头指的就是尼布甲尼撒的帝国，其他部位指另外四个帝国，结局将是如此——

> 当那列王在位的时候，天上的神必另立一国，永不败坏，也不归别国的人。却要打碎灭绝那一切国，这国必存到永远。[2]

这个诞生于公元前 2 世纪的传说保存于《圣经·旧约》中的《但以理书》，反映了西亚诸民族的一段重要经历。大帝国崛起，似乎变得极为强大，却很快又被其他帝国取代。传说中的四个帝国指的可能是巴比伦、米底、波斯和马其顿。不过阐释的可能性非常丰富，在后来的几个世纪里，罗马帝国被视为最后一个帝国，也就是世界末日之前的最后一个帝国。后来人们不再相信一位神祇预先决定了世界的终结，然而以下观念一直存在：大帝国是世界秩序的一部分，不过它们都是脆弱的。

两个特点截然不同的古代帝国至今家喻户晓：罗马是秩序井然、国运长久的帝国的典型；而亚历山大大帝的帝国被视为迅猛征服的结果，昙花一现。亚历山大帝国的猝然瓦解似乎是仓促扩张所致，罗马帝国的覆灭却给后世留下了谜团。本章将讨论大帝国的兴亡，这是欧洲从古代得到的经验之一。探讨这类问题的时候，我们也惯于回溯古代。

帝国的概念一直模糊不清，于是一些学者避免使用它。本书将特意给出一个开放式的定义。本书提到的帝国是指一个政权，其规模远远超过同时代人对其他政治实体的认识。帝国始终追求长期存续，经常以扩张为目标，作为世界性帝国，它们通常不能容忍势均力敌的竞争者。全球不同地区都出现了此类帝国。在地中海地区，帝国的形成过程在公元前3000年前后始于埃及和西亚。这段记忆影响了希腊人、罗马人和犹太人对帝国的看法，继而影响了欧洲人的帝国观念。

1　古代东方一瞥

埃及看起来对外封闭。外来者只能到达沿海地区的少数地方，无法通行的沙漠包围着尼罗河沿岸长条形的居民区。从西奈半岛进入埃及的通道易于封锁，埃及居民在族群方面相对同质化。所以埃及很少和异族征服者打交道，自从上下埃及据说在公元前4千纪末得到统一后，这个国度留给我们的印象就是保持同质、传承不绝：一种文字、一种语言、一种文化、一种政治制度似乎存在了几千年。

不过仔细观察之后我们就能看到深刻的变化。埃及历史上有所谓的中间期，此时帝国分崩离析，然后又发生统一战争，也存在多个异族统治阶段。语言发生过变化，文字经历过革新，文学作品总会描写新的问题，宗教宇宙中诞生了新的神祇，或者个别神祇的地位有所提高。但是大家普遍认为埃及传统悠久，惯于忽视变化。

即便是在当前编成的埃及时期表中，古王国、第一中间期、中王国、第二中间期和新王国都会让人产生绵延不断之感。埃及代表着传承，代表着伟大且影响深远、令人自豪地加以保护的过往，代表着深刻的、积累了数千年的智慧。尽管埃及在公元前1千纪越来越频繁地被异族征服，但祭司集团和同时代的观察者还在维护埃及经久不变的形象，刻在石头上、体现古老智慧的神圣符号——象形文字以及数千年屹立不倒的金字塔更令这一形象深入人心。

图特摩斯三世（Thutmosis III，前1479~前1425年在位）等法老推行了咄咄逼人的对外政策。他夸耀自己在亚洲获胜的方尖碑竖立至今（见图4）。在拉美西斯二世（前1279~前1213年在位）治下，帝国的疆域几乎扩张到小亚细亚。不过他也愿意缔结和约。经过多次损失惨重的战争，拉美西斯二世和赫梯国王哈图西里二世／三世（Ḫattusili II/III，约前1265~前1240年在位）① 在公元前1259年签订了《卡迭石和约》。它通过拉美西斯二世迎娶一位赫梯公主而得到巩固，维

86

---

① 在关于赫梯王国的记载中，有数位国王身份存疑，其中，约前1650~前1620年在位的是哈图西里一世，约前1420~前1400年可能是一位名叫哈图西里的国王进行统治，但因学界对其未有定论，故后来的哈图西里称作二世／三世。——编者注

图 4　法老图特摩斯三世在上埃及的卡尔纳克（Karnak）神庙竖立了这座献给太阳神阿蒙—拉（Amun-Re）的方尖碑，纪念自己在亚洲的胜利。后来这件艺术品被移到了君士坦丁堡的赛马场

持了 50 年。这份协议——其复制品目前陈列在纽约的联合国总部——是保存至今年代最早的两个帝国之间的和平条约，它其实很不寻常，因为埃及人不习惯承认其他帝国与自己平起平坐。这份和约遏制了大国的继续扩张倾向，立约之举具有历史前瞻性，后人却不乐于仿效。

埃及统治者的另一形象也出现在了西方传说里。《圣经》描述了一位强大的法老，约瑟（Joseph）为他效命，一路晋升到最高的官职。然而，后来法老施行暴政，面对神迹冥顽不灵，压迫以色列民族。对于宗教共同体的身份认同而言，大帝国可以助力也可以使其受到危害——古埃及就同时代表这两种形象。

美索不达米亚这片土地和周边地区之间没有屏障。来源不同、语言各异的民族不断涌入。地方性政权和帝国迅速崛起而又覆灭。苏美尔人、阿卡德人、巴比伦人和亚述人相继取代对方。这里使用各种语言：苏美尔语的历史可以追溯到城市文化早期，巴比伦语和亚述语是阿卡德语的方言，还有阿拉姆语（das Aramäische），它不是征服民族的语言，却从公元前 1000 年前后开始被广泛使用。

与埃及的情况不同，美索不达米亚地区很早就建立了城市政权，其中一部分政权获得了跨地区的影响力。与埃及的情况一样，一些霸主的名字也流传至今：阿卡德的萨尔贡一世（Sargon I，前 2356~前 2300）被视为阿卡德帝国，也就是第一个著名大帝国的缔造者，但是这个帝国只延续了几代。其他统治者也迅速开疆拓土，不过衰落也来得很快。

巴比伦的汉谟拉比（前 1792~前 1750 年在位）是一位极为成功的征服者，不过他的盛名另有来源：他制定了《汉谟拉比法典》，并将其作为基本法典。法典的说法可能会引发误会。因为这份文本并不是系统汇编各种法律后制定的法典，而是粗略整理、广泛搜集各类一般规定的产物。这些规定体现了国王是受命于神的法律捍卫者。它们不解释法律，只宣扬法律，因此《汉谟拉比法典》并不是法律实践方面的突破。我们所知的大量当时的法律行为似乎并不严格参照这部法典。《汉谟拉比法典》的特殊之处是，不同于之前的此类文本，它一再得到传抄，甚至在亚述人统治时期也是如此，于是它在美索不达米亚世界成为经典。罗马帝国展现的帝国和法律之间的紧密联系似乎与这里形成了应和。

亚述帝国是暴政的典型，这种作风一部分是刻意继承阿卡德传统的结果。公元前 8 世纪和公元前 7 世纪，亚述帝国的势力达到了巅峰。文献详细地记录了它的暴行。亚述统治者肆无忌惮地夸耀自己向征服对象施暴，如破坏陵墓等。大规模地流放居民是他们青睐的统治手段，因为他们可能希望通过人口置换来预防暴动。有了这些流放者，亚述才能建造宏伟的建筑，它们是亚述统治的重要标志。

不过在仓促否定亚述人之前，我们要考虑两点。在古代东方，暴政在任何地方、任何时期都屡见不鲜，或许在汉谟拉比治下也是如此。此外，人类历史上影响最大的流放行为发生在新巴比伦帝国时期，它在公元前 7 世纪末取代亚述帝国成了两河流域的霸主：尼布甲尼撒二世（前 605~ 前 562 年在位）在公元前 6 世纪初将大批犹大王国的精英押往巴比伦，后来在此形成了坚定崇奉一神论的犹太教。

我们不能忽视亚述帝国也有复杂的法律制度——亚述人也知道《汉谟拉比法典》。臣民十分自然地期待统治者主持正义，这种正义可能伴随惩罚。这种正义并不追求平等，而是要扶危济困：人们应当有足够的食物，不能任由权势者摆布。和前人相比，亚述人更加大力地建立统一的帝国制度，因此实现了前所未有的稳定。

亚述国王非常重视保护境内的"古典"文化。亚述巴尼拔（Assurbanipal，前669~前631年在位）的图书馆收藏了《吉尔伽美什史诗》等作品。这部史诗诞生于苏美尔世界，又在多种古代东方文化中继续发展。

我们难以回答为何大多数西亚帝国很不稳定，也不可能给出笼统的答案，况且史实经常不为我们所知。自然环境因素无疑起到了很大作用——西亚的核心地区没有地理屏障。我们也不能忘记大多数统治者经常强制推行以压迫、流放、消灭为目的的政策，而不追求融合。这必然招致仇恨。

新巴比伦帝国衰落之时，在它边缘的伊朗高原，说伊朗语的米底人崛起了。波斯人通过内部的权力更迭占了上风。波斯人的统治方式恰恰以不消除米底人的印记为特征：波斯国王一直兼任米底国王。当居鲁士大帝（约前559~前530年在位）的势力一直扩张到两河流域之时，他仍然无意消灭当地既有的文化，而是追求融合。公元前539年征服巴比伦之后，居鲁士大帝允许当地保留原有的崇拜。他接任巴比伦国王，允许犹太人返回故乡，不久后又同意他们在故乡重建圣殿。居鲁士大帝在其他地区的做法与此类似，他很少扮演破坏者。所以数千年来，甚至在希腊人的眼中，居鲁士大帝都是明君的典范。这种传统可能有许多美化成分，但是今人所知的居鲁士大帝打天下和治天下的成就仍可谓十分惊人。

居鲁士的后继者并不总是延续他的做法，比如冈比西斯（前530~前522年在位）杀死了阿匹斯（Apis）神牛，伤害了埃及人的宗教感情。公元前480年，薛西斯派人破坏了雅典及城中神庙。不过波斯的政策总体来说一直是宽容的。总督（Satrap）可以相对自主地管理地方。他们负责收税及边防，制定法律时也参考当地风俗。波斯统治的希腊城市或腓尼基城市可以保留大部分内部结构。所有人都必须承认波斯大王，各地的崇拜则可以保持不变。

波斯帝国似乎给大部分臣民带来了数十年相对平静的生活，而亚历山大大帝给这一切画上了句号。历史学家通常认为，亚历山大大帝的胜利远征开启了希腊历史的新阶段，就连西亚也受到了影响——它就是希腊化时代。

91

在希腊人和犹太人的传说中，美索不达米亚的统治者既是暴君的代表，也是仁君的代表。比如尼布甲尼撒成了暴力的化身，居鲁士则是宽容和智慧的化身。在美索不达米亚，这类关于早期统治者的故事不断流传，甚至在今天的伊拉克和伊朗等地焕发新生。我们再次注意到，对后世文化影响最大的进程恰恰并未发生在大国的中心地区：犹太民族在许多大帝国中屹立不倒，希腊的古典文化诞生于波斯帝国的边缘。势力弱小，也许加上接近大国，似乎能产生创造力。这种创造力体现于自我批判式思想，在上一章论述自由的结尾对此已有提及。

2　亚历山大大帝：摧毁波斯帝国

在希波战争中，希腊人成功遏制了波斯人的直接统治扩张至希腊本土，不过希腊世界后来仍然成了诸多大帝国的一部分。作为国王，亚历山大大帝将首先统治希腊本土，进而摧毁波斯帝国，或者用一些人的话来说：接手波斯帝国。作为君主，亚历山大遵循希腊的传统，尤其是泛希腊主义的传统，因此继承了父亲腓力二世的衣钵。伯罗奔尼撒战争之后，波斯的实力与彼此不和的希腊城邦相比有所增强，彼时爱奥尼亚的沿海城市已经重归波斯统辖，于是亚历山大的胜利更显得惊人。公元前387/386年的《大王和约》——名称已经揭示了它的性质——使波斯控制了希腊，因为和约规定诸城邦不得结盟，并

92

令斯巴达负责调停。

但是波斯未能阻止一件事情的发生，或许根本没有意识到它的重要性：在希腊世界的边缘，马其顿王国崛起了。它在腓力二世治下取得了希腊霸权，并且通过建立科林斯同盟巩固了自己的势力。科林斯同盟几乎集结了所有马其顿领导下的希腊城邦。马其顿这样做的理由是为攻击波斯帝国做准备。腓力二世果真派出了军队。

此时腓力二世由于私人恩怨被杀。不过他的计划只搁置了很短时间。腓力二世之子亚历山大以迅速而残忍的行动赢得了伊利里亚人、色雷斯人和希腊人的尊重，于是他在公元前334年越过赫勒斯滂海峡（Hellespont）① 开始远征波斯帝国——打出的旗号是要对波斯人在近200年前毁坏希腊神庙一事进行报复。希腊人不见得都对这件旧事耿耿于怀，所以我们不能轻易地将这场战争称为希腊人的集体远征。一些希腊臣民早已安于波斯大王的统治。许多希腊人出于某些原因一直站在波斯一方作战。但是亚历山大重视泛希腊主义的主张，为了表明态度，他向希腊人共同崇奉的诸神献祭，走到哪里都呼吁人们回忆特洛伊城下的英雄。他们也曾与东方的大国作战。

在格拉尼科斯（Granikos）河畔，亚历山大在公元前334年5月击败了一批波斯总督。他勇敢地率领骑兵发起进攻，让手下人相信己方必胜。亚历山大险些阵亡：假如他死了，后人就不会对他有什么兴趣，只会轻蔑地说这个小伙子不知道天高地厚。

然而，亚历山大取得的不是决定性胜利。波斯人惯于缓慢地发挥军事实力。和亚历山大一样，大流士三世登上王位才两

---

① 赫勒斯滂海峡：现称达达尼尔海峡，连接马尔马拉海和爱琴海，是亚洲和欧洲的分界线之一。

93　年，比起跟边缘小国的统治者打仗，大流士此时还有更重要的事要处理。亚历山大沿着海岸线继续挺进，这体现了他的勇敢或者无知（或者两者兼有），因为他的部队人数很少、补给困难、后勤薄弱。此外，自公元前333年起，爱琴海上就有波斯船只，它们本可以轻而易举地截断亚历山大的部队和马其顿之间的交通。也许亚历山大原本只计划进行小范围攻击，但是因为连连得胜而乘势追击。也许他一开始就有宏伟的征服计划，他坚定不移地予以执行，而不仔细考虑执行条件。我们对亚历山大几乎一无所知，因为他没有留下什么自述。

几乎没有遇到反击的亚历山大一路进军到托罗斯（Tauros）山脉附近，那是小亚细亚和叙利亚的分界线。公元前333年，亚历山大在山下奇里乞亚（Kilikien）平原的伊苏斯（Issos）附近与大流士展开了第一场大战。亚历山大再次通过惊人而冒险的行动取得胜利，就连波斯最强大的部队——希腊雇佣军也不是他的对手。大流士逃跑了，不仅丢下了军饷库，也抛弃了家人。这是一次重大胜利，亚历山大的经济问题也解决了，他还取得了外交优势。因为他十分明智，没有侮辱波斯大王的亲属。大流士甚至不得不建议双方签订和约，许诺将一位波斯公主嫁给亚历山大，还要承认亚历山大对小亚细亚的统治。亚历山大表示拒绝，继续进军。

推罗（Tyros）①抵抗亚历山大，被他摧毁；埃及不战而降。亚历山大深知埃及人痛恨波斯人，于是对当地的宗教传统表示尊重，被承认为法老。亚历山大的西瓦（Siwa）绿洲之行使他声名鹊起，他的随从在那里听见一位埃及祭司确认他是宙斯之子——希腊人将宙斯等同于埃及的至高之神阿蒙

94　（Amun）。亚历山大并不是第一位被人当作神祇敬拜的统帅，

---

① 推罗：又译苏尔等，古代腓尼基人的重要城市，在现在的黎巴嫩境内。

但是时人敬拜亚历山大的原因显而易见：他带领一小支部队取得了胜利，完全不合常理，这位国王胆大包天却能安然无恙，体现了神性的存在。

幼发拉底河以西地区都落入了亚历山大之手，可他并不满足。他离开埃及，向两河流域进军，在今属伊拉克的高加米拉（Gaugamela）附近第二次大胜波斯国王。士兵在战场上宣告亚历山大是亚细亚之王。他的军队向着波斯波利斯的王宫进发，那里烈焰冲天。不论大火是不是亚历山大刻意安排的，此事都是一个标志。希腊神庙曾经陷入火海，此时起火的则是波斯大王的宫殿。复仇之战已经结束了。但这还不够，亚历山大继续进行征服之战。

逃亡的大流士被亲属谋杀——亚历山大为他报仇，处死了凶手。亚历山大依照波斯传统十分尊敬地安葬了自己过去的对手。这种姿态非常大度，而且更是一个明确的信号——亚历山大成了波斯国王的后继者。

但他还不罢手。亚历山大继续进军，深入亚洲腹地。他数年来一直都在征服那些几乎不为希腊人所知的民族。他最终抵达印度河，根据当时的观念，他简直到了世界的尽头。尽管他也在那里取得了胜利，手下将士却强迫他回师。公元前325年到前324年的冬天，亚历山大结束了远征。抵达波斯的核心地区之后，他做了一些整顿：惩罚若干有异心的总督，重新分派要职，解散私人武装，用伊朗士兵充实国王的军队。他重新关注希腊本土，宣布被放逐者可以回到故乡，这又是一项使他本人收益多多的慷慨之举。这或许是在希腊城市中引发矛盾的最有效途径。32岁的亚历山大制订了很多计划。然而公元前323年6月10日，他出人意料地死在了巴比伦，死因可能是疾病。

这位冲动的年轻人为何如此成功？我们首先必须指出偶然

因素。亚历山大运气很好，多次死里逃生。用俗话说就是：亚历山大是个幸运儿。不过这种说法过于简单。因为按照古人的理解，运气不是随机降临的，而是体现了神祇的照拂。也许正因为如此，亚历山大才变得极为大胆，士兵也更加信任他。亚历山大一直很擅长笼络士兵，他喜欢让士兵看到自己与他们同甘共苦：比如在穿越格德罗西亚（Gedrosien）①的沙漠的时候，士兵干渴难耐，一名士兵给亚历山大送水，根据传说——这个故事至少编得不错——亚历山大却把水倒进了沙漠，因为他不希望自己的待遇比普通士兵更好。

亚历山大仿效波斯国王将各类异族的统治者及统治方式结合在一起，体现了一定的远见。无论是在小亚细亚、埃及、巴比伦还是在整个波斯帝国，亚历山大对各地的传统统治形式都表示尊重，他安排许多总督和小国国王留任原职，把军队和行政工作交给波斯帝国的精英。我们不知道他这样做是因为人手不够，还是想把帝国中的不同民族结合起来。假如亚历山大在位更久，坚持推行融合政策，或许能使他的帝国长期存在。

然而，融合的苗头恰恰表明在他的统治之下存在矛盾。马其顿人中有腓力二世的老近卫军，也有曾经和亚历山大患难与共的士兵，他们很久以前就对亚历山大越来越亲近波斯人的行为感到气愤：连他的长袍都有点像波斯国王的登基礼服，他对待手下的态度似乎也变了。过去的马其顿国王对待下属如同伙伴，而亚历山大在公元前327年却要求所有人对他行跪拜礼。波斯人普遍通过跪拜向上级表示谦卑，而马其顿人对此感到厌恶。马其顿人的怨气越积越多，亚历山大最终只得让步，不再要求马其顿人行跪拜礼。亚历山大和本应最忠于他的人之间

96

---

① 格德罗西亚：古代地区，位于现在的伊朗和巴基斯坦南部。

的矛盾不止于此，就连普通士兵都愤而哗变过多次：在印度河畔，他们强迫国王回师；公元前324年，亚历山大想要解散部队，于是士兵再度通过哗变表达愤怒。亚历山大通过策略性的妥协等手段平息了这两场危机。假如他活得更久，他能长期调和波斯传统和马其顿传统之间的矛盾吗？

亚历山大大帝对待手下随心所欲，但他善于笼络个人，激发他们的忠诚，使他们任劳任怨。不过他摧毁了一个幅员辽阔、运转顺畅、大多数臣民拥有较大自主性的帝国，而没有留下任何可以使其稳定下来的新事物。他去世之后，从小亚细亚到巴克特里亚（Baktrien）①，帝国各地都发生了暴动。我们掌握的少数材料表明亚历山大去世之前并未计划通过长效措施稳定帝国，赋予帝国牢固的结构。他似乎想要通过远征阿拉伯来逃避现实或者发泄征服欲。这样看来，他还是指挥士兵得心应手。

征服者亚历山大取得的脆弱胜利建立在其父亲奠定的坚实基础上。他的帝国——我们姑且如此称之——在他去世几年后就分崩离析，再也没有重新统一。和恺撒死后的情况不同，亚历山大帝国里没有一个奥古斯都式的人物能妥善地打理好不知疲倦的前人留下的事务。不过亚历山大的魅力亘古长存。亚历山大在作战及制订计划时的勇气、永不满足的精神、对异族文化的兴趣使他成了一个具有世界性影响力的古代人物。他在波斯的传说中永生，甚至出现在《古兰经》里。他的盛名继续传扬，但他的形象是多种多样的：有人觉得他是波斯国王的后继者；有人将他视为安拉的先知；在埃塞俄比亚人看来，他甚至是"超前的"（avant la lettre）基督教统治者。

在欧洲，亚历山大以世界征服者和伟大统帅的形象永垂不

---

① 巴克特里亚：中亚古地名，中国史籍称大夏、吐火罗等，主要指阿姆河以南、兴都库什以北地区。

朽。虽然旷日持久的战争暴露了亚历山大式的军事冒险及代价高昂的远征的弊端，没人可以对亚历山大造成的巨大伤亡视而不见，但是很多人至今仍为他着迷，继续将他视为伟人。假如他能对波斯人长期实施融合政策，那么他或许有机会作为革新者被载入史册。这类政策已经初露端倪，但他没有时间，也未必愿意花时间对此进行改进。这种风风火火的作风也传给了他的后继者。

3　动荡的诸帝国：希腊化时代

亚历山大死后帝国迅速瓦解。由于亚历山大没有子嗣继承统治①，他身边的许多人开始争夺权力。有些人想要维护帝国的统一，更明智的人则马上牢固掌控自己统治的地区。结果就是发生了许多谋杀和被称为继业者战争的连绵战事。在所谓的多王之年（前306~前304），几名掌权者快速地相继取得了国王头衔，说明他们希望自己的统治能够持久。

发生在小亚细亚的两场战役具有重大的政治意义。公元前301年，争取（由他领导的）帝国统一的安提柯（Antigonos）在伊普索斯（Ipsos）②兵败丧命。公元前281年，塞琉古一世在库鲁佩迪安（Kouroupedion）③击败并杀死了已经在希腊和小亚细亚地区占据重要地位的吕西马库斯（Lysimachos）。由此又产生了三个较大的王朝：埃及的托勒密王朝；先以两河流域，后以叙利亚为中心的塞琉古王朝；不久后统治了马其顿及希腊本土的安提柯王朝。三个王朝并立的权力体系原本可能给

①　亚历山大大帝逝世时，其子亚历山大四世尚未出生，性别未明。据传亚历山大大帝还有一名私生子海格力斯（Heracles），但对其身份一直存在争议。——编者注

②　伊普索斯：古代地名，具体位置不详，大约在今土耳其西部。

③　库鲁佩迪安：古代吕底亚的一片平原地区。

地方上带来和平，然而统治者争斗不休，造成地中海东部地区始终动荡不安。尽管如此，该地区恰恰在这几个世纪当中缔造了一个文化盛世。

艰难的整合：君主制和希腊化

希腊化时代的关键标志是多样性。希腊人接触到了丰富多彩的文化，极为多样的政权由此诞生。它们拥有一些共同的特征，可以解释希腊化王国总是不能像其他权力体系那样实现国内局势和国际关系的稳定。

希腊化帝国的特征是统治者较少任用官僚以及极尽奢华。这种统治在很大程度上倚赖私人关系，即要么是与国王的交情，要么是对国王的神化敬拜。一切都围绕着国王个人。就连经济生活也在很大程度上按照国王的需要运行，其他机构的力量一直很弱。国王的周围形成了宫廷，但它绝不像近代早期的宫廷那样复杂。宫廷中有职责之分、亲疏等第，然而没有自成一体的上流社会，也几乎没有稳定的、超越私人关系的官僚体系。女王和王后在传统悠久的埃及扮演着格外重要的角色，她们能够作为合法统治者将合法性传给自己的孩子，在宫廷中编织人脉网。所以她们确实行使着权力——人们经常认为她们的影响还不止此。恺撒和安东尼的情人克利奥帕特拉七世（前52~前30年在位）名声不佳，不过如前所述，像她这样以女主身份统治埃及的现象并不罕见。

君主大多不追求在各自的帝国之内建立统一的体制——埃及又是例外。在埃及，统治者可以在许多方面参考早前时代的复杂的行政体系。但是托勒密王朝在埃及之外的领土实行的也是其他制度。希腊化国王的常见统治特点是间接统治，极少变动传统的权力结构，经常安排当地精英留任原职。

这些帝国在体制方面的异质性和它们在种族构成方面的异

99

质性一致，尽管它们在现代出版的历史地图集上看起来都是面貌统一的地区（见地图 2）：当时存在有组织的山民部落、神庙政权、小王国、效法希腊模式的城市、具有其他特征的城市，林林总总、不一而足。它们以各种符合传统且符合统治者意愿的方式听命于国王。这是一种在某些方面非常松散的支配团体，它更像是多种社会群体的共存并立，而不像完成了融合的社会。

于是统治者们扮演多重角色，一如此前的波斯国王或者亚历山大。面对统治区内的希腊人，托勒密王朝的国王以文化促进者的面目出现。在埃及当地人面前，他又成了法老。在巴比伦，出身于希腊的塞琉古王朝统治者沿袭当地国王的传统支持马尔杜克（Marduk）崇拜。两河流域还是继续使用楔形文字。统治者在任何地方都不会轻易摒弃当地传统。

国王的地位一直十分微妙。虽然世袭的合法性基本得到认可，但是没有长子优先权之类的明确继承规则，所以统治者的合法性很容易受到威胁。每一个统治者都必须证明自己是新的亚历山大，这意味着需要建立军功。拜占庭的《苏达词典》（*Lexikon der Suda*，10 世纪）搜集了古代文献，如此表述以上观点："君权的传承既不取决于出身也不取决于法律基础，君权属于那些有能力指挥军队、明智地治理国家的人，就像腓力二世和亚历山大的继任者一样。因为亚历山大的亲生儿子性情软弱，并不具备亲缘优势。"[3] 此外，国王不把自己视为某些地区的统治者，而是认为自己原则上有权统治世界，所以很容易给一切出兵行为找到借口：战场上赢来的土地都是战利品，可以据为己有。

这就是国王频繁作战的原因：他们必须证明自己配得上国王的位置。当然有人想让国王的地位更加稳固，比如预先将儿子立为接班人，或者大搞统治者崇拜。一些国王试图通过铺张浪费来证明自己的富裕与强大。另外，臣民希望国王能够主持正义并且给予臣民丰厚的赏赐，这也符合古代东方的传统。对此，现代学者使用"行善"（euergetismus）一词（意为实施善举）表达此说法。这一切成本很高，所以国王必须一直设法获得新的资源。

统治者的善举解释了臣民对他们的神化敬拜。统治者无须强迫臣民这样做，因为在希腊人看来，把一个强大的助人者称为神祇是很正常的。对于受助者而言，定义统治者的神性通常并不重要，因为他们心目中神祇和人类的区别并不像在基督教—犹太教世界中那样彻底。足以说明问题的是，人们喜欢说，对国王致以"isotheoi timai"（神一般的敬意），并且希望统治者因此做出更多善举，而国王同样仰赖着神祇的庇佑。

101

希腊化时代最引人注目的特征之一是国王之间的竞争，此时的思想繁荣便得益于此。因为统治者想要表示自己是希腊文化的促进者，不仅要在自己的帝国里，还要在其他地区产生影响，比如在势力凋零而有悠久传统的雅典，或者在泛希腊地区的各个圣域。我们对当时的思想多样性只有部分认识，因为重要的文学及造型艺术作品已然湮没。我们再也看不到当时的大型节日，国王伴着乐曲和诗歌登上精美的建筑或车辆，向百姓展示自己的奢华排场。

希腊化国王采用的各类文化促进手段曾经让人误以为他们为了实现居民同质化而扶助希腊文化，做法与近代的民族化政策相同。专业研究中诞生的希腊化概念似乎会让人产生上述看法，不过我们现在有了一种新的观点：我们不再认为当时的国王刻意传播特定文化，甚至以强制手段压迫具有其他文化背景的臣民。但是在希腊化王国中，希腊—马其顿元素占有优势地位是确定无疑的。

此时仍然没有融合政策，尽管亚历山大在世时可能已经出现了融合政策的萌芽。统治者并未自觉召集地方精英承担公共事务。至少在希腊人和马其顿人看来，这样做会让当地人和自己平起平坐，他们无法接受。但是国王必须经得起深受希腊文化影响者的考验，而想在国王身边高升的人一般都善于证明自己熟悉希腊文化。就连那些出身于伊朗的国王，比如位于小亚细亚腹地的卡帕多西亚（Kappadokien）国王都展现了对希腊文化的亲近。因此，当我们说文化多样性是希腊化时代的特征——这种说法现在很常见——我们必须注意，当时有一种明确的"主导文化"，即希腊文化。不过，吸纳希腊文化的形式极其多样，各地的传统也得到了照顾，所以希腊化世界的面貌绝非千篇一律。

尽管统治者没有推行目标明确的希腊化政策，他们的行为仍然促进了希腊文化的传播。因为行政管理语言主要是希腊语，建立城市采用的是希腊模式。还有军事定居点：在塞琉古王朝，这类定居点有着类似城邦的结构。建立这类定居点的目的在于巩固统治，一方面使士兵衣食无忧，另一方面将忠于国王的臣民安置于各地。城市数量很少的埃及有着大量被称为土地受领者（Kleruch）的军事定居人员，他们出于类似的原因在既有的村落中安家。希腊语是希腊化军队的指挥用语，于是士兵把希腊语带到了新家，进而推动了希腊化进程。

城市是希腊化的重要推动因素。腓力二世已经计划建立城市，亚历山大留下了很多名为"亚历山大里亚"（Alexandria）的城市，其他一些希腊化时代的大小国王也以这种方式留名于世。建立城市的动机多种多样、各不相同：必须安置士兵并控制某地，出于贸易利益、管理需要，国王想出风头，等等。

希腊化世界有着生机勃勃的城市文化和疆域广阔的君主国。城市数量持续猛增，希腊文化越来越有力地渗透到各处。城市中使用的交流语言正是希腊语，城邦制度也得到了沿用。

想参与城邦生活的人必须掌握希腊语，在古代，城市和农村不像中世纪那样有严格的法律区分，所以希腊文化的影响便超出了城市的边界。

一座新建的城市——埃及的亚历山大里亚，后来成了希腊化世界的化身，来自各地的人齐聚于此。托勒密王朝的国王也在这里居住，而且他的奢华今人只能想象。亚历山大里亚的法罗斯岛（Pharos）灯塔被游客视为世界奇迹。然而城中最著名的还是图书馆，它搜集、整理、传播着希腊的文化。假如没有亚历山大里亚的饱学之士，可能会有更多的希腊古典文化遗产湮没无闻；希腊古典文化留存至今的部分主要也是依靠这些学者对文献质量做出的——或许片面的——评判。尽管这座图书馆由于恺撒的军事行动遭受严重破坏，可能在古典时代晚期或者在早期伊斯兰教统治者治下被毁，但它的声名却长留人间；为了接续历史，现代埃及在亚历山大里亚修建了一座新的图书馆。

希腊化城邦常见的政治制度表面看来为民主制。亚历山大喜欢用民主政权替换爱奥尼亚城市中通常亲波斯的寡头政权，这些民主政权的外在形式通常近似阿提卡的民主制。不过各地的文化条件和社会条件使得民主制的实践方式大相径庭。许多城邦中形成了本地精英群体，他们担任最重要的公职，在群体内部处理城市事务。就对外实力而言，希腊化城邦和古典时代的雅典不能同日而语——尽管罗得岛（Rhodos）等地一度具有重要地位。在某一座城市里拥有政治影响力的人物不一定有跨地区的势力。重要的事情一般发生在宫廷周围和君主身边。对于城市来说，自行其是的对外政策很可能会带来难以预测的风险。

所以我们很容易理解为什么很多市民追求出名的手段不再是参与政治，而是进行思考。伊壁鸠鲁派哲学诞生了。它经常受到误解，其实它并不热衷于纯粹的享乐主义，即耽于享受。

104

不过它确实可能主张脱离纷乱的日常生活，后来的思想家至少发展出了一种摒弃俗务的态度。其他哲学流派，如斯多葛学派则崇尚为共同体承担责任，但同样强调不能从其他人的认可中寻求满足。此时，自由的核心不再是参政，而是内心的独立（见本书第二章第三节）。

希腊城邦的一个重要缩影是体育场（gymnasium）。体育场原本是人们锻炼身体的场所，按照希腊的习惯，健身者基本都是裸体的（gymnós）。而到了希腊化时代，体育场主要是年轻人——也包括非希腊人——学习希腊文化传统的地方。于是体育场就成了城邦的文化中心之一。在埃及，"进过体育场的人"组成了一个独立的、极易辨认的阶层，区别于本地居民。所以，城邦生活的中心是体育场，而不是市场。

城市必须与国王妥协，妥协的模式各不相同。有着悠久传统的雅典和国王建立的其他城市完全不同。一些城邦是帝国的支配团体的组成部分，必须缴税；一些城邦受到协议约束；一些城邦通过崇拜来表达自己对统治者的承认；一些城邦和帝国的关系并不稳定。我们无法用国际法概念来理解这些关系，不过古人对此有固定看法：只有在冒险挑唆更强大的势力相争，使自己坐收渔利的时候，城市才会推行自己的对外政策。

亚历山大生前似乎有意吸纳地方上的精英，希腊化帝国中的希腊—马其顿精英却没有这样做。不过大量地方精英却努力学习希腊文化。这经常造成地方上的冲突，因为一部分人亲近希腊文化，另一部分人却越发坚守自身传统。以下——影响很大的——例子就是极好的证明。

巴比伦之囚的经历锻造了犹太人的身份，他们在波斯人治下也依然故我，然而，希腊生活方式对犹太人的吸引力越来越大。当时出现了用希腊语写成的犹太文本，但是最重要的是，耶路撒冷的精英似乎自发地吸纳着越来越多的希腊化风俗。最终有人取得了塞琉古王朝的"神显者"安条克四世（Antiochos IV Epiphanes，前175~前164年在位）的许可，要将耶路撒冷变成有体育场的希腊城邦。此举与多数犹太人的信仰不符，运动者赤身裸体已然令他们反感，进一步的挑衅行为马上引起了反抗。动荡不安的局面给了安条克四世出兵的理由，他包围并占领了耶路撒冷。公元前168/167年，安条克四世故意亵渎犹太传统，洗劫圣殿并将其变成宙斯神庙，并劫走了圣殿中的珍宝，建立起希腊崇拜。他企图在祭祀等方面禁绝犹太人的核心风俗。

在担任祭司的马加比（Makkabäer）家族领导下，农村地区组建了反抗军。公元前165年，反抗军夺回耶路撒冷并开始重建圣殿，光明节（Chanukka）至今仍在纪念这一事件。犹太人获得了独立，马加比家族成员成了国王。在这里，本土文化似乎战胜了希腊文化。不过，通常被称为哈斯蒙尼王朝（Hasmonäer）的新王朝非常亲近希腊化风俗，所以许多犹太人根本不再认为他们的政权是犹太王权。将王位和祭司长之位联系起来的做法也引起了批评，何况哈斯蒙尼王朝的统治者并不像传统主义者那样要求出身于祭司家族。总而言之，哈斯蒙尼王朝成了自身政策的受害者，而犹地亚（Judäa）变得越来越像希腊化王国。

捍卫本地传统的暴动者不仅仅出现在犹地亚。在埃及，强势的祭司集团也发动了叛乱，他们拥有的传统要比希腊人的悠久得多。公元前206年到前186年，上埃及实际处于独立状态。后世流传的一段文字生动地表达了当地百姓的不满，它的问世时间或许可以追溯到托勒密时代，有人将它从埃及语翻译成了希腊语。它是一个陶工的预言，此陶工窑里的商品被抢走了，他又被带到国王面前。

106

今后善良的神将离弃这座有人居住的城市，去到孟菲斯。异族人将来建成的城市也会遭到离弃。这一切将在大劫之末发生，届时埃及的异族男子将如落叶飘零。系腰带者的城市（亚历山大里亚）将会变得荒无人烟，就像你们侵略埃及之后我的陶窑一样空空如也。你们先前送到那里的神像将会重新回到埃及。[4]

在希腊化世界的其他地区，统治者依赖当地传统。帕提亚人（Parther）就是这样做的，他们在阿尔沙克王朝（Arsakiden）统治时期复兴了波斯的势力。小王国奥斯若恩（Osrhoëne）的统治者也重视当地传统，继续使用阿拉姆语的方言叙利亚语。尽管希腊的语言和文化在希腊化时期传播范围最广——影响远达印度，不过也正是在这一时期，一些当地部族重拾了自己的传统或者通过自己对往昔的了解真正塑造了传统。

希腊化时代发生的许多事情让我们想到当下，想到全球化时代：英语就像当时的希腊语，来自不同国家和地区的精英都可以用它顺畅地沟通。文化交流与经济交流十分深入。城市与城市变得越发相似。粗看之下，这两个时代似乎都以面貌统一为特征，然而经过更仔细的审视，我们会看到多样化、本土文化的复兴和巨大的反对力量，无论是在希腊化时代还是在现代都是如此。我们今天在印度、阿拉伯世界和其他地区都能看到形式多样的传统复兴运动，希腊化时代也有类似情况发生。人们发现的不一定是旧传统，而可能是那些被视为旧传统却带有自身特点的事物。

诸帝国：争夺霸权

希腊化时代和现代相比有一项重要的差异，即形成了极不稳定的多极势力格局，这是古代的特征。如上文所述，国王总是不得不通过军事胜利等途径证明自己，因此希腊化世界里无法产生稳定的，以维护和平、遏制战争为目标的秩序。当时有三个（国力参差的）大帝国，还有许多较小的王国，比如位于小亚细亚腹地的科马基尼王国（Kommagene）和小亚细亚西部的帕加马王国（Pergamenerreich）。此外，希腊的城市、西亚的小王国或者地区性的政权都有或多或少的自主权。公元前 3 世纪，被希腊人称为加拉太人（Galater）的凯尔特人入侵地中海世界，时局之动荡可见一斑。凯尔特人蹂躏了希腊的广大地区，甚至推进到了小亚细亚，又被希腊化国王聘为雇佣兵。此时，他们的意义变得非常重大，甚至被安置到了小亚细亚腹地——加拉太（Galatien），他们形成了一股全新的势力和一个长期具有历史影响力的族群。

在希腊，依托着过去的基础，一些城市形成了长期的同盟关系，这种情况主要出现在埃托利亚（Ätolien）和阿凯亚（Achaia），此前它们都是不重要的地区。那里甚至出现了代议制的统治形式，意为各个城市派出代表在共同的议事会上协商事务。上述制度使得它们可以抵御马其顿人。在此，我们看到了一种非常成功的早期"联邦制"形式，但它的影响力始终有限。

希腊化世界中的斗争受到三大王朝的影响，其中马其顿王国的安提柯王朝下了最大的功夫维护国内核心地区的稳定，托勒密王朝拥有最为可靠的权力基础。托勒密王朝的核心地区埃及富庶且井然有序，而由于该王朝还控制了黎凡特沿海的大片地区，它最初也支配着地中海东部，在爱琴海地区和小亚细亚南部都有据点。

埃及和塞琉古王国经常为了争夺叙利亚—巴勒斯坦地区开战。公元前 3 世纪，它们为了该地区开战数次，直到公元前

地图2 希腊化大帝国

阿尔卑斯山
凯尔特人
利古里亚人
尼斯
利古里亚海
科西嘉岛
撒丁岛
维内蒂人
德拉瓦河
萨瓦河
塞尔日阿尔山脉 盖 特
多瑙河
伊利里亚
伊特鲁里亚
意大利
罗马
拉丁姆
那不勒斯
贝内文托
阿斯库路姆
维苏威火山
布林迪西
坎帕尼亚
赫拉克利亚
塔兰托
295 台伯河 森提农
亚得里亚海
希柏鲁斯河
色雷斯
马其顿
腓立比
吕希
塔索斯
塞萨洛尼基
奥林匹斯山
伊利昂
莱斯沃斯岛
爱琴海
第勒尼安海
巴勒莫
墨西拿
利基翁
西西里岛
阿格里真托
埃特纳火山
杰拉
锡拉库萨
哈德鲁梅塔姆
迦太基
科孚
爱奥尼亚海
德尔斐
埃维亚岛
库鲁佩迪安
科林斯
希俄斯岛 281
凯法利尼亚岛
伯罗奔尼撒半岛
斯巴达
雅典
纳克索斯
基克拉泽斯群岛
卡尔帕
克里特岛
马耳他
小苏尔特
恩波利亚
地 中 海
雷普提斯
阿斯皮斯
大苏尔特
昔兰尼
迈尔迈利卡人
利 比 亚
锡瓦绿洲

公元前266年罗马统治地区
安提柯王国
塞琉古王国
托勒密王国
迦太基势力范围
亚历山大大帝作战地点

博斯普鲁斯王国

塔内斯河

里 海

潘提卡彭

特奥多西亚

克森尼索

高加索山脉

黑 海

锡诺普

科提奥拉

特拉比松

阿米索斯

克拉苏斯

本都

科马纳

亚美尼亚

阿特罗帕特尼

索斯皮提斯湖
(凡湖)

马提阿努斯湖
(乌鲁米耶湖)

安卡拉

哈里斯河(克孜勒河)

马萨卡

米格多尼亚

高加米拉

⊗ 331

米底亚

卡帕多西亚

333

萨莫萨塔

阿尔贝拉

埃克巴坦那
(哈马丹)

奇里乞亚

⊗ 伊苏斯

美索不达米亚

皮里亚的塞琉西亚

安提阿

幼发拉底河

底格里斯河

苏萨

阿帕米亚

巴尔米拉

杜拉欧罗普斯

底格里斯河的
塞琉西亚

叙利亚

西顿

大马士革

巴比伦

推罗

潘尼安

叙利亚沙漠

以利买

多利买(阿卡)

耶路撒冷

加沙

死海

拉菲亚

佩特拉

阿拉伯

阿尔西诺伊

西奈半岛

纳巴泰人

东部沙漠

泰马

托勒密城

琉克斯港

寇普托斯

红 海

萨拉米斯

塞浦路斯岛

及

菲斯

里河

0   100   200   300 km

200 年前后塞琉古王国的安条克三世，即安条克大帝（前 223~前 187 年在位）获得胜利。他在很大程度上巩固了自己的庞大帝国，甚至敢于兴师远征。于是安条克三世控制了小亚细亚的大部分地区，一个"新的亚历山大帝国"似乎冉冉升起。然而，历史的走向并非如此，因为周边形势已然发生了变化。

印度河流域的一些地区，又称巴克特里亚——大致就是现在的阿富汗，在塞琉古王朝形成之初就脱离了帝国。长期统治那里的是一个说希腊语的王朝，一种希腊—印度文化得以形成。其语言甚至被信奉佛教的印度国王阿育王（约前 269/268~ 约前 233/232 年在位）使用。巴利语系（Pali）佛教典籍中有弥兰王（Milinda）问经的故事，大家一般认为此人就是巴克特里亚的国王米南德（Menander，生活于公元前 2 世纪中期）。该国王向一位佛教僧侣提问，后者说服了统治者。于是，短时间内存在着一座直接沟通希腊文化和印度文化的桥梁。

在伊朗，从公元前 3 世纪中期开始，帕提亚人的势力就日益强大，逐渐脱离了塞琉古王国。帕提亚人向东西两面扩张，很快成了塞琉古王朝的劲敌之一。塞琉古王朝在他们的压力下不断向西退却。

此时，一个更强大的敌人已经在西面崛起：罗马。这个意大利城市已经在希腊展示了自己的实力，还想遏制安条克三世。战争于公元前 192 年爆发，公元前 190 年，双方在小亚细亚的马格尼西亚（Magnesia）展开决战，安条克三世对阵罗马执政官 L. 西庇阿（L. Scipio）。安条克像亚历山大那样率领骑兵攻击敌人的队列，结果把侧翼暴露在了敌人面前，而罗马步兵并未后退，就连战象冲来时也毫不畏惧。战象被他们赶了回去，冲进了塞琉古王国的军阵，致使士兵溃逃。因此，精心打造的希腊化战争机器在罗马人的军事组织和纪律性面前败下阵来。

公元前188年，安条克三世不得不认输，放弃对托罗斯山脉以西地区的统治。公元前187年，他在试图劫掠一座神庙的时候丧命。一位早年有望成为"新的亚历山大"的英豪就这样惨淡收场。自此之后，地中海东部地区的政治支配权就落到了罗马手中，但它很少进行直接统治。于是当地的国王继续互相残杀，给这片繁荣的地区带来了巨大的痛苦。位于意大利中西部的罗马为何偏偏能够脱颖而出？这个战绩卓著的强国为何长期放弃直接统治富庶的东部地区？

112

4　违愿建立帝国：罗马共和国

在帝制时代，有文化的罗马人喜欢在自己奢华的别墅里追忆罗马过去何等弱小。他们也可以在维吉尔的作品中找到相应内容。维吉尔（前70~前19）在他很早就被视为经典的史诗《埃涅阿斯纪》中吟咏了迷途的埃涅阿斯的故事。特洛伊毁灭后，埃涅阿斯误打误撞地来到拉丁姆（Latium）平原并在此定居，所以他的后代才能建立罗马城。维吉尔极富诗意地描述了男主角如何寻找后来成为罗马的地方，而当地的国王，出身于希腊阿卡狄亚（Arkadien）的厄凡德尔（Euander）又是如何把他带到了自己的住处。厄凡德尔的住处位于帕拉蒂尼山（Palatin）①上的"罗马广场"（Forum Romanum）的上方。在维吉尔生活的时代，元首奥古斯都就住在这座小丘上。我们只需从书中摘出几句就能感受诗人营造的氛围。

厄凡德尔从这里又把埃涅阿斯领到塔培亚（Tarpeja）

---

① 帕拉蒂尼山：罗马七丘之一。

之岩，领到卡比托利山（Kapitol）①，那里现在是一片黄金屋顶，当初却是灌木荆棘丛生。……厄凡德尔解释道："这座树木盖顶的小山上住着一位天神，但是不能肯定是哪位天神，阿卡狄亚人说他们常看见朱庇特在这山上……"他们这样一面说着，一面早已快到厄凡德尔简陋的家了，他们一看，到处都是牛群，就在今天的罗马广场和时髦的卡里奈（Karinen）地区（罗马的一个富庶城区）哞哞地叫着。到了家门口之后，厄凡德尔对埃涅阿斯说："当初得胜而来的赫拉克勒斯也要低着头进我这门，我这宫殿还接待过他呢。我的客人，你要有胆量去藐视财富，让你自己配和天神为伍，不要粗暴地对待穷困。"说着他把身材高大的埃涅阿斯引进了屋檐低矮的狭小屋子里，指给他一张上面铺着树叶的床，床上放着一张利比亚的熊皮。[5]

这些诗句明确指出了一点：罗马人一直记得自己过去十分弱小。他们不觉得自己的强大是天经地义的。当时的罗马人很有危机感，这令后世颇为惊讶。以上诗句也体现了罗马的宗教传统何等重要。朱庇特和其他神祇的降临使罗马成了神圣之地。

这片小定居点位于台伯河畔、伊特鲁里亚人的统治区边缘，它似乎不太可能成为统治世界的大国。我们对罗马诞生之初的几个世纪里的历史发展知之甚少，因为留下的文字记录并不可靠，考古研究虽然证明了罗马受到希腊和伊特鲁里亚的影响，但是几乎不能帮助我们了解具体史实。罗马建立于公元前753年的说法自然是后人的杜撰。不过罗马地区的定居点历史

---

① 卡比托利山：罗马七丘之一。据古罗马传说，罗马人趁节庆抢夺萨宾族妇女后，萨宾人企图攻打罗马城。罗马将军之女塔培亚贪图萨宾人的贿赂，打开城门放他们入城。塔培亚打开城门后，萨宾人用盾牌将她打死，又把她从卡比托利山上的一块巨岩上扔下去，这块巨岩因此得名为"塔培亚之岩"。

悠久，或许极为古老。墓葬证明，罗马似乎早在公元前 6 世纪就经历了第一次繁荣。在罗马的传说当中，这段时间是王制时期，我们对此几乎没有掌握可靠信息。不过可以肯定的是，王制最终被贵族推翻了，尽管传说中推翻王制的时间——公元前510 年——可能只是后人附会雅典驱逐僭主的年份而编造的。

共和国的形成

希腊历史学家波利比阿出身于政治家家庭，公元前 167 年作为人质来到罗马。他钦佩罗马的崛起，因为罗马的政治制度是包含了君主制、贵族制和民主制元素的理想混合政体。他的看法肯定包含了许多美化成分，但总体而言是正确的：和雅典的民主制一样，罗马的政治制度也随着历史的发展而不断演进，并不是固定构想的产物。

和很多希腊人一样，罗马人也推翻了王制。不同寻常的是，王制时期的经历给罗马人带来了数百年都难以愈合的精神创伤。Libertas，即自由，是王制覆灭之后诞生的共和国的化身，也是君主统治的反义词。和雅典人一样，罗马人也不认为自由属于全人类，而是认为它代表了公民的地位，可以保障公民不受专制的侵害。贵族尤其珍视自己的自由，自由的一项重要内容是：贵族圈子里的任何人都不能凌驾于他人之上。

在近代，共和制和民主制一再地合为一体，这尤其体现在自由和平等似乎对罗马和希腊的民主制一样重要。然而，和雅典的情况不同，罗马共和制中的自由和平等概念一直和贵族制度密不可分。适用于全体公民的共有权利确实存在，比如必然涉及自由的保护权，不过同时存在的却是参政机会方面显著的、刻意制造的不平等。按照现代民主制的标准来看，我们会觉得很不舒服。但是对于许多过去的人而言，罗马共和制的吸引力要大于雅典民主制。因为罗马共和制没有君主，但军事上很强大。只要国家政

114

策还以开疆拓土为目标，罗马就必定是所有共和制的榜样。

罗马的史家喜欢宣称罗马人十分团结，然而事实并非如此，罗马人最初就不团结。一开始，社会分成旧的父族贵族（Patrizier）和平民（Plebejer）①，平民最初人身依附于贵族，后来却变得越来越团结，反抗声势越发强大。被称为"等级斗争"的矛盾持续了数十年，此时的罗马还是一个疆域很小的共同体，但是这些矛盾将会给未来的大国罗马奠定传统。

115 　　为了预防法律的任意性，罗马颁布了成文法。经过流传，它们后来被汇编为《十二铜表法》。罗马人将其视为自身权利的基础。平民逐渐为自己争取到了权利。《李锡尼—绥克斯图法》（Licinisch-Sextische Gesetze）的诞生是一个重要信号，大家一般认为它问世于公元前367/366年，其中的关键规定包括，平民此后也能担任最高官职——执政官。

在这种背景下，一个新的领导阶层出现了，名为显贵（Nobilität），其核心是卸任的执政官及其子弟群体。一种十分稳定，或者至少看似十分稳定的政治制度也逐步形成了。我即将描述的运作方式并不总以法律规定为依据，相反，它们经常是我们根据实践总结出来的，而实践自然是多变的。共和国的一项重要观念是沿袭（mos maiorum），即延续祖宗习俗，它们通常作为 exempla，即堪为榜样的历史先例代代相传。如此一来，我们实际上根本无法描述罗马共和国的制度，这就和要归纳不成文的基本法一样。本部分只能对公元前2世纪的情况做一个大致总结。在一定程度上说，笔者

---

① Patrizier（patricii）也可译作世族、氏族集团等，是罗马共和国早期以氏族为标志、垄断罗马政治的政治集团；Plebejer（plebeian）也可译作庶族，是以直系血缘小家庭为特征、反对 patricii 垄断的政治集团。——编者注

描述的是一种理想化的政治制度，它不断变化，并非一直运转顺畅。

等级斗争也使人注意到必须恰当地对待民众。民众参与的公民大会不止一个：罗马有着不同类型的公民大会（comitia），它们各有权责。它们的运作方式有细节上的差异，不过有一点是相同的，那就是它们与雅典公民大会的区别：在罗马，个人不能直接行使投票权，而是要在一个投票单位中投票。每个投票单位只有一票，多数意见据此形成。

"百人团大会"（comitia centuriata）① 尤其能体现这种机制的影响力。在百人团大会上，罗马人所在的投票单位名为百人团，百人团共有 193 个。百人团的组成依据是财产，所以许多穷人只能组成一个百人团，而富人组成一团根本不需要那么多人。只要富人圈子团结一致，他们就很容易达到目的。百人团大会有权任命最高级的官员，颁布最重要的决议——比如开战与媾和。

这种做法似乎使最有权势的人获得了特权，但是在公元前287 年，平民大会对全罗马事务做出的决议被赋予法律效力，尽管父族贵族根本不能参加平民大会。平民大会主要是根据成员的居住地——"特里布斯"（tribus）组织起来的。很快，大多数法律都由平民大会颁布——但这绝不意味着此类公民大会处于政治制度的中心。

罗马公民大会和雅典公民大会的第二个区别也很重要，即罗马的公民大会没有起草法律的权力。罗马的高级官员召集大会，担任主持并提出议案，普通公民的权利仅限于投票。实际上，元老院已经对公民大会的议程做过准备，在投赞成票或反对票之外另起炉灶有时不太可能。

---

① 百人团大会：或音译为森都里亚大会。

116

然而，公民大会上的活动还是有意义的。对于元老而言，自己的决议得到接受似乎十分重要。他们很重视民众流露的不满。民众不仅会在会议上表示不满，也会在观看公开的戏剧演出时表达情绪。因为贵族利用演出来行善、自我包装——希腊化统治者就是这样做的。民众对于每次演出的反响和他们在某些贵族出现时的反应是极受关注的信号。剧场中的座位顺序具有象征意义：从公元前 2 世纪开始，元老就在希腊剧场里乐池的位置就座，于是所有人都能看见他们，这凸显了社会秩序。因此，剧场里观众的反应便越发重要。

民众难以产生影响且一直安于现状，权贵不需要惧怕各类公民大会。这归功于另一项对罗马来说非常重要的机制：荫庇制。罗马公民通常和地位高于自己的人有私人关系。前者是受庇护者，后者是庇护人。庇护人又可能受到地位更高者的庇护。受庇护者的义务是追随庇护人：投票的时候，他们应支持庇护人。他们清早就去拜访庇护人，陪同他前往公众场合。因此，他们确实能增加庇护人的派头和提高其社会声望。另外，庇护人有义务在受庇护者陷入困境的时候伸出援手，向他赠送礼品或者帮他打官司。处于荫庇关系中的个人无须觉得自己任由权势者摆布，因为他始终有机会向地位更高的人求助。

被释放的奴隶也被纳入了荫庇关系。在雅典，被释放的奴隶仅仅有可能在城市里定居，获得公民权的机会却微乎其微。而罗马的被释奴隶通常是全权公民，不过要跟释放他们的人形成荫庇关系。被释奴隶使用释放者的姓氏，必须忠心追随释放者。罗马社会的等级结构以私人关系为基础，荫庇体系体现了等级结构，也使等级结构更为稳定。罗马社会的等级结构和雅典的民主平等原则形成了鲜明对比，前者使各个等级之间能够□□□□□□加强了彼此互负义务之感。

在□□□□权归于人民的思想绝非天经地义。民众可以在公民大会上发挥作用，可以得到保民官（Volkstribunat）的保护（这一点下文还会谈到），可以得到庇护人的保护已经很不错了，所以等级斗争结束之后骚乱很少发生。出现上述局面都是因为大量的资源随着土地征服涌入了罗马，解决了城市居民的基本困难。所有人都觉得罗马的势力扩张给自己带来了好处。从公元前167年开始，依靠着战利品、战争赔款和征服对象的捐税，罗马不再向自己的公民征收tributum——一种一年一交的税。然而到了公元前2世纪末，数量巨大的居民的需求越来越难以满足——这一点下文再讨论。

罗马制度的中心是贵族（Aristokratie），他们处于由相互竞争及谋求一致构成的独特的紧张关系中。他们在元老院里合作，元老院里有卸任的高级官员，他们共同议事并起草决议。这些决议表面上既不能约束现任的高级官员也不能约束民众，实际上却拥有最高的权威。公民大会颁布的法律与元老院决议不符的现象有时显得不可思议。不遵从元老院决议的人要有充分的理由和强势的地位，因为这样做就要承担自我孤立的风险。

高级官员由不同的公民大会选举产生。从许多方面来看，把他们称为"公务员"是不准确的，原因之一在于职位的任期只有一年（一年一任制），且它们也不是官僚体系的组成部分。一年一任制意味着某人不得连续两年担任同一职务。此外，同僚制也成了一项重要原则。这样一来，即使是担任最高官职的人也不能滥用自己的优越地位，因为他始终都得考虑任期结束时怎么办，还必须对身边级别相同的同僚有所顾忌，这些同僚有时可以出手干预。即便在特殊时期按照限制性规定任命了独裁官，他们的权力也一直受着约束——比如这个官职只能存在半年。

贵族身份的取得主要依靠出身，但是表面上看，贵族并不是一个封闭的等级，因为所有公民都可以申请担任高级官职，担任过高级官职的人就能进入元老院，没有人一生下来就是元老。假如你是元老的儿子，靠着财产，你起初只是骑士［eques，源于拉丁语词"马"（equus）］。这个头衔和中世纪骑士的共同点只有名称。在罗马，有了这个头衔就有了在百人团大会上的优先投票权等，还能在骑兵部队担任某些军事职务，不过起初并没有政治影响力。

假如想要获得父亲的地位，元老的儿子就必须申请官职。不同的高级官职在共和国的发展过程中排列成一道 cursus honorum，即"荣誉阶梯"，它可以使人积累经验，承担越来越重大的责任。它也可以阻止官员越级升迁，在很大程度上抑制个人揽权过多。虽然担任高级官职一年后就要卸任，但是只要达到了一定的官阶——在共和制晚期是财务官（Quästur），就能进入元老院；担任过的官职越高，在元老院里的威望就越高，所以升官可以带来的好处是双重的。

共和制末期形成了明确的官职等级：最低的是财务官，负责财政管理，经常效命于职位更高的高级官员；其后是市政官（Ädilität），负责市场活动和居民生活，也有机会安排戏剧演出，收揽民心；裁判官（Prätor）主要负责法律事务；最高官职是执政官（Consul）。担任最高官职的人可以被载入史册，因为罗马以执政官的名字纪年。因为要出征，上层的高级官员不得不经常离开罗马。裁判官和执政官掌握的高级职权——一开始只是军事权力，后来还包含其他权力——叫作 imperium（治权），人们后来用这个词指称某人统治的地区。

不过，高级官职制度是不断变化的。随着军事行动数量增加、时间延长，过去的最高指挥形式难以为继，所以高级官员的工作就必须由更多人分担。裁判官的数量起初增加至六名，而人们似乎不想增加执政官的数量。此外，从公元前 4 世纪开

始，在罗马以外任职的官员可以延长任期。所谓的续任裁判官
（Proprätor）和续任执政官（Proconsul）大多担任总督，这
样一来，一年一任制原则就遭到了动摇。足以说明问题的是，
延长任期的官职日后会为那些破坏共和制的人提供权力基础。

有名望的政治家当过执政官之后还可以担任监察官
（Zensor），负责督促罗马人遵纪守法、监督元老和骑士的登
记。这个官职甚至不受一般规则的约束：五年才任命一次，任
期最长一年半。此外还有保民官，其历史可以追溯到等级冲突
时期。保民官（拉丁语为 tribunus plebis，更确切的译法应当
是平民保民官）神圣不可侵犯，意即平民立下神圣誓约保护保
民官不受官员的侵害，而反过来，保民官最重要的任务就是保
护普通公民免遭专制之苦，维护他们的自由。保民官可以组织
举行公民大会和元老院会议，最关键的是，他们可以对元老院
决议说出著名的 Veto（拉丁语意为"我否决"）。所以保民官
的势力很大，但他们也受到限制，因为 10 个保民官可以相互
牵制。此外，保民官也是"荣誉阶梯"上的一级。一个野心勃
勃、想要升官的保民官不会敢于同元老院大唱反调。

所以，年轻的罗马人走上的是一条越往上越窄的仕途：起初
有 20 个男人当上财务官，经过重要裁汰，后来只有两个人能成
为执政官。于是压力必定变得更大，各人越发投入、不能自拔，
他们的上进心和适应力也相应增强了。然而，也不是每个罗马人
都想面对这样的竞争：很多人终其一生都是骑士，其中肯定也有
元老家庭的子弟。他们不追求名望，所以不为今人所知。

即使没人能因为自己的出身而有权担任高级官职，一些
高门大族仍然具有优势，因为他们的名望可以荫庇后代：伟大
先人的面具陈列在宅邸里，来客都能见到；送葬时人们还会戴
着这些面具穿街过巷；墓碑和纪念碑上的铭文传扬着先人的声
名；最显赫家族的后代有着著名的姓氏，这对仕途来说是有利

121

的起点，但他必须证明自己有本事，要承担压力，因为他的表现要对得起先人的功业。这肯定激励了许多雄心勃勃的罗马青年。如前所述，在公元前 2 世纪，几乎只有出身于显贵家庭的人方可担任最高官职——执政官。针对出身于其他家庭的人，出现了一个很能说明问题的概念——homo novus（新人），指的是平步青云的人，言下之意就是显贵家庭的子弟跟他们不同，不是新人。

罗马青年的进取心解释了罗马共和国活力的由来，同时也威胁着贵族的团结，这种团结的基础是一定程度的内部平等。贵族可以接受与官职相应的等级，但是很难接受势力庞大的个人。那些积累了过大的军功，或者过于富有，或者极受欢迎的人都可能推行自作主张的政策，不再与其他贵族步调一致。别人很容易怀疑他们以国王自居，使那种在共和国中深受厌恶的国家形式卷土重来。

元老对此的反应极度敏感，"阿非利加征服者"大西庇阿（der ältere Scipio Africanus）的命运就体现了这一点。他的先人曾在战时担任将领，未必战功卓著，但是享有名望。大西庇阿在第二次布匿战争中率领军队在西班牙获胜，于公元前 205 年当选为执政官，此前他尚未担任过正规官职，所以他没有理会既有的"荣誉阶梯"的基本思想。公元前 202 年，以执政官身份统兵的大西庇阿在扎马（Zama）击败汉尼拔。他被称为"阿非利加征服者"，公元前 199 年当选为监察官，公元前 194 年再度当选为执政官。后来这位幕后决策者陪同弟弟去与安条克三世作战，大西庇阿的仕途荣耀至极。然而问题突然出现了，确切背景已经不得而知。据说有些人觉得西庇阿兄弟的生活方式不对劲，可能违规使用公款，比如给士兵发放了双倍的军饷——如果情况属实，这自然意味着西庇阿兄弟试图通过慷慨之举笼络士兵。

　　根据一些传说，大西庇阿要求民众到卡比托利山游行，以纪念战胜汉尼拔一事，此举使他的敌人震惊。大西庇阿刻意提醒大家自己立有赫赫战功，于是摆脱了审判，他也不再积极参与政治活动。虽然细节上有争议，但是这些事件的结果是明确的：最有名望的将领和政治家之一——在当时的罗马，两者是一体的——受到了排挤。不论某人因为成就斐然而变得多么自命不凡，他都不能无视其他元老。

　　罗马的元老经常给外人留下这样的印象：他们的举措似乎完全协调一致。这肯定不假，但是这种协调十分微妙；他们始终不想让任何一个贵族自行其是，共和国最终再也无力融合那些势力庞大的个人。但在此前的数百年间，罗马共和国确能做到这点；更了不起的是，罗马同时还彻底地改变了自己的外部结构，从一个地区性强国发展成了世界统治者。

贵族之间的竞争和罗马的扩张

　　罗马虽位于希腊化世界的最外围，可后来终将征服所有希腊化大帝国。回顾历史，我们会觉得罗马帝国的建立似乎遵循了一个绝妙的计划。罗马城先是统治了周边地区，接着统治了意大利，又把西部的霸主迦太基挤到了一边，然后在东部一个接一个地消灭了希腊化大帝国：先是安提柯王朝，再是塞琉古王朝，最后是埃及的托勒密王朝。此外，罗马还征服了西部地区，点睛之笔是恺撒征服高卢。等到这些都完成了，罗马的皇权就出现了，可以治理一切。不过我们马上就会意识到，真实的历史要比这无序得多，目的性远非如此明确。

　　罗马人根本没有推行过目标明确的、有利于整个共和国的扩张政策。扩张的关键原因不是大家都在为建立帝国而奋斗，而在于以下两点。首先，罗马人容易产生危机感，所以很快就会找到出兵的理由。其次，更重要的一点是贵族之间的竞争，

123

124

对此上文已然提及。有军事天赋和野心的贵族通常想要通过参战求名求利，而元老外出作战常会引起与他们有竞争关系的其他元老的嫉妒，所以后者经常从中作梗。

阻止军事行动是出于后勤方面的考虑，主要问题在于罗马的公民集体占有的资源有限。因为罗马的军队最初是公民兵，主要由农民组成，他们没有接受过专门的军事训练，还总惦记家里的农活。这种局面最终将难以为继。

不过，罗马人利用了自己位于希腊化世界的边缘位置获得种种机遇。许多民族定居于意大利：意大利北部有凯尔特人，较远的南部有伊特鲁里亚人，其他地区有多个意大利部落，他们的语言和传统都与罗马人有亲缘关系。在建立海外定居点时期，希腊人在意大利南部沿海地区建立了大量城市，有几座发展得非常繁荣（见地图3）。罗马人必须面对上述的多样化局面，因为最终诞生了实际上在法律层面实现了部分统一的意大利。罗马人通常与意大利的其他居民相处得较融洽，和希腊人的接触也使罗马人受益尤多，甚至连《十二铜表法》中的规定——后世认为它们反映了罗马思想的萌芽——似乎也受到了希腊的影响。

我们不清楚罗马早期的扩张是如何开始的。若干事件在罗马人的记忆中扮演着十分重要的角色，比如长期围困及摧毁距罗马几公里的城市维爱（Veji），它是罗马的近邻中最重要的竞争对手。文献记录罗马获胜时间是公元前396年。罗马人一直很清楚，他们在崛起的过程中也遭遇过挫折。据记载，在阿里亚河（Allia）附近战败之后，罗马在公元前387年被高卢人征服并遭到羞辱。作为黑暗之日（dies ater），7月18日在罗马人的记忆中盘踞了几个世纪之久，象征着威胁。

不过，罗马人最终恢复了元气。在公元前340年到前338年的拉丁战争中，罗马人掌控了自己所在地区拉丁姆的一众城市。战争之后双方签订了和约，它们与罗马结盟，这体现了罗马人过人的手腕：不同于维爱城，战败城市没有被摧毁，而是各自与罗马签订同盟协议，确保了罗马的优势地位。因为这些拉丁城市不得相互结盟，这一原则后来被总结为成语"分而治之"（divide et impera）。此外，作为盟友（socii），拉丁人有义务服从罗马的征召而参战，于是罗马有限的人力资源得到了大幅扩充。罗马成了意大利的一股重要势力，这惊动了远在南部的萨莫奈人（Samnit），然而经过数次漫长的战争，萨莫奈人也被击败。在这些斗争中，罗马人同样经历了许多屈辱的失败，但最终取得了胜利。

战胜萨莫奈人带来了新的矛盾。他林敦（Tarent）和其他希腊城市之间的纠纷给了罗马出兵他林敦的机会，此时的罗马已是意大利南部的霸主。他林敦向希腊西部的国王皮洛士（Pyrrhos）求助，皮洛士想在西方扬名立万，像亚历山大大帝在东方那样建功立业，于是他率领大军前来。这是罗马第一次直面希腊化统治者。

高度职业化、配备最先进武器的希腊化军队与罗马的公民兵打了几仗，前者还带来了可怕的战象。一方的统帅是自继业者战争起就担任指挥官的经验丰富的皮洛士，另一方的统帅是任期只有一年的罗马执政官。战争的结果本不该有悬念。皮洛士确实在公元前280年至前279年多次获胜，不过这些都是"皮洛士的胜利"[①]，他的军队损失过大，最终不得不撤兵，退至西西里。皮洛士在公元前275年卷土重来，而罗马人在贝内温图（Beneventum）附近将他击败，皮洛士遂离开意大利。此后，罗马和他林敦及其盟友进行了旷日持久的斗争。直到公元前272年，罗马才击败他林敦，成了意大利波河以南地区的

126

---

① "皮洛士的胜利"：西方成语，意为损失惨重、得不偿失的胜利，出典于此次战争。

霸主。该地区的大部分政权作为盟友并入了罗马的统治体系，尽管它们与罗马的结盟条件各不相同。但是这场胜利又一次带来了新的矛盾，制造了新的对手，它的实力迥异于罗马先前的敌人，它就是迦太基。

西部的挑战：迦太基人及伊比利亚人

迦太基是腓尼基城市推罗在今天的突尼斯地区建立的城市。亚里士多德认为迦太基的政治结构近似于希腊城邦。它拥有高产的农业（这令罗马人羡慕），还有大量贸易收入，所以迦太基作为重要的海上强国在很多沿海地区建立了据点。它最迟在公元前 4 世纪开始与罗马建立友好的往来，当时双方还没有利益冲突。

然而，随着罗马将势力扩张到意大利的南部海岸，富庶的西西里岛进入了它的视野，而迦太基此前已经在西西里岛的西部沿海地区站稳了脚跟。公元前 264 年，西西里的内部纷争引起了罗马执政官出兵干预，他们的行动或许没有征得元老院的同意，甚至可能违背了元老院的意愿。第一次布匿战争就这样猝然开始了，它持续了 20 余年，战事的激烈程度时有变化，绝大部分战斗发生在西西里岛上。一开始迦太基似乎占了上风，因为它的步兵和海军都很强大，但是罗马人仿制了敌人的船只，发挥了自己的海战优势，最终于公元前 241 年在埃加特斯群岛（die Ägatischen Inseln）战役中取胜。罗马贵族以私产资助这支罗马海军，这证明我们不能把早期的罗马共和国想得太稳固，因为个别显赫人物拥有巨大的行动空间。假如贵族没有坚持打完这场战争，那么罗马就只能一直是地区性势力。

这场战争使罗马拿下了自己的第一个行省西西里。"Provincia"原指罗马高级官员的辖区，此时这个概念也具备了领土方面的意义。不久后，罗马又加强了对撒丁岛和科西嘉岛的统治，此时它对意大利北部的控制也加强了。

不过迦太基人在酝酿着复仇行动。迦太基的巴卡家族（Barkiden）很有名望，他们在伊比利亚半岛上的影响力尤其突出。失去对岛屿的控制之后，迦太基人确实感觉到伊比利亚半岛上的资源关乎他们的存亡。罗马插手此地，又在物色萨贡托（Sagunt）①之类的盟友，且对于迦太基人过去有没有权利征服沿海城市的争论使得矛盾升级为战争。巴卡家族的汉尼拔进行了出人意料的冒险之举：他率领一支大军，甚至带着战象，穿过今天的法国南部，翻越险峻的阿尔卑斯山，抵达意大利北部。尽管只有一头战象活了下来，但是一支庞大的敌军出现在了任何罗马人都想不到的地方。压倒性的胜利证明了汉尼拔的高超战略。公元前 216 年的坎尼（Cannae）②战役之后，罗马步兵（包括士兵和军官）伤亡惨重，很多盟友背弃了罗马。几个世纪以后，罗马人还牢记着这场惨败战争。

罗马人对此采取了不同寻常的措施：他们进行了新的神祇崇拜仪式；货币体系崩溃之后，他们开始使用新的货币单位第纳尔银币（Denar）；打了胜仗的军官——比如日后被赶下台的"阿非利加征服者"大西庇阿——可以更快地晋升。我们不能把这些做法视为恐慌反应，因为罗马人十分镇静。他们继续在次要战场上活动，目的在于截断汉尼拔的补给。比如，公元前 212 年罗马人在西西里岛上重新征服了两年前背叛了自己的叙拉古，罗马军队在西班牙打了胜仗。

此外，罗马人冷静地想到了汉尼拔无力长期围困罗马，因为他们没有充足的后勤补给和重型作战设备，就算迦太基军队发动佯攻——据说谚语"汉尼拔到了城门口"〔Hannibal ad

128

---

① 萨贡托：西班牙东部古城。

② 坎尼：意大利东南部古代村镇。

（而不是 ante）portas] ① 就是这么来的——也无济于事。所以汉尼拔不得不漫无目的地继续在意大利行军，而罗马人则休养生息，而且在西班牙打了许多胜仗，甚至击败了一支迦太基的增援部队，最终渡海前往阿非利加。

汉尼拔无计可施，只能想着班师回国。后来大西庇阿在扎马战役（前 202）中取胜，迦太基不得不接受和约。该和约将迦太基的地位限制为地区性势力，它可能长期遭受和罗马结盟的近邻努米底亚人（Numider）的侵扰。在公元前 149 年到前 146 年的第三次布匿战争中，罗马彻底击败并摧毁了迦太基，大获全胜。阿非利加成了行省。恺撒和奥古斯都重建了迦太基——盖约·格拉古（Gaius Gracchus）先前也有此意，但是没有进展。迦太基成了一座罗马城市，不久后再度繁荣起来。

在罗马人的记忆中，第二次布匿战争意义极大：罗马人一度濒临覆亡，最终却取得了胜利。他们遵循祖先的传统，精诚团结，经受住了考验——尽管战争期间发生了许多变化。

胜利再次带来了不少新矛盾。对于罗马人而言，赶走迦太基人、在公元前 197 年建立两个行省之后，伊比利亚半岛的局势根本没有稳定下来。我们对那里的战事所知甚少。罗马人和许多当地部族打过仗，其中主要是很难对付的凯尔特伊比利亚人（Keltiberer），因为他们采用游击战术。在这种非正规战斗中，罗马人无法通过会战发挥自己的军事优势。尽管凯尔特伊比利亚人并不团结，一些当地人还与罗马军队并肩作战，然而伊比利亚战争还是延续了数十年，罗马人损失惨重、无法获胜。小型冲突和埋伏给罗马军队带来了巨大的损失，即使士兵获得丰厚战利品也于事无补。但是，罗马人却一再吹嘘自己打了大胜仗。

---

① 汉尼拔到了城门口：拉丁谚语，意为危险即将来临，通常用于警告。"ad"意为"向……而去"，"ante"意为"在……前面"。

举例而言，公元前178年，提比略·格拉古（Tiberius Gracchus）举办了一场凯旋式，庆祝战胜凯尔特伊比利亚人——然而，这种胜利经常被人发现弄虚作假。

从公元前153年开始，战局变得更加紧张。一个叫维里阿修斯（Viriathus）的人领导着反对罗马的军队。罗马人无计可施，只能以阴险的谋杀手段将他除掉。这场争端的缩影是位于西班牙北部的努曼西亚（Numantia），因为罗马人数次发兵都不能征服这座城市。公元前137年，城中守军迫使罗马执政官C.霍斯蒂利乌斯·曼基努斯（C. Hostilius Mancinus）和他的财务官小提比略·格拉古①灰头土脸地投降。然而罗马的元老院不接受投降，甚至决定把执政官交给敌人，从而撇清自身的责任（不过努曼西亚人没有接受）。直到公元前133年，另一位西庇阿家族的成员才通过断粮的手段征服了这座伊比利亚半岛上的反抗堡垒。如此一来，虽然伊比利亚半岛上的局势仍未完全平定，那里的罗马军队却大为减少。这场胜利没有再给罗马带来新的敌人，因为罗马的势力已经扩张到了当时的世界尽头——大西洋。

有一片区域始终很不稳定，那就是阿尔卑斯山以北地区。那里总有新的部落发动攻击，其中最让罗马人头疼的是辛布里人（Kimbern）和条顿人。他们在公元前113年首次击败罗马军队，此后又屡屡获胜。12年之后，罗马军队才在公元前102年和公元前101年的两场战役中取胜。第二场战役阻止了辛布里人进入意大利北部。这些部落或许并非有意和罗马人作战，而是在寻找新的定居点，然而他们的出现还是加深了罗马人的危机感，这种危机感总是折磨着看似春风得意的罗马人。

130

---

① 小提比略·格拉古：上文提到的举办凯旋式的老提比略·格拉古之子。

东部的挑战：希腊化大帝国

罗马击败迦太基后又在东部地区引发了新的争端，因为马其顿的腓力五世（前221~前179年在位）此前已经与汉尼拔结盟。尽管这个同盟一直没有发挥作用，罗马人却完全清楚它的存在，而腓力五世在希腊的敌人也对有望与罗马成为盟友而感到高兴。在伊比利亚半岛上，罗马的对手神出鬼没，他们之间小型冲突不断，但战果很快就会化为乌有。东部的情况则与此不同，罗马在东部与几个帝国交锋，可以进行会战，决出胜负。战争的开始和结束等几个关键时间点就可以体现罗马是多么迅速且势不可当地在东部取得了胜利，尽管他们仍在西部用兵，还经常深受内部矛盾的拖累。

第二次布匿战争结束后，罗马多次与马其顿交战，并于公元前168年至前167年将马其顿王国击溃，使其分裂为若干部分。在此期间，罗马一直得到（一些）希腊人的帮助。公元前196年，罗马甚至在科林斯地峡泛希腊运动会上宣布那些曾由马其顿统治的希腊化城市和地区获得自由。此举显得很慷慨，对罗马也有好处，因为这种自由是各个城邦的自由，而不是近代意义上的统一民族的自由。和罗马在伊比利亚半岛上的做法不同，罗马起初没有在希腊建立行省，而是试图根据具体情况建立不同类型的盟友关系，而这通常也能够如愿——因为希腊人并不团结，中小希腊化国家经常跟罗马结盟，它们在与大国发生矛盾的时候需要帮助。

131

然而，罗马的敌人求助于安条克三世，罗马人也一直对他的扩张势头十分警惕。最终塞琉古王朝于公元前190年在马格尼西亚战败，安条克三世不得不在公元前188年放弃托罗斯山脉以西地区。在小亚细亚，罗马起初同样满足于将权力交给盟友，其中帕加马（Pergamon）国王发挥着突出的作用。

埃及起初看似平安无事，不过此时也受到了马加比家族的敌人——安条克四世的攻击。战争从公元前171年延续到公元前168年，安条克四世击败了托勒密王朝，向埃及进军，驻扎在亚历山大里亚城郊的厄琉息斯。据波利比阿记载，罗马使团抵达安条克四世的大营之后，前所未有的一幕发生了。

> 安条克四世隔着老远就大声问候了罗马将军 C. 波皮利乌斯（C. Popilius），并且向他伸出了手。然而，波皮利乌斯递过来的是他手里的写字板，上面写着元老院决议，他让安条克四世先阅读写字板上的内容——我觉得他这样做是因为不想在弄清安条克四世是友是敌之前就友好地问候对方。国王读完后解释说自己想把信上的内容告诉伙伴，同他们商量一下新的形势。波皮利乌斯的反应极不友好而且非常侮辱人：他用手里的葡萄藤在安条克四世周围画了一个圈，让国王站在圈子里答复元老院的决议。尽管罗马使节的无理要求和放肆行为让安条克大吃一惊，可他只是犹豫了片刻就回答说，不论罗马人要他干什么，他都照办。此时波皮利乌斯才握住安条克四世的手，和其他使节一起衷心地问候他。这封信的内容是，安条克四世应当立刻停止攻击托勒密王朝，结束战争。因此，安条克四世在罗马人规定的期限之内撤回叙利亚，内心愤懑、不情不愿，但他此时别无选择。[6]

一位罗马使节侮辱了当时最强大的希腊化国王，因此罗马人肯定不用担心东部的激烈抵抗了，不过危险的骚乱和纠纷一再发生，于是人们请求罗马出面干预。海盗问题也变得越发严重。削弱敌人、与中等势力国家结盟的一系列做法只有一时之效。公元前149年，战争在马其顿和希腊爆发。公元前146年，也就是迦太基被摧毁的那年，罗马人把科林斯夷为平地，

132

地图3 罗马在共和国"盛期"的扩张

大西洋

地中海

努米底亚

毛里塔尼亚

卢瓦尔河

高卢人

雷蒂亚人

阿尔卑斯山

阿奎莱亚

177

222/191

米兰

177

热那亚

卢纳

博洛尼亚

121

罗讷河

177

马赛

比萨

安科纳

佩鲁贾

154/139

努曼提亚

卢西塔尼亚人

纳博马提乌斯

恩波利昂

塔拉戈纳

科西嘉岛

罗马

意大

那不勒斯

238/227

塔霍河

181

近西班牙

撒丁岛

萨贡托

巴利阿里群岛

希斯帕里斯

新迦太基

巴勒莫

西西里岛

锡拉库

加的斯

马拉加

远西班牙

希波

乌提卡

241/22

锡尔塔

迦太基

146

塔普苏斯

马

卡普萨

0 100 200 300 km

喀尔巴阡山脉

达契亚人

盖特人

斯克人

多瑙河

黑 海

锡诺普

特拉比松

本 都

亚美尼亚

卡比拉

提格拉诺塞塔

色雷斯人

赫拉克利亚

比提尼亚

加拉太

卡帕多西亚

底格里斯河

拜占庭

尼科米底亚

马其顿

148

塞萨洛尼基

彼得那

帕加马

弗里吉亚

萨莫萨塔

尼西比斯

埃德萨

以哥念

土麦那

马格尼西亚

以弗所

米利都

科比拉

托罗斯山脉

塔尔索斯

塞琉古王国

杜拉

埃维亚岛

西代

皮西迪亚

巴尔米拉

科林斯

雅典

斯巴达

亚该亚

146

塞浦路斯岛

克里特岛

西顿

大马士革

耶路撒冷

哈斯蒙尼王朝

公元前268年之后罗马的统治范围

截至公元前201年罗马征服的地区

截至公元前121年罗马征服的地区

受罗马影响的政权

将希腊变成行省。数年之后，小亚细亚西部帕加马王国的国王让罗马人继承自己统治的地区，公元前133年罗马人在此建立行省。

罗马就这样得到了古代世界最富庶的地区之一，但罗马很难掌控它。不过，一场奴隶起义牵制了罗马的兵力。奴隶起义是因为罗马的统治手段经常十分残酷，所以在很多地区人们日益不满。此时米特里达梯六世（Mithradates VI，前120~前63年在位）有所行动，他是小亚细亚北部地区本都（Pontus）王国的国王，机智地扩大自己在地方上的势力。当他发现罗马人的力量因为内部斗争而大大减弱时，他就鼓动小亚细亚的居民参与暴动，暴动的信号是公元前88年的"以弗所晚祷"（Vesper von Ephesos），数千名意大利人遭到屠杀——这反映了人们对罗马人的仇恨。罗马在东部的统治似乎摇摇欲坠起来。米特里达梯六世的军队一直推进到希腊，罗马派出了大量兵力，通过三次战争才将他击败。

战争让最无知的罗马人看清了局面亟待收拾的各行省。担任过执政官的著名将领庞培（前106~前48）受元老院委托在东部推行了一套无功无过的新制度，即在小亚细亚的一些地区建立了行省，在另一些地区任命了效忠罗马的国王。庞培在公元前64/63年给了塞琉古王朝致命一击，消灭了最后一批有权继承王位的人，建立了叙利亚行省。不过，这一胜利再次制造了一个新对手，因为此前大幅削弱塞琉古王朝实力的是帕提亚帝国。在这之后，帕提亚人和罗马人在幼发拉底河和底格里斯河流域对峙，在后来的几百年里双方风声鹤唳、草木皆兵。公元前30年，屋大维最终在内战时占领了埃及，最后一个希腊化大帝国就此土崩瓦解。

罗马人占领的地区足以构成一个帝国，但他们通常满足于采取最低限度的稳定措施。他们用武力镇压了许多地区，罗马的许多总督和骑士变成了剥削者，总想牺牲行省的利益中饱私囊，就连许多罗马的精英也觉得这样下去不行。罗马在公元前2世纪就建立了一类法庭，允许行省居民控告总督。这类法庭被称为反勒索罪法庭（Repetundengericht），不过它们很快就在罗马政坛上腹背受敌，下文对此还要解释。庞培采取措施之后，局面有所缓和，不过各行省直到元首制时期才稳定下来。

　　罗马的扩张只是表面看来富有计划性，其实引发扩张行动的是许多个别事件和特殊情况，不同寻常的措施也经常发挥作用。罗马并不想多多益善地吞并新地区——事实与此相反，这尤其体现在罗马试图依靠（一直比自己弱小许多的）盟友来管理东部。然而，罗马人当中有一些雄心勃勃的统帅热衷于插手其他国家之间的斗争，目的是从中捞取私利。而其他罗马人又不能扔下他们不管，这就推动了罗马的扩张。罗马共和国对于治理帝国毫无头绪，它一再发动战争、作战方式残酷、在地方上安排不恰当的人担任国王、剥削诸多行省，给居民带来了无尽的痛苦。以上种种也动摇了罗马的内部制度，因为征战带来了丰厚的战利品，士兵和统帅共同享受，于是个别将领大权在握，这简直是在引诱他们同其他元老作对。我们经常看到罗马共和国难以承担自己的胜果，不堪重负。

显赫人物和巨大问题

　　罗马通常通过军事胜利或者建立行省来扩大统治区域，这使人们经常举办盛大的凯旋式。罗马人可能认为自己是世界的主人，自己的城市赢得了荣耀：文学创作蔚然成风，戏剧艺术蒸蒸日上且日趋成熟，建筑越发美轮美奂，罗马及周边地区越来越像希腊化世界——尽管它们企及希腊化世界的荣耀还需要很长时间。在奥古斯都统治时期，诗人贺拉斯如此描述这一过程："被征服的希腊征服了野蛮的胜利者，把艺术带到了

136

土气的拉丁姆（Graecia capta ferum victorem cepit et artes intulit agresti Latio）。"[7] 他的说法有点片面，因为罗马人没有一股脑儿地接受一切，更确切地说，他们逐步地吸纳转化。足以说明问题的是，罗马人接受了希腊人的文学类型，却没放弃自己的语言，因此他们学习希腊文化的方式不能被草草地视为模仿。

不过这也可以被认为是接受了过多的外来影响，而且扩张还带来了其他难题。一方面，罗马的人力不足以管理如此广大的地区，罗马的城市型管理结构几乎没有根据新的要求做调整。另一方面，一场胜利的远征就能让个别贵族势力过大。人们对显赫人物的恐惧不无道理，因为一再有人可以滥用自主权。他们不代表社会的利益，也无意实施某些纲领，而是利用机会为自己和追随者的晋升铺平道路：不断扩张的罗马共和国失去了凝聚力。

因此，帝国的势力扩张并不必然符合集体的利益。所有并未直接从军事胜利中获益的人都认为，保持贵族集团的内部团结和表面平等要比获得一个新的行省更重要。拥有政务代行官（Promagistrat）身份的指挥官常年领导自己的部队可能对帝国十分有益，因为这样他就能积累经验，有始有终地指挥作战，然而这也恰恰扩大了个人势力，再次威胁了贵族集团的利益。

贵族集团的内部团结受到威胁的另一个原因是，深入接触希腊化文化之后，新的价值观和行为方式影响了罗马精英的生活。他们看到了希腊化国王如何包装个人形象，他们听到了敢于动摇一切传统的哲学家的言辞，他们见识到了与本地习俗迥然不同的崇拜。一些精英的穿着打扮发生了变化。大西庇阿在西西里岛上穿着希腊人的服装，令人疑心重重。

后来，许多罗马人认为上述进程意味着道德堕落、破坏既有的价值秩序。这种看法的前提是，一成不变的原始罗马秩序，即稳固的"祖宗习俗"确实存在，但它只是人们回顾历史时产生的印象。罗马人很早就开始和附近的希腊人打交道，围绕价值观的讨论此消彼长。贵族集团一直很难实现融合，而且随着个人自作主张的机会越来越大，融合越发困难。

个人的进取心和元老群体对平等的诉求之间的关系十分棘手。只要能在一定程度上处理好上述关系，并且让普通公民觉得帝国的扩张对自己有益，罗马就能维持内部团结。然而矛盾越积越多，它们在公元前 2 世纪的后 30 年变得越发严重并相互刺激，无法迅速得到解决：精英危机和农业危机引发的后果最严重，农业危机又给征兵带来了麻烦；此外，同盟者危机、奴隶危机和行省危机也都产生了重大影响。大帝国的一切似乎都变成了负累。

不少人试图解决问题。格拉古兄弟在历史传统中已经成了改革失败的典型。含糊的记录指出他们之前还有改革者，不过这两个出身于最显赫家族的护民官的举措无疑产生了重大影响，两人担任护民官的时间分别是公元前 133 年（提比略）和公元前 123/122 年（盖约）。他们的父亲就是那位战胜了凯尔特伊比利亚人的老提比略·格拉古，此人是显贵（nobilis）之典范。他的两个儿子却同大部分显贵作对。不过一些幸灾乐祸的显贵不无道理地指出，小提比略·格拉古也只能依靠改革来争取更高的官职——担任高官是他的家族传统。毕竟他此前在努曼西亚赞成签署了那份屈辱的和约，已搞得自己声名狼藉。

无论是激励着很多年轻显贵的雄心促使他进行改革，还是他确实认为罗马的农民群体正在衰亡——小提比略·格拉古触及了一个关键问题：很多农民抛弃农庄，去往罗马，脱离了公民兵体系，因为罗马的士兵必须自备军械，他们却再也承担不起。多种因素造成了这种不利局面，其中之一是战争越打越

138

139

远、旷日持久，使得农民无法不间断地照顾自己的田地。

此外，占有土地原本不应当成为问题。罗马人剥夺了战败者的土地，它们本应成为公地（ager publicus），供集体使用。然而，许多公地实际上都被买得起大型农庄的地主霸占了。格拉古认为自己应当从这里入手，最终他找到了一条（可能十分陈旧的）针对公地占有量上限的规定，而且他试图恢复这条规定，将土地分给那些曾经是农民的人。

我们可以预料到事情办起来没那么简单。另一位保民官出面调解——他完全有权这样做，然而小提比略·格拉古不予理会，他公然违背传统，正好使反对者有了充分的理由进行暴力干预。格拉古遭到杀害，此事首次证明了罗马共和国晚期的人喜欢使用暴力，这种倾向在过去并不明显。不过人们并未彻底废除小提比略·格拉古的措施，而是任由它们逐渐遭到遗忘。

假如小提比略·格拉古的弟弟盖约没有在公元前 123 年再次搬出兄长的倡议，上述事件就只会是罗马共和国动荡历史上的一段小插曲。但是，盖约·格拉古采取的系列措施内容更为广泛，其兄长的倡议只是其中一项，这些措施证明了盖约·格拉古极为准确地观察到了罗马社会中的种种矛盾。据说他提出了大量建议，我们在此只介绍几条。

盖约·格拉古利用了骑士和元老之间的矛盾，这种矛盾主要出现在行省。许多骑士以公共承包人（publicani）①身份在行省负责征税，他们有时横征暴敛（且违反法律），使得担任总督的元老出手干预。格拉古为骑士提供了一种反制手段，让他们上法庭打官司，这些法庭也负责管理行省事务。在极端案例中，法庭恰恰会宣判那些为行省居民说话的元老兼总督有罪，而法庭原本应当保护行省居民。如此一来，盖约·格拉古

---

① 公共承包人：收税人和公共合同持有人。

就激化了行省里的矛盾。

　　盖约·格拉古颁布了一部平抑粮价的法律照顾城市平民，士兵的待遇也得到了改善。他主要想延续兄长的精神，寻找新的机会建立农庄，然而人们只能在意大利以外的地区建立农庄，这又引发了潜在定居者的不满，盖约·格拉古的敌人趁机煽风点火。盖约·格拉古被逼入了困境：和自己的兄长一样，他打破了"祖宗习俗"。他安排自己第二年再次当选为护民官。但他的敌人推举了一个与他主张相反的护民官——M. 李维·德鲁苏斯（M. Livius Drusus），后者展开了"针锋相对的宣传鼓动"，再次使盖约的主张"黯然失色"，也让盖约失去了一些追随者。当盖约为了建立新的殖民地前往阿非利加的时候，他的敌人已经有了一些影响力。等到他回来，敌人已经占了上风。盖约没能第三次当选护民官，一部法律引发的矛盾变得十分激烈，盖约在公元前121年和自己的兄长一样死于非命。

　　此举除掉了一个不受欢迎的人，却没有解决任何问题。新的倡议被提出，新的暴力冲突爆发了。护民官越来越频繁地招惹是非，格拉古兄弟的先例让他们明白了自己能做什么。此时出现了平民派（Popularen）和贵人派（Optimaten）。平民派利用人民（populus）大会来达到自己的目的；贵人派则立足于和元老院合作，元老院自认为是出类拔萃之人（optimi）的聚集地。但是我们不能把平民派和贵人派理解为政党，而是要理解成经常出于策略性原因选择的政策风格。同一名政治家可以在他的仕途上"既打平民牌，又打贵人牌"。

141

　　一位"新人"在公元前2世纪末以激进的方式解决了军事问题，此人就是多次担任执政官的马略，他曾在阿非利加的激战中证明了自己的能力，最终又将带领罗马人战胜条顿人和辛布里人。马略取消了公民兵体系，将无产者（proletarii）纳入军队，统一提供军械、组织训练，因此军队的效率似乎有所提升。不再占有土地的士兵十分关心退伍之后如何生活。马略想将他们安置到农庄里去，因为这是新兵入伍时得到的承诺。罗马当时的结构决定了人们不能指望元老院，所以统帅必须自行负责麾下老兵的安置。这不仅是一种负担，而且也意味着更大的权力，因为士兵更有理由忠于自己的指挥官了——这符合士兵的切身利益。如此一来，马略解决了军事危机，却又加剧了贵族内部的凝聚力危机。此后，杰出人物经常是伟大统帅。

另一个经常被罗马政治家提及却从未得到解决的问题此时也越发棘手。如前所述，罗马没有以统一的法律形式管理意大利，而是建立了分等级的权利体系，各个城市及其他政权的居民获得的权利各不相同。最重要的区别化手段就是获得罗马公民权。罗马公民权不同于现代的国籍，因为它主要意味着加入一个权利共同体。它包含政治权利，也能使人在私权领域——比如在结婚、缔约、诉讼时——占有优势。

意大利有罗马公民的定居点，这些殖民地建在战略要地，目的是在远处保卫国家。一些城市的居民拥有完整的罗马公民权；一些城市居民的权利受到限制，去到罗马的时候部分权利才能落实；一些城市的精英能够获得公民权；还有一些城市完全按照自身的传统规则运转。罗马的其他意大利同盟者还有特殊的制度。

这些同盟者的共同点是，他们与罗马士兵并肩作战、共历磨难，却不能像罗马人那样从战争中获益。他们的另一个共同点是，外人都觉得他们是意大利人甚至罗马人，他们却不能像罗马公民一样得到罗马高级官员的保护。他们还有一个共同点：罗马的许多战争决策和法律与他们有关，他们却不能施加影响。举例而言，格拉古的土地法规定富有的意大利人也要交出自己占有的公地。

意大利人越来越愤怒，这正是因为从格拉古时期起就有人试图支持他们的诉求，却又总是无功而返。公元前 91 年，改革尝试又一次失败了，罗马的许多同盟者联合了起来，建立了一个"意大利联邦国家"，打响了针对罗马的所谓同盟者战争。然而，各方的利益和他们的族群出身一样不统一：有些人是因为自己的意大利人身份而慨然起兵，有些人却只想获得罗马的公民权。罗马人冷静地利用了上述分歧，对愿意投降的人授予公民权。公元前 89 年，罗马人已经基本达到了目的，最后几场战争也很快平息了下去。公元前 87 年，罗马以新的方式管理意大利，没有实施大范围的惩罚。意大利自此成了权利均等的公民区。

　　罗马与同盟者的关系平复了，共和国却一直处在动荡之中。年事日高的马略和苏拉（前 138~ 前 78）之间的较量愈演愈烈。苏拉曾经是马略的下属，出身于父族贵族家庭，此时因为赫赫军功而声名大噪。苏拉毫无顾忌地率领麾下受命征讨米特拉达梯 ① 的士兵攻打罗马，对付自己的对手。完成了如此前所未有的行动，苏拉才出师与本都统治者作战，不过等他回到国内，他又不得不再次与对手交锋。在内战中取得胜利后，苏拉安排自己升任独裁官，并且连任数年（前 82/81~ 前 79），进一步违反了"祖宗习俗"。他通过所谓的公敌宣告（Proskription），即剥夺公权，残酷地消灭敌对者。同时，苏拉也对政治机构进行了规模庞大且深谋远虑的整顿，结果是扩大了元老院的势力，削弱了保民官的影响，只有一部分措施得到了长期实施。但是"荣誉阶梯"的巩固——就像苏拉的事迹表明的那样——已经是不争的事实；另一条固定的原则是，高级官员必须在罗马城中完成任期，之后定期以政务代行官身份在罗马之外的地区任职，其中自然以完成军事任务为主。

143

——————————

① 米特拉达梯：指上文提到过的本都国王米特拉达梯六世。

　　至此，苏拉的举动已经足够奇特，他结束统治的方式也令人惊讶：苏拉自愿放弃手中的大权。共和国得以重新运转，但运转质量一如既往地低下：公元前73年到前71年，斯巴达克斯奴隶起义让罗马人十分紧张。在罗马和希腊，奴隶制都是天经地义的，罗马人也会给奴隶分派各种工作：充当保姆、家庭教师、角斗士、手工业者、农业劳动者。假如可以留在主人身边，奴隶一般就能过上不错的日子，还有希望得到释放并获得罗马公民权。但是在大批奴隶聚集的地方，比如庄园等地，他们的生存条件极其恶劣，铭记往昔生活的战俘尤感痛苦。

144　　此前已经发生过数次奴隶骚动。斯巴达克斯成功地召集并率领了一大批同自己一样受苦受难的奴隶。斯巴达克斯及其手下的目标绝不是推翻奴隶制，而是争取自身的自由。因为他们人数众多又有军事才能——一些起义者是接受过专业训练的角斗士——也因为罗马将领无能，镇压起义变得十分困难。直到庞培出马，镇压才告成功。

　　在接下去的几年里，庞培成了举足轻重的人物。他在战场上功勋卓著，在国内政坛上却缺乏经验，他作为东部的管理者享有盛誉，和元老院谈判时却缺乏技巧。尽管既有军功又有势力，庞培却没有果断地对那些在罗马跟他唱反调的人采取措施。然而元老一再愚弄他，于是庞培下决心寄希望于富有的克拉苏（前115~前53）和雄心勃勃的恺撒（前100~前44）。他们结成了秘密的三头同盟为自己谋利。庞培希望自己的部队得到给养，想要再次获得荣誉，他基本上达成了心愿。财富惊人的克拉苏渴望军功，他仿效亚历山大大帝对帕提亚出兵，这场战争以公元前53年罗马军队在卡莱（Carrhae）[①] 附近大败而告终。克拉苏被杀，砍下的脑袋在帕提亚宫廷中巡回示众。

---

　　① 卡莱：土耳其东南部古城，现名哈兰（Harran）。

　　恺撒从三头同盟中获益最多。他在公元前 59 年担任执政官，此后，恺撒作为政务代行官在高卢战争中连年展现了不择手段的作风及军事才能，使一支富有经验的军队对自己效忠。人们不知道他会怎么返回罗马：担任执政官期间，恺撒曾经多次违反各种规定，但是他的敌人一直无法控告他，因为恺撒作为高卢的政务代行官仍然具有豁免权。不过恺撒的敌人知道，一旦他越过意大利的界河卢比孔河，他就必须卸下军事指挥权，重新成为平头百姓，这样他们就能控告恺撒。恺撒则要求缺席竞选公元前 48 年的执政官，实现任职的无缝衔接。但他的要求没有得到满足，他的敌人似乎掌控了局势，庞培也站到了恺撒的敌人一边，因为昔日盟友的势力崛起让庞培心存戒备。

145

　　恺撒因此铤而走险。如果想保住荣誉和权力，他就必须进行内战，于是他率领麾下经验丰富的军人投身于内战。他的部下并未全部追随他，不过恺撒的人手已经足够他打赢持续数年的战争。庞培被迫流亡，在埃及被人谋杀。恺撒突然成了罗马的唯一统治者。他的所作所为似乎催生了君主制。恺撒安排自己担任独裁官，任期越来越长，目的显然在于巩固手中的权力。人们敬拜恺撒如同神祇，使他和身边人的区别越来越大。和亚历山大一样，恺撒至死都在制订作战计划——它们针对的是帕提亚人——却再也不能付诸实践。然而不同于自然死亡的亚历山大，恺撒在公元前 44 年 3 月望日 ① 死于一群元老的匕首之下，他们将自己的行为标榜为再造自由之举。

　　马库斯·图利乌斯·西塞罗（Marcus Tullius Cicero，前 106~ 前 43）也歌颂这一行为，他是罗马共和国晚期最活跃的人物之一。这位"新人"在公元前 63 年担任执政官时挫败了

---

①　望日：古罗马历 3 月、5 月、7 月、10 月的 15 日及其他月份的 13 日。

喀提林（Catilina）阴谋，但是处置手段不当，所以不得不在公元前 58 年流亡。一年后他就回到罗马，试图东山再起，却没能成为大人物。不过西塞罗已经足够烦人，于是马克·安东尼在恺撒遇刺后的公元前 43 年派人杀害了西塞罗。

西塞罗的很多演说辞流传至今。他在公元前 70 年一举成名，因为他控告西西里的续任裁判官维勒斯（Verres）剥削行省，还绘声绘色地描述了西西里的情况。虽然有大政客撑腰，但维勒斯还是输掉了官司。恺撒死后，安东尼试图掌管罗马，此时西塞罗继承德摩斯梯尼《反腓力辞》的传统，再次表达了元老对自由的热爱，言辞气势磅礴，影响巨大。西塞罗的演说技巧后来影响了拉丁语的整体风格。

西塞罗也在书信中记录了罗马日常生活中的阴谋诡计，笔法尖酸刻薄，却也深刻准确。他还写了一些讨论哲学、修辞术和政治问题的论文，涉及希腊哲学的诸多领域，并在此基础上继续生发。和柏拉图一样，西塞罗留下了两部篇幅较长、内容密切相关的政治思想著作，可惜仅有残稿存世。《论共和国》（*De re Publica*）呼应《理想国》，《论法律》（*De Legibus*）则对应《法律篇》。在这两部著作中，西塞罗强调了自己继承传统的追求，但他也有新的思想：《论共和国》研究了亚里士多德的混合政体理念，西塞罗认为，在历史发展中形成的罗马政治制度就是混合政体的完美代表。不过他也强调，哪怕是这样的制度也需要一位"共和国管理者"（rector rei publicea），即出类拔萃的政治家，此人在危难时期甚至必须担任独裁官。虽然罗马人已经接受了担任"首席元老"（princeps senatus）——公认的元老领袖——等职务的个别政治家的权威，但是西塞罗的观点还是令人惊讶的，它归根结底说明了哪怕是像西塞罗一样认同元老院传统的少数人也已经觉得贵族内部的平等有缺陷。

在《论法律》里，西塞罗讨论了如何制定适当的法律。他认为适当的法律应该源自自然和罗马的历史。他编写了宗教法和政治法，它们的外在形式酷似一部法典。尽管西塞罗继续参考传统，又以仿古的词句编写这些规定，但他刻意编写法规的做法却是一种新式举措。

和柏拉图不同，西塞罗虽然也很重视理论思考，但他认为自己的主要任务在于参与政治活动。就此而言，他一直是典型的共和主义者，却不情不愿地诊断出共和国大限将至。

147

他的看法没错。恺撒死后，重新兴起的不是共和国，而是内战。以安东尼和屋大维为首的恺撒追随者联合起来，只用了几年就战胜了谋杀恺撒的人，然后安东尼和屋大维又马上兵戎相见。公元前31年的亚克兴（Actium）战役使屋大维最终获胜。他是恺撒的甥孙及遗嘱指定的继承人，后来以奥古斯都的称号名垂史册。在一位统治者独揽大权之前，无数人阵亡或被谋杀，许多行省和意大利的大片地区变成荒地。罗马的制度由于帝国的巨大规模而失败，贵族制已经无法提供足够的凝聚力了。

5 罗马和平

"罗马和平"（Pax Romana）即始于奥古斯都的罗马帝制时代的和平。它并非来自多个民族或国家对和平的共同渴望，更确切地说，它来自罗马追求的稳定统治的意图。这种和平一再通过暴力方式得到重建，其局面总会根据罗马的情况而改变。而这种和平也建立在一种不同寻常的凝聚力的基础上，下文将对其进行概述。此外，稳定的货币制度和可靠的法律体系也是罗马和平的基础。于是，罗马和平给这一地区带来了前无古人也鲜有来者的繁荣。

帝国史和皇帝史

在很久之前，我们便不再相信历史由个人缔造。现代学术界关注的是结构，因为它们为个人行为创造了先决条件。于是我们看到了一些结构，特定人物在其中享有广阔的行动空间。其中最突出的是罗马元首制等君主制度，罗马元首制指的是公元后最初几个世纪的帝制。古代文献刻画的是个人，因为它们的作者对个人特别感兴趣。它们长篇累牍地叙述元首的个人特点，尤其是他们的怪癖，比如卡利古拉的"疯狂"或者尼禄的"表现欲"。这些文字主要反映了元老的观点，在他们看来，皇帝作为统治者的优劣取决于他如何对待元老院。古代文献会让我们产生这样的感觉：罗马帝国似乎经历过不断更替的暴政与仁政。

然而，记载各类一般措施的法学文本、铭文和莎草纸文献带给我们的印象与此截然不同。我们会看到行政管理的变化相对持久且务实，并不因为更换皇帝造成的政府变更而中断。因此，一方面有人员的变动，另一方面有管理的稳定。注意到了这两点，我们才能讨论各个皇帝。

有一点必须提前说明：学术界深入讨论了应当如何总体评价罗马皇帝的政治行为。由于皇帝拥有上文所述的巨大行动空间，现代人就觉得他们理应大有作为，但这种现象只出现在少数领域，主要是军事领域。到了其他领域，皇帝似乎主要是在应对质疑和挑战，所以就有了应对型皇权（reaktives Kaisertum）的说法。大量使团觐见皇帝，无数奏章被送往他的办公厅，然后皇帝做出答复，罗马人即以这种方式制定法律，推进行政管理。皇帝的指示必然存在自相矛盾之处，但它们一再地体现出皇帝的基本思想，即维护特权及等级差别，同时救济弱者。所以皇帝的行为显然具有计划性。

在奥古斯都治下，帝国井井有条、平安稳固，这令人印象深刻。所以当代学者（迈克尔·W.多伊尔①）在比较分析诸帝国的时候会有"奥古斯都门槛"的说法，它指的是从扩张阶段到巩固阶段的过渡，此时的帝国甚至能使边缘地区得到可观的利益。罗马帝国的复兴和大力借鉴共和国的传统有关。

屋大维击败安东尼和埃及回到罗马后，没有使自己成为希腊化君主，并且也没有让本地居民察觉到他的权力。公元前27年，他甚至将自己在内战时期掌握的军事和政治特权交还给元老院，后者则投桃报李地献给他"奥古斯都"称号，意为伟人。这个称号给他罩上了宗教光环，也使他超然凌驾于其他一切政治人物之上。他开始建立内容丰富的新制度，并用新制度巩固了他的统治，但也保持了共和制传统。

奥古斯都拒绝国王称号，甚至拒绝长期担任某一官职。他试图通过某一官职或者若干官职的组合使自己的地位固定下来，试验结果有好有坏，最终形成的是一个集合了若干单项职权的位置。其核心要素是最高军事指挥权，再加上对所有总督的监督权——学术界通常称为高于总督的治权（imperium proconsulare maius）。此外，他还有保民官职权（tribunicia potestas）。奥古斯都由此获得了召集公民大会和元老院的权力，他还有权提出法案及利用否决权（Veto）禁止其他措施。但是，人们仍未将上述职权和奥古斯都掌握的其他职权视为一个官职，而是将它们看作若干部分的集合。

奥古斯都本人在晚年撰写的自述中精辟地描述了自己的地位——这份自述在许多地方被刻在碑上，竖立在公共场所："我的威名（auctoritas）超过了其他所有人，但我拥有的职权并不比与我同掌任何官职的同僚更多。"[8]皇帝并没有

150

---

① 迈克尔·W.多伊尔（Michael W. Doyle，1948~　）：美国国际问题专家，哥伦比亚大学教授。

被包装成全能的主宰，而是平等者中的第一人，即第一公民（princeps）①。不过他的地位仍旧高人一等，这一关键信息体现于"威名"一词，意为他的重要性得到了普遍承认。许多荣誉和象征——比如公元前 2 年授予他的祖国之父（pater patriae）称号——加强了奥古斯都的"威名"，他也通过立法——他鼓吹这是复兴传统——表现自己仿效共和国的伟大榜样。他要促进婚姻忠实、生儿育女。但是，奥古斯都把过去的"祖宗习俗"变成法律恰恰违背了传统的精神，因为传统精神的基石不是法律的强制，而是团结的统治阶层自发奉行某些政策。罗马皇权当中的一些自相矛盾之处源于共和国，它们在奥古斯都执政时期就有所体现，但是在格外漫长的 40 余年统治里，奥古斯都成功地使自己的权力和帝国都处于稳定状态。

奥古斯都死于公元 14 年，此后他的家族后代继承了他的权力，并建立了朱里亚—克劳狄王朝。继承者中有些人称职，而有些人不称职。元首的位置可以传给另一个人体现了君主制此时已经十分稳固，奥古斯都的继任者是提比略（14~37年在位），不过提比略此时还难以接受这个新角色。他或许想给元老院更多权力，但在共和国终结 50 年后，大家似乎觉得这个想法并不可信，提比略以极其严厉的手段镇压了他上台后不久爆发的起义。很能说明问题的是，最让他头疼的不是元老院，而是皇室成员。许多人曾经更希望日耳曼尼库斯（Germanicus）登上皇位，但此人死于公元 19 年，提比略还进一步打击了他的遗孀。在此期间，提比略倚仗的是罗马近卫军（Prätorianer）长官、骑士出身的谢亚努斯（Sejan），几年后，提比略又剥夺了谢亚努斯的权力，因为后者想要除掉朱里亚—克劳狄王朝的剩余成员。在这场斗争中，矛盾的焦点不

---

① 也称作元首。——编者注

再是皇权本身，而只是由谁来掌握权力。

卡利古拉（37~41 年在位）选择以全新的方式展示权力，为了体现自己在各方面都高人一等，他故意挑衅元老院。据说他甚至给了一匹马丰厚的赏赐，任命它担任执政官，时人将这些行为视为疯癫之举。后来，卡利古拉死于谋杀。短时期内似乎有人考虑过复兴共和国，然而罗马近卫军先下手为强，拥立克劳狄（41~54 年在位）为新的统治者。大家普遍认为克劳狄难当此任，可能他本人也对担任统治者缺乏兴趣。与他私交甚好的被释放奴隶完成了许多工作，干得可能很不错。克劳狄最终被人毒死，下毒者据说是他的妻子阿格里庇娜（Agrippina），她一心一意地想让自己的亲生儿子，即克劳狄的继子成为统治者。

此人就是尼禄（54~68 年在位）。他掌权时 16 岁，起初似乎倚重一些可靠的人物。他统治的头几年被视为帝国特别美好的几年，但是他的统治带上了越来越强的个人特征，他也想展示自己在各方面高人一等。他还觉得自己的艺术才能，即歌唱天赋出类拔萃，此事已经引起了同时代人的嘲讽，因为尼禄以皇帝的身份与其他歌手同场较量。他让人忍无可忍，于是被谋杀[1]。尼禄死后，朱里亚—克劳狄王朝终结，内战随之爆发，甚至危及帝国边境，因为驻扎在边境的军队被调往国内作战。

152

在朱里亚—克劳狄王朝，统治罗马帝国的是一个具有伟大的共和制传统的家族。和此前的很多贵族一样，这些统治者试图包装个人形象，愿意摆脱既有的规则。历史研究经常关注各个统治者的失败、极端自私或者无能。尽管如此，帝国还算稳定，经济蓬勃发展，这就体现了制度本身越发稳固——就连内战也不能威胁君主制，内战的目的仅仅在于明确皇帝的人选。

---

① 一说自杀。——编者注

皇帝角色的观念已经根深蒂固。掌权的韦斯巴芗（69~79年在位）出身于弗拉维（Flavier）家族，他并非由前任皇帝指定继位，而是借由一部内容丰富的法律逐步获得了种种职权——然而元首仍然不是一个拥有独立头衔的职位，而是一系列单项职权的集合。

弗拉维王朝留下的最伟大古迹是大竞技场（见图5）。它是罗马城中的巨型石砌圆形剧场，宏伟无比！这座建筑具有复杂的意义：它建在尼禄的皇宫原址，表示这个恶棍已经被推翻，他的财产已经属于民众；大竞技场也代表了弗拉维家族的慈善，证明该家族有能力完成规模如此庞大的建筑项目。角斗士在大竞技场中搏杀，现代人对此深恶痛绝，当时的人却觉得这体现了罗马皇帝的荣耀。

图5 大竞技场是罗马最大的圆形剧场。它在审美及技术方面都达到了极高水平，可以举办各类演出。其修建资金来自犹太战争①的战利品等

---

① 犹太战争：又称第一次犹太—罗马战争，指发生在公元1世纪60~70年代的犹太人因反对罗马统治而发起的战争，以耶路撒冷被罗马军队征服、圣殿被毁等告终。

弗拉维王朝存在的时间很短：提图斯（79~81年在位）延续了父亲的做法，提图斯的弟弟图密善（81~96年在位）则扮演着高人一等的统治者角色。他让人称他为主人和神——奥古斯都曾经拒绝这种做法。图密善和此前一些过分狂妄的皇帝一样死于刺杀。

153

经过一小段插曲，另一名优秀的军官图拉真（98~117年在位）掌握了权力。他是第一位出身于行省的元首。在他治下，内政稳定，对外战争也取得了胜利。所以图拉真的统治被古人视为治国典范。图拉真是慷慨大方的行善者、战功赫赫的统帅，他还善待元老——只要他们不同他作对，而他们这样做的情形也越来越少了。

学术界所说的养子继承皇权阶段开始了，因为继承皇位的不是前任皇帝的亲生儿子。但这并不表示皇帝有意选择贤能，而是因为他们都没有亲生儿子。无论如何，继位的几任皇帝都能有条不紊地统治国家。所以人们又经常把这一阶段称为人文主义皇权阶段。这一时期的立法确实带有人道主义色彩，以对待奴隶

154

为例，主人不能再像以前那样为所欲为，不过在处理难题的时候——比如惩罚暴动者——罗马就又会暴露自己残酷的一面。

哈德良（117~138年在位）试图通过长途巡游在各地抛头露面。他的建筑政策、对希腊传统的扶持，甚至他的大胡子形象都显示了他亲近希腊文化。在过去，以上种种会被视为背叛罗马传统，但是到了此时，人们的看法已经大为改观。元老院曾经反对哈德良继位，后来也一直不太信任他，尽管哈德良很少干涉元老院的事务。哈德良的继承者安敦尼·庇护（138~161年在位）作为很少，他执政时期最鲜明的特征是平安无事。这看似无聊，对于普通臣民来说或许最为惬意，所以平安无事可能才是对皇帝的真正最高评价。

马可·奥勒留（161~180年在位）在诸皇帝中十分突出，

因为他撰写了一部自述，是用希腊语写成的自省之作。马可·奥勒留在书中犀利而略显无奈地反思了自己的角色，体现了强烈的责任感。这部自述给他带来了哲学家皇帝的称号——他看来确实在竭力满足臣民的需求，却又不背离惯例，社会问题也并没有解决。此外，肯定有人认为马可·奥勒留的统治时期恰恰露出了局势要恶化的征兆，因为其他民族在许多地方越过了帝国边境，国内还发生了严重的瘟疫。马可·奥勒留死后，他的亲生儿子康茂德（180~192 年在位）继位。康茂德很快就表现了自己无力治国，至少不能驾驭元老院。和 100 多年前的尼禄一样，康茂德似乎很想证明自己在各方面都高人一等，甚至希望以战士的身份登上竞技场，但他的下场也和其他不受欢迎的皇帝一样，政敌谋杀了他。

此后发生了一场延续数年的内战，获胜者是塞普蒂米乌斯·塞维鲁（Septimius Severus，193~211 年在位），此人是优秀的将军。他建立的王朝虽然经历过内部斗争——其顶点是卡拉卡拉（Caracalla，211~217 年在位）在公元 211 年杀死弟弟盖塔（Geta），却一直存续至公元 235 年。不过塞维鲁王朝的统治中断过一次，因为马克里努斯（Macrinus）在公元 217 年篡位，但是统治时间只有短短一年。塞维鲁王朝的统治者承受着巨大的外部压力，他们知道自己获得地位、掌握权力离不开士兵的支持，于是投桃报李，提供丰厚的军饷等，这使公共财政背上了沉重的负担。在塞维鲁王朝，法学家乌尔比安（Ulpian）等有才能骑士的地位有所提高，而元老院却觉得自己的势力被削弱了。

塞维鲁王朝根本不怎么在意传统：统治者打造的自我形象和他们的崇拜中包含了越来越多让许多罗马人觉得陌生的元素。但是，当埃拉伽巴路斯（Elagabal，218~222 年在位）以叙利亚太阳神祭司的形象示人时，罗马人谋杀了他。塞维鲁王朝在此时也的确发生了变化：卡拉卡拉在公元212年颁布了《安东尼努斯敕令》（Constitutio Antoniniana），将罗马公民权授予帝国的全部居民，只有少数人例外。此后拥有罗马公民权已不再是特权，因为所有人都要遵守罗马税法，支付更多遗产税等，也许这正是卡拉卡拉颁布《安东尼努斯敕令》的动机。自此之后，公民的法律地位在广阔的地理范围内得到了统一，罗马法通行于帝国各地，而古代的其他地区并没有这种现象。这体现了罗马帝国在塞维鲁王朝经历的深刻的但未必是刻意安排的变化，塞维鲁王朝的实用主义轻蔑地摆脱了陈规，并产生了深远影响。

边　　境

156

在统治者接连登基，元老谨慎地观察着皇帝如何对待自己的时候，尽管统治者不断换人，帝国的外部边境大致还维持着原状。莱茵河、多瑙河、幼发拉底河和底格里斯河是最重要的地区，罗马派往那里的军队时多时少。除了因为边境告急（或者自认为边境告急）而开战，帝国边境维持原状的另一个原因是强烈的内部动机。皇帝可以通过军事胜利证明自己配得上帝位；作家、辞藻华丽的演说家和铭文都喜欢没完没了地列举臣服于罗马势力的异域民族的名字。值得一提的是，战功卓著的统帅很容易变成皇帝的竞争对手，哪怕胜利算在了皇帝名下。此外，由于罗马士兵的训练成本很高，填补大量人员损失费用不菲。

假如赢得了新的土地，管理它们通常是难题。因此，尽管好大喜功的意识形态不断膨胀，大多数罗马元首一般还是倾向于在那些看起来没必要建立行省的地方扶植忠于罗马的国王——学术界经常把他们称作藩属国王（Klientelkönige）。罗马惯于向他们索取人质，让人质待在宫廷周围，这说明罗马不怎么信任地方统治者的忠心。现代研究者大多马上就能看出罗马皇帝在对

海伯尼亚

不列颠尼亚

伦敦

大 西 洋

北 海

莱茵河

大 日 耳曼

小日耳曼尼亚

高 卢 人

特里尔

比利时

雷根斯堡

卢格敦

卢瓦尔河

雷蒂亚

诺里库姆

比斯开湾

阿基坦

里昂

阿奎莱

波尔多

纳博讷

马赛

达尔

亚

塔拉戈纳塞

特霍河

托莱多

塔拉戈纳

厄尔巴岛

科西嘉

罗马

卢西塔尼亚

西班牙

奥斯提亚

意 大

科尔多瓦

巴利阿里群岛

撒丁尼亚

第勒尼安海

巴埃提卡

新迦太基

墨西拿

毛里塔尼亚

迦太基

西西里

爱

廷吉塔纳

恺撒里亚

努米底亚

锡拉库萨

阿 非 利 加 执 政 官 行 省

地 中

	共和制末期
	奥古斯都到图拉真时期（14~117）罗马直接统治的地区
- - -	图拉真时期罗马最大的版图（117）
………	行省边界

0   200   400   6

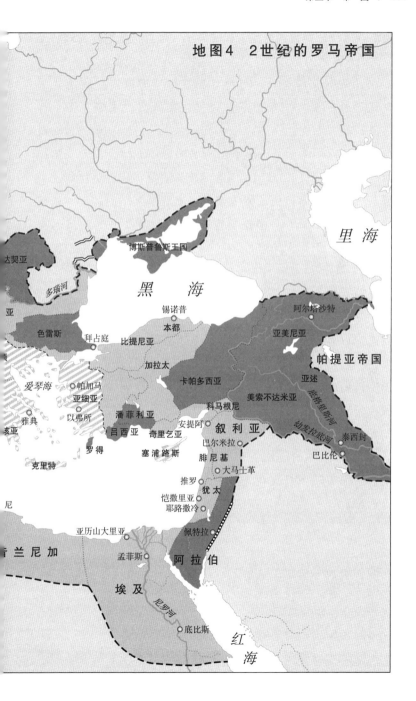

地图4 2世纪的罗马帝国

外政策方面十分谨慎，然而古代文献里却经常把他们写成软弱无能、优柔寡断之人，直到今天，一些论文仍在沿用古人的观点。

在元首制实行之初，提比略和日耳曼尼库斯之间的斗争很有代表性。奥古斯都似乎计划过在莱茵河以东建立一个行省，证据是罗马在如今吉森（Gießen）①附近的瓦尔德吉梅斯（Waldgirmes）建立了一座平民定居的城市。但是公元 9 年瓦鲁斯战役（Varusschlacht）②的惨败说明罗马还很难控制这个地区。日耳曼尼库斯仍然继续推行"咄咄逼人"的政策，这使他在罗马声誉日隆——但这损害了从公元 14 年开始执政的提比略的利益，于是提比略最终召回了日耳曼尼库斯，将他派往叙利亚。

莱茵河以东地区一直受到罗马人的关注。现代意义上的国境是固定的，而罗马人对帝国边境的理解与此不同。罗马人即使在边境以外也有影响，不过影响的程度和方式多种多样。罗马人认为自己有权干涉境外地区，只要对罗马有利：通过拉拢忠于罗马的统治者和一次次进攻，罗马维持着对莱茵河以东地区的控制，保卫行省；自弗拉维王朝以来，直接统治也重新成了越发重要的控制手段。有些地方不以河流为边境，在那里罗马人先以道路——limes（界墙）一词的原意，再以要塞标明边境，它们表示罗马人在此范围内实施直接统治、征税、应用自己的法律。边境驻军地附近尤其容易出现生机勃勃的城市和收成良好的耕地，因此罗马人并不需要频繁抵御日耳曼人的进攻。

我们很想弄清拉丁语单词 Germani（日耳曼人）究竟指谁。

---

① 吉森：德国城市，位于黑森州中部。

② 瓦鲁斯战役：发生在公元 9 年的罗马和日耳曼起义者的战役，又称条顿堡森林战役等，以罗马将军、总督瓦鲁斯指挥的三个罗马军团全军覆没而告终。

从恺撒开始，罗马人就用这个概念指代生活在莱茵河对面的许多部族。这些部族中的大多数可能也在语言和崇拜方面有相似性。部落兴起而复消亡，存在时间或早或晚。它们经常没有稳定的王权，只会安排一些人担任战斗指挥官。不过我们掌握的信息全都来自罗马人的记录，可能并不准确。我们不知道日耳曼人有着何种程度的集体归属感，我们更不能假定生活在罗马帝国之内的大量日耳曼人和生活在界墙以外的日耳曼人团结一心，因为这两个地区的文化发展截然不同。假如我们笼统地认为存在一场罗马人和日耳曼人之间的战争，那么我们对矛盾的认识就是极不准确的，因为日耳曼人互相竞争，部落之间有竞争，部落内部也有竞争。罗马人在日耳曼人当中找到盟友并不困难，对付他们也轻而易举，因为这些潜在的敌人内斗不止。

我们同样不清楚多瑙河以北的情况，这一地区越发动荡的主要原因是欧亚草原上一再出现新民族。罗马人起初从图密善统治时期开始就在多瑙河下游和达契亚人（Daker）①作战，经过多番苦战，图拉真在如今的罗马尼亚地区建立了新的达契亚行省（Dakien），这或许也是因为当地矿藏丰富，很有吸引力。

从 2 世纪 60 年代开始，多瑙河中游地区得到了罗马的重视，而马科曼尼人（Markomannen）②和其他民族对那里的威胁越发严重。马可·奥勒留同他们作战，迫使他们签订了若干和约，但他们一再毁约。人称"疯子"的康茂德终于和他们达成了长期和平协议，但此举在罗马却并非毫无争议。接下来的几十年里，莱茵河和多瑙河之间的地区发生了很多事件，罗马人可能并不知情，但是这些事情很快就会使来自该地区的威胁

160

---

① 达契亚人：生活在喀尔巴阡山脉附近及黑海以西的达契亚地区的色雷斯系民族。

② 马科曼尼人：一个日耳曼人部落联盟，属于苏维汇人（Sueben）的一支。

越发严重。

　　在幼发拉底河和底格里斯河流域，罗马和帕提亚帝国对峙。罗马在这里对付的可不是以充满个人魅力的统治者为核心的部落，而是一个疆域辽阔的帝国，其制度在许多方面与罗马不相上下。战胜帕提亚人对于罗马人的颜面无比重要，因为帕提亚人是波斯人的后裔，他们曾经臣服于亚历山大，又在公元前 53 年于卡莱战胜了罗马人。然而两个帝国都不想大动干戈，因为罗马人还在其他边境地区用兵，帕提亚人也在中亚等地作战。奥古斯都和帕提亚签订了和约，于是罗马人拿回了自己在卡莱失去的鹰旗①，但也放弃了继续扩张。这场妥协被包装成胜利，使得局势进入了相对平稳的阶段。两大帝国的军队很少进行会战，双方通常借由亚美尼亚等小王国解决矛盾。亚美尼亚的统治者一部分由罗马人扶植，一部分由帕提亚人扶植，经常发生内战。

　　图拉真在东部取得的胜利令世人印象最深，甚至使两河流域正式并入罗马统治区。此时的罗马帝国有着其历史上最大的疆域，但是疆域辽阔不代表统治稳定。实际上元首过度耗费了帝国的兵力，所以哈德良不得不——不仅仅在东部——撤回罗马的军队。但是马可·奥勒留和他的弟弟路奇乌斯·维鲁斯（Lucius Verus）又觉得有必要出兵波斯，塞普蒂米乌斯·塞维鲁也率军深入帕提亚帝国，不过这些皇帝都未能获得持久的胜果。罗马继续在东部边境上投入大量兵力，出于安全考虑，也在这里建造了一道界墙，采用了各处纵深不同的结构。

　　其他地方自然也需要罗马军官。从克劳狄时期开始，罗马就直接统治了不列颠的一部分，这片地区同样有界墙的保护。由于摩尔人攻击阿非利加，罗马人还得考虑其他部族有时也会

---

　　① 鹰旗：罗马军团的标志及荣誉象征，鹰旗被夺意味着奇耻大辱。

进犯埃及的南部边境及其他地区，可这都不是大事。

数千名罗马士兵在大小战斗中丧生，但无论如何，罗马一如既往地向数十万名士兵发放军饷。罗马的边防十分高效且实用，其他民族极少攻入帝国腹地，帝国居民享受着前所未有的安宁，不受外敌滋扰。此外，罗马的敌人根本不想摧毁罗马帝国，他们追求的是分享罗马的富庶，为此他们宁愿效力于罗马，使自己拥有各类机遇。

机遇之国

人们经常会问罗马帝国为何衰亡，但我们真的能指望一个统治着大量族群的帝国长期存在吗？这个帝国里的一部分人穷奢极欲，另一部人则被迫作为奴隶在惨绝人寰的条件下当牛做马。这个帝国边境上的消息要经过好几天才能传到中央，这个帝国面临周边诸多其他民族的威胁，这个帝国只有一个很小的管理机构。

对上述问题的回答是否定的。以历史的眼光来看，罗马帝国稳定且长期存在的可能性不大。公元1~2世纪，地中海地区的大量居民在罗马皇帝的统治下长期免遭兵灾，这样一个时期在世界史上或许至今独一无二。两场规模较大的内战对相关地区造成了严重破坏，但是没有影响整个帝国，直到塞维鲁王朝末期，其他民族攻入帝国腹地的现象都很罕见。

总体而言，罗马帝国能依靠少量的物质资源和简单的官僚体系维持运转是了不起的成就。某些统治机制对此亦有贡献，统治机制的说法容易引起误会，因为它们指的不一定是刻意设计的行事方式，这些统治机制更像是逐渐自然形成的。重要的是，大量居民认可了罗马统治者，帝国向许多人，包括行省居民甚至奴隶提供了改善生活的机遇。这些统治机制的运行一般与哪位元首执政并无关联。为了做出解释，我们必须观察帝国

图6　这两枚第纳尔（第纳里乌斯）银币展示了对皇帝形象的两种不同理解：奥古斯都（左）经过了美化，韦斯巴芗（右）显得像真人。然而，后者也在包装自己，走亲民路线

的社会结构。

帕拉蒂尼山上奥古斯都的住宅旁边出现了一座宫殿，宫廷结构应运而生。皇帝及家眷住在宫殿建筑群里，身边有数百人提供建议、服务或娱乐。这些人当中有奴隶和被释放的奴隶，但也有自由人。罗马贵族必须进宫拜见元首，因为亲近元首会大大提高他们的地位。原则上相互平等的贵族此时开始听命于一个中心，共和制的多中心体系也始终有一个核心，但是不同于近代早期许多宫廷里的情况，罗马贵族并不住在统治者家里。

在帝国之中，统治者无处不在。他们的形象或者名字随处可见：广场、剧院、神庙、要塞、硬币和雕像。皇帝的形象被塑造得极易辨认，但这并不表示它们像现代肖像一样写实，而是表示这些形象可以使观者明白皇帝的特点。比如，硬币上的韦斯巴芗看起来胖乎乎的，和朱里亚—克劳狄王朝统治者高贵的形象天差地别，但这强调了韦斯巴芗是土生土长的意大利人。

对统治者的忠诚主要体现在宗教范畴，因为按照古人的观念，政治共同体和宗教共同体不可分割，统治者手握大权就表示他得到了神祇的支持。（大多数）臣民肯定是自发地崇拜皇帝——对此下一章还会详谈，这种崇拜将帝国几乎所有的居民联合起来，因为大部分人认为一个如此强大的统治者必然具备某种神性。

同样的，和平几乎使所有人受益，这既包括对外和平，也包括没有法律争端的和平。因为法律是帝国的组成部分，法律不一定能给帝国带来巨大的好处，但它的优点不容否定。以现代的标准来看，罗马帝国腐败不公。人脉关系对于办事十分重要，和审理人员套近乎非常有用；人身不受伤害等基本权利绝非人人都能享有。拉丁语中虽有"ius hominum"这个表述（将其译为人权会造成误解），然而它指的不是所有人的权利，而是原则上适用于所有自由人的权利。

不过，罗马帝国在一定程度上是法治国家，对于不断扩大的公民群体而言，法律程序的应用是可靠且有约束力的。就连一个名叫保罗（Paulus）[1]的人——在罗马高级官员眼里他就是个加入了奇怪宗教团体的、低微的帐篷制作工匠——也可以要求被解往罗马，因为他希望在该处得到支持。保罗的要求得到了满足，因为他是罗马公民。

罗马公民可以确信自己有权参与某些程序，这为他们开展经济活动等提供了便利。这些权利来自传统和许多单项规定。自共和制时代以来，裁判官（Prätor）就会通过上任时颁布的所谓裁判官敕令（das Prätorische Edikt）说明自己根据哪些规定执法，于是这些规定不断得到巩固。哈德良颁布了经元老院认可的最终版规定[2]，只有元首可以对其做修改。增补法令此

165

---

[1] 保罗：基督教会早期最重要的使徒之一，曾被解往罗马软禁，相关事迹详见下一章。

[2] 即公元 130 年前后哈德良委托法学家整理汇编而成的"永久敕令"（edictum perpetuum）。

时明确由皇帝说了算，但在元首制时期还没有通用的法律集。

对于法律的发展来说，法律学校的诞生十分重要，它们带来了具有约束力的、易于理解的法律解释的标准。抽象的论证使得法律学校中形成的法学思维模式可以脱离历史情境，被移植到其他社会。为此，数百年后查士丁尼（527~565 年在位）命人汇编各类法律文本，以《民法大全》（*Corpus Iuris*）的形式传给后代，对欧洲法律史产生了长达几个世纪的重大影响。

更加实际的利益也确保了人们对统治者的认可。统治者必须格外关注元老院、罗马的民众和军队。随着屋大维掌握权力，元老恰恰面临自己先前总想阻止的局面：某一个人的势力变得格外强大。不同于恺撒，屋大维避免炫耀自己的特殊地位。他表示共和国已经得到了重建，这话虽不确切，但在表面看来绝对不算完全错误。代表着共和国的元老院继续运转，执政官仍是最高的官职。这种传统是必不可少的合法性之源。

所以元老对新任统治者的正式认可具有重大意义。元老可以将已故的皇帝奉为神祇，进行相应的崇拜，但他们也可以拒绝这样做。史家——他们主要来自元老阶层——既可以称颂皇帝，也可以贬损他。许多古人很看重身后的名声，因此史家的影响力不容小觑。

元老认为自身的传统得到了尊重，自己的卓越声望受人敬仰。他们变成了一个等级，其成员必须符合特定条件，尤其是要拥有财富和良好的出身。元老享有一系列特权，如身着特殊服装、担任重要官职等。此外，和共和制时代的情况不同，元老的儿子一开始就属于元老等级，拥有相应的特权。元老可以对一些程序问题，尤其是涉及自身所在等级的程序问题做出裁决。元老坐在剧院里最显眼的位置上，在受庇护者的簇拥之下走上广场，在意大利的别墅中风雅地享受生活，得到了丰厚资助的诗人为他们编出动听的诗句，于是元老甚是得意，觉得自己对得起祖先。然而，他们极少为了真正的政治事务而辩论。假如真有元老敢于直言，塔西佗（约55~约120）之类的史家就会为自由之遗风感到高兴，他们还会把皇帝对一个大胆元老的惩罚视作该等级的荣耀。塔西佗或许忘了自己也是在讨人厌的图密善统治时期得到晋升的。

颇为明确的晋升路线使得元老的人生很容易预测。他们通常在城市中任职，任期均为一年，再到行省任职，两者之间常有间隔。一些总督由皇帝亲自提名，一些总督由元老院通过抽签决定，总督实际上都受皇帝监督。另外，官职也让任职者有手握权力之感，尽管皇帝直接监督着元老，而且大部分元老越发倾向于在做出重大决定的时候不去触怒皇帝，不久后他们在做出一般决定的时候也变得如此。不过官员仍然很忙：3世纪初，埃及总督在两天半之内就收到了1804封民众请愿书。[9] 官员可以对自己的成就感到骄傲；元老的墓志铭记录着他们逐步升迁的过程，历数他们的官职。

随着朱里亚—克劳狄王朝的终结，最后一批出身于仍然深受共和制强大传统影响的家族的元老消失了，新上位的家族通过效忠皇帝得到拔擢，觉得自己的野心已经得到了满足。这就是满足吗？许多元老相互竞争，一部分人倾家荡产地进行炫耀性奢侈消费；一些元老以自我发展为要务；另一些元老试图通过作诗和修史来提高自己的知名度——反正所有的军事胜利都被记在皇帝名下；还有一些元老通过哲学思考聊以自慰，他们蔑视世界、蔑视自己的富裕生活，不去想自己再也不能像过去的元老那般荣耀。但是，元老不愿意联合起来反抗。

所有的元老都知道，一个像奥古斯都那样的元首掌握的权力比表面上更多。统治者是否明示自己高人一等取决于他的意愿、风度和手腕。假如他像卡利古拉那样自我炫耀，元老院就会被激怒，通过刺杀进行报复，而影响力最持久的报复手段是让皇帝在史书上留下恶名——这种恶名往往流传至今。

在共和国的最后几十年，尤其是在盖约·格拉古采取行动之后，精英中的第二等级——骑士有望成为元老的竞争对手。参考近代市民和贵族竞争的经验，我们可能会认为罗马也会出现两个相互对立的等级，而元首会想办法挑唆骑士对付元老，自己坐享渔翁之利——这就是波拿巴主义。但是，上述情况没有发生。骑士也必须拥有一定的财产和良好的出身，然而骑士等级的内部差异远远大于元老集团的内部差异。有一些骑士出身于无欲无求地生活在行省的富裕旧家族，还有一些骑士想要进入元老院，另一些骑士则以士兵的身份踏上了晋升之路。他们不认为自己是元老院的敌人，因为他们希望自己或者自己的儿子能够官运亨通，进而进入元老院。

骑士的重要性有所提高，因为统治者将手中部分重要的行政事务交给了他们。骑士在许多岗位上取代了被释放奴隶，后者在元首制早期曾引发很大不满，因为人们无法接受非自由出身的人对达官贵人发号施令。担任行政人员的骑士也有明确的晋升路线，最终有可能指挥罗马近卫军，还可能管理富庶的埃及。而未经皇帝允许，元老不得前往埃及，这些重要职位被特别留给骑士说明元首非常重视将权力分配到各个等级。

罗马城居民觉得自己是伟大的征服世界者的后裔。尽管他们不再当兵，不再到异乡吃苦受累，但是他们和元老院一样代表着共和国，这体现于 SPQR（senatus populusque Romanus，即罗马元老院与人民）这个缩写中。民众清楚自己构成了一个权力因素，城市骚乱可能会破坏治世形象，造成真正的损害。受庇护者的地位也给很多人带来了好处，不过皇帝行善的受益者首先是民众：充足的粮食供应保障了民众的生存，各类演出丰富了民众的生活。这些提高了统治者的威望。

此外，来自世界各地的珍禽异兽证明元首的势力远及四方，迅速取胜和慨然赴死的角斗士体现了统治者具有必胜的信心。

为传统而自豪的罗马城人世代不绝。异乡人拥入罗马，有些人是自愿的，有些人是奴隶，后者可能盼望获得释放并得到罗马公民权。他们在日常生活中和"原本自由"的公民没有显著区别。公民大会没有被取消，只是不再开会。在观看演出或其他场合中，如在元首与民众见面的时候，民众有机会表达自己的看法。民众的鼓掌喝彩体现了他们对统治者的支持或者反对，元首对此十分关注。民众不再拥有权力，不过他们的存在本身已然决定他们并非毫无力量。

元首制带来的影响最大的改革之一就是将部队系统地变成常备军。常备军主要驻扎在受到威胁的边境地区，尤其是在莱茵河、多瑙河流域以及幼发拉底河、底格里斯河流域。罗马城里驻扎着近卫军的精英部队，它们保护皇帝，有时也预谋推翻皇帝。其余的部队分成两类，一类是由公民组成的军团（legio），另一类是辅助部队（auxilia），其士兵从其他民族中招募。

驻扎在大型军营里的军团士兵能拿到优厚的军饷，遇到新政府上台、打胜仗等特殊情况还能额外得到大量馈赠，即所谓赏金（Donative）。军团士兵一般服役20年，退伍后可以拿到大笔补偿款，作为富裕且受人尊敬的老兵安享晚年。

在共和制时代，人们有时会招募异族士兵在罗马人的指挥下作战。从奥古斯都统治时期开始，这类辅助部队成了常设组织。对边境地区及当地小型要塞的日常监控主要由它们负责。辅助部队的士兵一般服役25年，退伍后本人和妻子都能获得公民权，这样一来他们的婚姻就能得到罗马法的承认；公元140年之前，他们的子女也能获得公民权。所有辅助部队的士兵都能定期领取军饷，也能得到赏金。在塞维鲁王朝时期，军饷金额的增长尤其显著。一封埃及的私人信件证明了这份差事对于青年男子来说很有吸引力：一个名叫伊西斯（Isis）的姑娘写信给母亲特尔穆提奥（Thermuthio），问候亲友之后，她写道，"要是埃翁（Aion）想去当兵就让他去吧，因为大家都去当兵了"。[10]

士兵也有机会当上军官。军团里的百夫长（Zenturion）有着特殊地位，百夫长中又分级别，地位最高的是首席百夫长（primipilus），他们甚至有望成为骑士。有经验的百夫长懂得普通士兵的想法，又有出人头地的抱负，他们被视为罗马军队的脊梁。

然而，大部分军官之职被授予了高等级家庭的子弟：元老和骑士在仕途之初都必须当一段时间军官。有时候元老可以把担任军团长官（Militärtribun）的阶段"混过去"，而人们对骑士的要求比这高得多，骑士一般得先担任数种军团长官职务，再指挥辅助部队中的小队等。级别较高的分队仍然交由元老管理，人员选择十分慎重。

不平等的机遇让现代人感到不满：出身于元老家庭的毛头小伙儿马上就能当官，担任百夫长的普通罗马人却只能缓慢晋升。不过，古人并不要求人人机遇平等，有望升迁已经很不错了，所以等级结构既增强了罗马人的军事力量，也鼓舞了各人的进取心。

在罗马帝国，军队是至关重要的实力因素。元老院可以正式承认或者否定某个皇帝，元老院中的史家可以对糟糕的皇帝做出恶评，但是当军队支持某人担任皇帝，这些达官贵人就无计可施。和我们的想法不同，士兵很少利用这类机会。他们一般会认可因为世袭而获得合法性的统治者或者被收养的统治者。假如统治者死后像尼禄或者康茂德一样没有合法继承人，内战就可能爆发。在其他情况下，军人极少试图篡位，而且在公元 217 年之前也没有军人能成功篡位。皇帝，尤其是塞维鲁王朝的皇帝，喜欢通过视察部队、颁奖、提供特权以及发放赏金和大幅提高军饷来表现自己关怀士兵。

行省居民的待遇也和罗马城居民及军人相近。在行省，元老担任总督，骑士担任军官和管理者，还有士兵常驻。本地居民有数百万人，不过罗马公民也会到行省定居，其中一部分人是退伍老兵，还有一部分人只是为了经济利益而来。罗马人在新占领的土地上通常不倚重压迫手段。不同于经常迁走当地人的亚述人和巴比伦人，罗马人试图融合当地居民（也有少数例外）。敌方领袖一般会被消灭，但有一些也会被赦免，罗马人经常联系当地传统精英，因为罗马的管理体制在总督级别以下是没有结构的，他们似乎也无意建立结构。

事实是，罗马人在共和制时代一直不关心各行省的体制，只要当地局势稳定，罗马人就听之任之，这种做法在帝制时代被证明很有益处，因为它使得罗马人能够利用成熟的结构。罗马人惯于以城市为中心进行统治。在许多地区，尤其是东部，城市化世界已然存在，在其他地方，罗马人推动着罗马式城市的建设。历史悠久的城市一般保留自身的内部结构，新的城市——尤其是西部城市——建立起了和罗马相同的机构，设置了统一的城市管理权限（Stadtrechte）。此外，神庙政权、自治村庄，以及一些部落分散或居无定所的生活方式也都存在。它们没有被一举清除，而是逐渐退出了历史舞台，不过也未彻底消失。

此外，人们也能感受到各城市的法律地位差别很大。融合程度不一，局面就像同盟者战争之前的意大利。关键问题是居民拥有罗马公民权——双重公民权，即当地及罗马公民权，开始变得普遍。不过，在 212 年颁行《安东尼努斯敕令》之前，罗马公民权并不轻易予人。

在城市中担任高官的人通常能成为罗马公民。这使他们有机会继续晋升，重要城市的代表还能参加使团面见总督，和罗马精英搭上关系，所以城市一直生机勃勃。城市的领导阶层担负着重大责任。议事会负责上交所在城市的赋税——罗马一直没有建立向每个纳税人直接征税的财政管理体系。尽管"公共承包人"的肆意妄为受到了约束，但税务仍是沉重的负担。所幸元首制早期社会繁荣，大多数城市的精英还能顺利应付这项负担。

军队对公民权的广泛授予起到了极为重要的作用。许多当地贵族的后代成了罗马军官，尤以辅助部队的军官为多。阿米尼乌斯（Arminius）[①]这类人可以升至罗马骑士——但他的例子也证明了融合并不总是成功的。瓦鲁斯战役的胜利靠的并不是勇敢进攻，而是背叛——他作为罗马军队的指挥官背叛了瓦鲁斯。

罗马融合政策的成功肉眼可见，在罗马帝国漫游的人首先会觉得罗马社会面貌良好：到处都耸立着神庙的立柱或者留有神庙的残迹，到处都能看到笔直的街道，到处都是铭文，博物馆的陈列柜里日用赭色陶器比比皆是。"罗马化"一词指的是罗马文化的传播过程，然而它——同希腊化概念相似——并不是一帆风顺的，彻底的同质化绝不会发生。地方上的传统得到了保留，当地文化更是反过来对统治者的文化产生了影响。所以我们不能再把罗马化描述成推行异族文化的过程，而是应当将其视为行省居民和罗马人的互动结果。而互动结果不是一种统一的文化，而是各种文化的融合物。

东部希腊精英的自述见于铭文与文学作品。他们完全可能认为自己既是罗马人又是希腊人，他们竞相出手，大方地投资建房、组织演出。城市变得富丽堂皇，精英为此不惜倾家荡

[①] 阿米尼乌斯：古代日耳曼部落领袖、罗马骑士，曾在罗马辅助部队担任军官。在瓦鲁斯战役中指挥日耳曼人歼灭了罗马将军、总督瓦鲁斯率领的三个罗马军团。

产。与此同时，希腊精英也维护着希腊的思想传统。希腊的思想传统在罗马帝国再度发扬光大；当罗马人在东部地区兴建城市时，他们甚至促进了当地的希腊化。

西部行省居民想要晋升就得接纳罗马文化，至少要学会拉丁语。曾在辅助部队服役，获得了罗马公民权的老兵回乡之后喜欢继续说拉丁语，因为在军队里说惯了，他们丢不掉自己在军队里熟悉的习俗和崇拜。高卢人此时也住进了石砌建筑，将瓦片作为建筑材料，用罗马式的餐具吃饭。用拉丁语写成的墓志铭可以体现死者的社会地位，穿着罗马人的装束经常比族群属性更能体现某人的社会地位，这是流行时尚，还是对另一种文化的接纳？他们会由此觉得自己是罗马人，而不再是高卢人了吗？或者和东部的人一样觉得自己两种身份兼具？这类问题要根据不同的行省和时期来区别回答。

174

与德意志帝国推行的日耳曼化政策等不同，罗马人恰恰不注重在文化方面刻意地统一整个帝国。更确切地说，罗马化或许是努力融合各地精英的意外成效。不过，罗马人完全清楚自己的统治带来了翻天覆地的变化。罗马人也承认希腊人帮助自己攀上了文化高峰，但是罗马人提出了以"文化"（humanitas）引领全人类的主张。或许这就是臣民赞颂他们的原因。

> 整个世界像过节那样脱下了旧日的服装——铁甲，沉迷于打扮和消遣娱乐，想要好好享受；所有城市都不再以其他形式彼此较量，而是竞相追求同一个目标，那就是它们要显得尽量美丽、迷人；到处都有体育馆、浴场、门廊、神庙、工场和学校。

这番话出自埃利乌斯·阿里斯蒂德斯（Aelius Aristides，

117~约 180）之口，他是一名辞藻华丽的演说家，来自繁荣的小亚细亚。[11]

　　毫无疑问，暴政经常破坏上述理想。不过总体而言，罗马人令人惊讶地以和平方式缔造了帝国。罗马人懂得如何通过鼓励安抚当地人。以下是塔西佗笔下同时代的不列颠总督阿古利可拉（Agricola）采取的措施，塔西佗认为此人堪为模范。

> 　　为了使一群散居的、野蛮而好战的居民能够由于舒适而安分守己地生活，他对于修盖庙宇、市集和住宅都予以私人的鼓励和公家的资助，他奖励勤勉者，斥责游手好闲之徒；如此一来，居民竞相博取他的赞赏，无须强迫。他还使首长的儿子都接受博雅教育。他认为不列颠人的才华胜过高卢人的学习热情，所以那些先前还不肯接受罗马语言的人努力练习口才。结果是，他们甚至以罗马式的打扮为荣，托加（Toga）[①]流行开来。他们逐渐开始接触一些诱人堕落的东西，如柱廊、浴池和风雅的盛宴等。这是一种奴役方式，没有见识的人却将其称为"文化"。[12]

　　现代人觉得引文中的"文化"同时带有挖苦和认同的意味，要理解罗马帝国的融合能力，我们就必须同时看到这两重意味。罗马帝国创造了伟大的文明潜力，却也破坏了反抗精神。尽管如此，考古挖掘场地和博物馆给了我们一致性的第一印象，这也使我们无法看到罗马帝国的政治多样性和文化多样性，而它们是多种文化，尤其是希腊文化再度繁荣的先决条件。

　　我们不能把这个社会想得太美。奴隶制仍旧天经地义，但

---

　　① 托加：一种长袍，罗马男性公民的典型服饰。

是越来越多的人希望非自由人得到人道的对待。而在社会等级的最高层，一些元老拥有无数财富和大量奴隶，他们在行省中管理的地区比一些王国的面积还要大。虽然罗马和希腊都没有主张全人类平等，但是上述矛盾仍然可能爆发巨大的破坏力。不过罗马社会的融合机制带来了大量机遇，于是人们就能忍受不平等。

　　但是，我们很难判断多大比例的人真有希望提升社会地位。罗马帝国里有收成只够糊口的农民，到了荒年，收成还会更少，也有在矿山里当牛做马的奴隶。这些人在史料里几乎不见踪影，史料中更常见的是所有行省都承受着沉重的赋税。士兵也会产生不满情绪，有时候是因为服役时间远超常规，他们想要退伍；有时候是因为遇上了暴虐的军官，局势一再动荡。然而，这些叛乱都未能动摇帝国的大局。在马可·奥勒留统治时期，尽管军事问题和内部危机——瘟疫——一齐袭来，但帝国仍旧安然无恙。

　　罗马的统治也有敌人，他们就是反对同化的各地文化代表。有一个影响深远的特殊例子：犹太人，他们在巴勒斯坦与其他民族共同生活，还能坚定不渝地忠于自己的传统。与罗马人打交道的犹太精英面临的挑战和其他族群的精英大相径庭，因为担任罗马官职就要进行一些宗教活动——比如小型祭祀，这对于异教徒来说再正常不过，在犹太人看来却意味着背叛自己的信仰。因此，有上进心的犹太人不得不做出选择，要么选择传统的崇拜，要么选择成为行政精英，而晋升者和其他犹太人产生了隔阂，背离了自己的信仰。因此，与其他地区的情况不同，上层犹太人无法被融合，也不能带动融合。他们和罗马人发生了非常严重的冲突，对此本书将另作讨论。

　　虽然我们不能忽视普通人的痛苦、针对弱者的暴力、苛捐杂税、奴隶所受的压迫、妇女依然有限的行动空间、地方性文

176

化的消亡、起义者遭受的残酷镇压，但是我们必须重申：罗马帝国在 200 余年中成功保障了广大地区的和平，使得很多人过上了富裕生活。以现代的标准衡量，这乏善可陈，然而从历史比较的角度看，这是惊人的成就。

罗马帝国是大帝国的典型。人们喜欢将它和中国的汉代或近代的美国相比。比较各个帝国可能很有意义，却不是一个人就能完成的工作。对于欧洲世界来说，罗马帝国具有无可争议的特殊地位：它的稳固将使后世的数代欧洲人深思，它的衰亡则更是发人深省。

帝国动摇

尽管在融合方面取得了许多成就，但是管理着各类臣民的强大帝国还是早就有了裂痕，不满情绪在许多地方滋长。危及罗马帝国的并不是穷人和受压迫者的反抗，而是外部威胁和军队的势力。塞维鲁·亚历山大（Severus Alexander，222~235 年在位）死后，塞维鲁王朝随之终结，局势变得扑朔迷离。皇帝走马灯似的上台，几乎无人能得善终，经常有几人同时执政。帝国一再分裂，边境上的大片地区开始各行其是。比如，公元 260 年到公元 274 年出现了一个高卢割据帝国（Gallisches Sonderreich）。从公元 260 年起，巴尔米拉（Palmyra）①的统治者越来越不受中央控制，直到奥勒良（Aurelian，270~275 年在位）时期，罗马才恢复了对这些地区的掌控。关于那些割据帝国，有一点值得我们思考：割据帝国的统治者都没有把它们视为罗马帝国的替代品，尽管他们不愿意服从中央。

---

① 巴尔米拉：又译帕尔米拉或帕米拉，叙利亚中部重要古代城市，3 世纪时曾成为短暂脱离罗马帝国的割据政权的首都。

从塞维鲁王朝开始，外部威胁日益严峻，有两股势力尤其值得一提。一是在被罗马人称为日耳曼人的诸民族之中出现了新的部落，这些群体能征善战，还觊觎罗马的财富，他们就是阿拉曼人和法兰克人。罗马人多次遭到他们的攻击，不得不放弃对莱茵河以东地区的直接统治。不久之后，边境地区又出现了哥特人和其他部族。莱茵河以东及多瑙河以北地区的动乱使罗马派出了大量兵力，却也出人意料地激发了帝国居民的抵抗精神。当赫鲁利人（Heruler）[1]在公元267/268年直逼希腊的时候，雅典城再一次挡住了外敌的攻击，延续了自己在伟大的自由保卫战中的传统。

二是帕提亚帝国经历了政权更替。公元224年阿萨息斯王朝（Arsakiden）覆灭，遵循旧波斯传统的萨珊王朝开始统治帝国。君主的统治变得更加有力，帝国的大量资源得到了更好的开发，阿胡拉·玛兹达（Ahura Mazda）[2]成为波斯君主的强大守护神。罗马的衰弱让萨珊王朝更想攻击它，何况，萨珊王朝的君主也必须像罗马统治者一样证明自己的军事实力，最终前者取得了胜利。沙普尔一世（Shapur I，240~272年在位）击败了罗马皇帝瓦勒良（Valerian，253~260年在位），并将他作为俘虏带回了自己的帝国——在波斯人看来，这是伟大的胜利，对于罗马人而言，这是奇耻大辱。

走马灯似的被人推举上台的皇帝通常以强大的军团为靠山，偶尔依靠元老院，不过元老院的实力远不如军官。自从军人在塞维鲁王朝得到了恩宠，他们似乎就明白了自己的势力极大，所以人们惯于使用"军人皇帝时期"的说法。此外，人们过去经常提到3世纪的帝国危机，这种说法现在看来容易引起

178

---

① 赫鲁利人：日耳曼部落之一。

② 阿胡拉·玛兹达：琐罗亚斯德教的创世神。

误会。因为尽管很多地区受到了外部威胁，突然成了外族的劫掠目标，或者眼睁睁地看着游荡的罗马兵痞横行乡里，很多地区蒙受了经济损失，但是阿非利加等其他地区保持着繁荣的局面。然而，帝国的所有居民都得面对以下不利情况：硬币中的贵金属含量越来越低，货币在贬值。在战场上没有建树的元老也都经历着危机，因为他们发现自己无足轻重。

不过，这首先是皇权的危机。对此，一位统治者以独特的革新精神做出了回应。考虑到应对型皇权的传统，这番革新尤其罕见。此人就是戴克里先（284~305 年在位）。和此前的大多数皇帝一样，戴克里先也是被自己的军队拥立为皇帝的（公元 284 年），但他干了一件不同寻常的事：和另一个人——马克西米安（Maximian）——分享统治权。不久后，另外两个跟他们没有亲缘关系的人被任命为统治者，于是到公元 293 年为止，存在着一种被现代人称为"四帝共治"（Tetrarchie）的统治形式。两个"奥古斯都"位居两个"恺撒"之上，四人各掌管一片行政区，负责治理该地。国内动乱的主要根源——篡位——的成本明显提高了，因为除掉了一个统治者，余下的三个就会出手。

短短几年里，四帝镇压了起义和动乱，消灭了所有竞争对手，外部敌人也被解决了。公元 298 年，戴克里先的"恺撒"伽列里乌斯（Galerius）甚至击败了波斯人，使得东部边境平静了数十年，雪洗了瓦勒良之耻。

罗马的内部改革努力十分奇特，后人觉得它们像是一套纲领——我们很想知道，罗马人是不是从萨珊帝国的成功革新中得到了启发。通过启用新币值，货币得到了改革。一项限价敕令后来保护了士兵等人的利益，使他们不会沦为离谱的高物价的受害人，因为大量士兵经常出现在一地，使得那里物价飞涨。军队被分成常驻部队和机动部队，为的是加快反应速度。

行省被划分成更小的单位，军事管理权和民事管理权被分开，这削弱了各个总督的势力，或许提高了管理效率。宫廷中设立了大量新官职。确定税额变得有章可循，征税工作有了更强的连续性，经过了450余年，意大利又必须重新缴纳直接税。根据安排，亲属不能继任统治者。戴克里先本人在执政20年后退位，也迫使马克西米安仿效此举。他这样做也许是为了防止统治者一味考虑个人利益和家族利益，或者避免统治者因为年迈昏庸而犯下错误。

180

古人认为危机是神祇发怒的表现，所以统治者很重视危机的处理，也扶持传统崇拜。叙利亚实行的兄弟姐妹婚被禁止，因为它违背罗马的传统。另外，摩尼教或基督教等新宗教受到残酷镇压。不过，四帝并未像过去的皇帝那样让人把自己当成神祇敬拜，而是强调自己受命于神，与某些神祇特别亲近。

戴克里先再次给罗马帝国带来了和平。四帝共治制度后来虽未能长期延续，但是管理方面的重要改革已然起步，这些改革生命力顽强，给帝国带来了数百年的稳定局面。戴克里先不畏险阻，也不怎么尊重传统。元老院仍然存在，却不再发挥作用，戴克里先亦不在乎元老院的敏感态度。相应地，皇权的自我包装几乎完全抛弃了早已千疮百孔的共和制外衣，转而强调合法性来自神祇——这主要体现为得到军队的集体拥护。经过礼仪的包装，皇帝成了身着宫廷华服、令人噤若寒蝉的伟大人物，鹤立于众人之中。针对始于此时的阶段，学术界过去使用的术语是君主制（Dominat），这个词蕴含拉丁语词dominus（主人），为的是和元首制（Prinzipat）区别开来，元首制阶段的皇帝以平等者中的第一人（princeps）形象示人。术语让人觉得这两个阶段差异很大，但事实并非如此。不过十分明显的是，君主制阶段的皇帝越发摆脱共和国的传统和制度，而与神性的世界有了多得多的联系。

181

6　小结

《但以理书》留下的四个帝国学说由信奉基督教的罗马人继续阐发，在西罗马帝国覆灭之后仍有影响力：公元 800 年的圣诞节，卡尔大帝（Karl der Große）①在罗马加冕为皇帝，以此证明自己地位突出。人们经常援引《但以理书》中的帝国传承（translatio imperii），认为帝国由罗马人传给法兰克人，所以罗马帝国的名字在之后的几百年里仍继续存在，它不仅在东部得到延续——拜占庭帝国无疑是它的后继，也在西部得到延续，在这里，我们越发清楚地感受到了古代和中世纪的鸿沟。在西部，神圣罗马帝国终结于弗朗茨皇帝②，他在1806年摘下皇冠，此前不久，他刚成为奥地利皇帝。《但以理书》预告的世界末日并未随之降临，而且没人会继续相信这一套。

两个在古代诞生及衰亡的帝国至今无人不晓，这两个帝国截然不同：亚历山大的帝国昙花一现，它的基础是军事胜利和统治者的任意妄为，而罗马帝国使得广大地区在数十年里保持了稳定，又在很大程度上实现了社会融合，其成就可以和被亚历山大摧毁的波斯帝国相提并论。罗马帝国的发展同样以血流成河为代价，它的长期存在建立在一些残酷的压迫手段之上，不平等现象非常严重：城市欣欣向荣，农村居民的生活却可能十分艰难。尽管如此，罗马帝国仍是世界史上的特殊现象，它使广袤疆域内的大量居民长期享受和平，为许多人定期提供粮食，令不少居民有机会晋升——地中海地区的所有后世国家都未能达到罗马帝国的这番成就。

---

①　卡尔大帝：即英语文献中的查理曼（Charlemagne）或查理大帝（Charles the Great）。

②　指神圣罗马帝国的末代皇帝弗朗茨二世，即奥地利帝国第一任皇帝弗朗茨一世。

但是欧洲的记忆中也有这样一批人物，用后世的术语来说，他们叫反抗斗士：伊比利亚半岛上的维里阿修斯、高卢的维钦托利（Vercingetorix）、不列颠的布狄卡（Boudicca）和日耳曼尼亚的阿米尼乌斯。对于罗马统治的两种截然相反的认识都属于古代遗产：一方面，它是一个秩序井然、文化昌明的国度，不追求彻底改变传统；另一方面，它又是异族统治的代表，值得与之对抗。犹太民族与罗马的对抗最为激烈，犹太人遵循的宗教传统与罗马人的完全不同，因此在那些严守教义的领域不可能实现融合。有一个宗教继承了犹太民族的遗产，在3世纪的危机中崭露头角，它就是基督教，它和罗马帝国相依相伴，寿数却比罗马帝国更长。

第四章
真正的信仰

1　犹太教

犹太教的形成

　　这是一次特殊的巧合，或许又不仅仅是巧合：公元前 1 世纪，地中海地区的两个政治势力弱小、位置边缘的地方都发生了思想运动，我们至今仍认为这些思想运动对西方的历史起到了奠定传统的作用，它们发生在希腊——尤其是雅典——和巴勒斯坦。上文已然大篇幅论及希腊，本章将讨论犹太教以及脱胎于它的事物。

　　单词"religio"古已有之，不过它在现代语言中的意义始于近代。这个拉丁语单词可以被翻译成"谨慎"、"敬畏神祇"及类似概念。直到 18 世纪，人们才将宗教当作抽象概念，用它来描述各种涉及超验性（Transzendenz）的崇拜活动和学说的结合体，比如基督教、伊斯兰教和佛教等。人们发现基督教或者犹太教等自成体系，于是假定其他宗教也是如此。但是对于许多东亚宗教来说，这种看法有待商榷，而且只符合古代宗教的情况。更确切地说，过去存在许多宗教行为和崇拜，部分具有个人性质，部分具有集体性质，它们同时存在，并未通过一个神学体系相互结合。某一宗教通过权威教义明确界定自身的内涵，主张自己适用于全人类，我们现在觉得这天经地义，在古代世界这类"普世宗教"却极为罕见，简直

令人不知所措。然而这种思想恰恰诞生于古代，起源于边缘
地区。

巴勒斯坦是一片多山之地，有些地方寸草不生，它位于地中
海沿岸，夹在古代东方的两大权力中心——埃及和两河流域——
之间。异族人一再来往于巴勒斯坦，大帝国的利益总在这里交
锋。这里的沿海地区布满了贸易兴旺的城市。腓尼基人定居于
巴勒斯坦北部，他们的影响力在公元前 1000 年前后达到顶峰。
腓尼基人抵达了西班牙，甚至似乎挺进到大西洋。巴勒斯坦内
陆地区的物质文明发展十分落后，那里诞生了一些小型政权，
它们的国王通常只能竭力维护自己的权力。

巴勒斯坦的宗教生活没有体现任何特殊之处。这里有许多
神祇，他们各司其职，人们认为其他城市和民族的神祇也可能
拥有神力。但是人类与神祇之间的关系绝不是随随便便、不受
约束的，因为神祇随时都能影响每个人的生活，奖励献祭者，
惩罚不敬神的人。正行（Orthopraxie），即以正确方式进行崇
拜极为关键。一些神祇会监督人们在日常生活中遵守某些行为
规范，但他们并不代表一种适用于全人类的伦理。神祇大多和
一个或者几个地区绑定，根本不需要全人类的敬拜。

两河流域和埃及的宗教观与此相似，不过我们也能看到
另一些发展。巴比伦有着强烈的单一主神论（Henotheismus）
倾向，即倾向于仅仅敬拜一位神祇。马尔杜克得到的待遇就
是如此，祂早先只是巴比伦城的守护神，但是到了巴比伦
帝国时代，祂的地位显然大为提高。不同于排他的一神论
（Monotheismus），单一主神论并不否定其他神祇的存在。

一种发生在埃及的变化更加引人注目，此事和至今依然有
名的埃赫那吞（Echnaton，前 1351~ 前 1334 年在位）有关。
按照家族传统，这位法老原本因阿蒙神而得名为阿蒙诺菲斯

四世（Amenphis IV）①，但他后来选择了一个新名字：埃赫那吞②。这个名字来自太阳神阿顿（Aton），他可以算是重新被人发现的神祇。埃赫那吞还为阿顿神建造了一座有着许多崇拜场所的新都城，它远离原有的庞大神庙建筑群。埃赫那吞用诗歌赞颂自己信奉的神祇，它们马上就能吸引自觉或不自觉地受到一神论观念影响的当代读者，我们在此只摘录几行——

> 你的光芒哺育所有的土地；
> 当你升起的时候，土地获得生机，因你而生长。
> 你创造季节，于是你的所有造物得以繁衍生息，
> 你创造冬日，给万物送去清凉，
> 你创造炎夏，让万物感受你的威力。
>
> 你使天穹高耸，可以让你在那里升起，
> 当你感觉孤单，你就俯视自己创造的万物。
> 你以生机勃勃的太阳的形象升起，
> 你现出身来，光芒万丈，
> 你既远又近。[1]

埃赫那吞的宗教是否真的可以被称为一神教，还是更应当被视作单一主神教的变体存在争议。不过，对埃及来说，它肯定意味着一种新生事物。我们绝不能忽视埃赫那吞做出宗教选择的政治背景：通过树立一位新神并亲自担任新神祭司，他动摇了传统悠久、大权在握的埃及祭司群体的权力。换言

186

---

① 阿蒙诺菲斯四世：又称阿蒙霍特普四世（Amenhotep IV），前者为希腊化拼写方式，这个名字的意思是"让阿蒙神满意"。

② 埃赫那吞：也译作阿肯那顿，意为"阿顿神的仆人"或"阿顿神的光辉"。

之，这也许是统治者出于政治考虑而寻求的激进对策，不过
我们可以确定的是这场试验只进行了很短时间。埃赫那吞死
后，一切很快恢复原状。图坦卡蒙（Tutanchamun，约前
1333～前1323年在位）①的名字里再次带上了阿蒙神，图坦
卡蒙主要是因为其陵墓中未经盗掘的文物而闻名。总之，近
代的挖掘活动才使埃赫那吞的举动为世人所知，埃及人似乎
对他没什么印象。

不过这段插曲在宗教史上始终十分重要，它似乎预示了一
神论后来将主宰地中海世界。虽然我们对以色列的早期历史所
知甚少，但是犹太一神论的发展肯定比这晚得多。

巴勒斯坦内陆地区的部落努力寻求一定程度的政治统一，
起初主要是为了赶走非利士人（Philister）等敌人。非利士人
可能在公元前12世纪在南部沿海地区，即今天的加沙地带定
居。尤其是对于以色列南部的部落而言，后来才逐渐形成了一
个政治及宗教中心，它位于地势较高、难以攻占的耶路撒冷。

提到这个时期，我们习惯于使用以色列人或者希伯来人
的说法，目的是使他们和犹太人明确地区别开来。犹太人形成
于后来的"巴比伦之囚"时期，通过共同的崇拜、共同的文字
和固定的规范与其他族群划清界限。起初，受人敬拜的神祇数
量众多，耶和华是其中之一，附近的腓尼基统治者推崇的巴力
（Ba'al）也在很多地方拥有祭坛。后来，耶路撒冷的祭司认为
只有崇拜场所位于本城的神祇（即耶和华）才应当受到敬拜。
根据一种颇为可信的传说，国王约西亚（Josia，前639～前
609年在位）甚至宣读了以摩西之名流传的《圣经》②。经文中
似乎有一套详细规范，用来指导对耶和华的崇拜。其中一句话

---

① 图坦卡蒙：意为"阿蒙神活生生的形象"。
② 传统认为，《圣经·旧约》首五卷由摩西所写。——编者注

看起来明确体现了一神论观念："我是耶和华你的神，曾将你从埃及地为奴之家领出来。除了我以外，你不可有别的神。"[2]不过这句话不一定表示抵制耶和华之外的一切神祇，我们也可以从单一主神论的立场解读它：犹太人只能敬拜这一位神祇，不论其他神祇是否可以在其他地方受到崇拜。

犹太人记录历史的传统——《旧约》就是它的结晶——将排他性思想和民族的发端联系在了一起。根据传说，耶和华要求犹太人的祖先亚伯拉罕去迦南定居。亚伯拉罕遵从指示离开了家乡——美索不达米亚的乌尔（Ur），迁往迦南。亚伯拉罕的后代繁衍生息，一直笃信耶和华。他们来到埃及，起初受人礼遇，不久后却遭到奴役，直到摩西率领他们前往应许之地。在这场长达40年的迁徙途中，耶和华向他们颁布了十诫。两个后世国王的名字，即大卫和所罗门——他们是否确有其人存在争议——代表着势力大幅扩张的传统，据说后者为耶和华建了一座圣殿。

现代的历史研究可以明确指出，犹太人的史书对过去有所美化（它们的问世时间和历史事件相隔甚远，能够参考的前人资料也寥寥无几），考古挖掘的结果也让人越发怀疑它们的可信性。不论大卫的王国是什么样的，以当时的标准来看，它不是一个重要的王国。也许公元前1000年前后更强大国家的暂时衰弱使以色列人受益，于是他们取得了相对高的地位。

可以肯定的是，以色列人的统一至多维持了几代。不久之后，据传说是在公元前926年，北部的以色列王国诞生了，都城为撒玛利亚（Samaria），这里也敬拜耶和华。不过以色列王国里从未兴起竭力强调唯一神祇的运动，这种情况后来发生在南部的犹大王国。等到美索不达米亚的几大帝国恢复了元气，巴勒斯坦的小王国便难以抵挡。公元前722/721年，撒玛利亚落入了新亚述国王之手，居民随之遭到流放——这种现象在亚述帝国屡见不鲜。撒玛利亚的部分居民被迁到两河流域，他们的家乡则成了其他民族的定居地。故土的宗教习俗似乎勉强得到了维持，被流放的居民看起来融入了周遭环境。

相反，南部王国的存续时间长了许多。也许正是北部王国的危机引发了宗教复兴运动，约西亚的行动就是它的结果，但是不论多么忠实地敬拜耶和华，犹地亚最终还是落入了尼布甲尼撒二世（前605~前562年在位）率领的巴比伦人之手。至此，耶路撒冷被两度征服。大量居民，尤其是包括国王在内的大部分精英，都被押往巴比伦，敌人肆无忌惮地破坏了耶路撒冷的圣殿，而耶和华并未报复巴比伦军队。

当时的人肯定都这样想：此事证明了犹太人的上帝软弱无能，作为族群—宗教群体的犹太人必将灭亡。但是出人意料的，在世界史上或许也是空前绝后的事情发生了：犹太人依靠着成文的词句生存了下来。在他们的王国覆灭、他们的核心圣地被毁之后，经书成了关键。这部经书可能以约西亚统治时期被人发现的著作为基础。经书上记载着各种戒律，包括那些随着圣殿被毁而显得过时的戒律。因为人们仍然盼望着重建圣殿。犹太民族构建自己的身份不再依靠共同的王国或者某一片土地，而是依靠共同的戒律，如使安息日① 神圣化，实行割礼或者某些饮食规定等——这在当时十分罕见。

犹太民族一直没有放弃返回故土的希望，因为一部史书——那部叙述了大卫和所罗门事迹的史书——解释了犹太人遭遇的不幸。它历经数十年才变得成熟，主要成书时间是在公元前6世纪，它吸收了旧材料，反复新编，我们现在一般把这部书称为"申命学派"史书，名称来自"摩西五经"第五卷的希腊语名称"申命记"（Deuteronomium）。

189

---

① 按照犹太历，犹太人每七天所守的安息日是从星期五日落到星期六日落。

这部史书传达了一种不同寻常的历史观：因为犹太人——包括他们的领袖——犯了罪，所以上帝就对他们降下了惩罚，这正符合上帝此前对自己子民的反复警告。根据这种解释，犹太人的命运证明的恰恰不是犹太人的上帝在别的神祇面前软弱无能，而是证明了他的言行的威力——就连异族统治者也是他的工具。

上述观念绝不是前所未有的。古代东方人此前就常说行为和境遇之间存在关联。然而以下思想一直令人惊讶：遇到困难，上帝的子民可以在任何地方呼唤主并期待他的援救。不同于当时的绝大部分史书，"申命学派"史书不仅仅记载成就，当中就连与犹地亚势力相关的大卫和所罗门的形象也不是完美无缺的。大卫遭到了严厉谴责，因为他派一个手下去送死，以便占有此人的妻子；所罗门则允许妻子们敬拜耶和华以外的神祇。国王总是容易犯罪，先知的形象与他们相反。上帝通过先知与人类说话，先知预言灾难即将降临，大家却听不进去，于是上帝让先知预言的事情就真的发生了。所以万事万物的发展都是出自上帝的意志，人类不仅要了解上帝的意志，还必须相信上帝的意志并据此行动。先知和他们的著作传达了自我批判式思想，解释了灾难，又让人无须背弃自己的原则。于是民众就可以无视政治危机。总之，一套具有神祇中心主义（theozentrisch）的规范性秩序在艰难时期诞生，并奠定了犹太人的身份。

依靠着信仰的力量和相信上帝希望犹太民族历经劫难仍能生存，犹太人熬过了"巴比伦之囚"时期。一些犹太人让步，融入了周遭的社会，却仍有足够多的人笃信自己心目中的父辈传统。波斯国王居鲁士大帝在公元前539年征服巴比伦，他允许犹太人返回故土，赢得了这批臣民的拥护。犹太人不久后甚至被允许重建耶路撒冷圣殿，以便在原址敬拜耶和华。公元前516年，新的圣殿落成了。犹太人历史上的这一阶段就是第二圣殿时期，它随着第二圣殿在公元前70年被毁而告终。

虽然犹太国王不复存在，但犹太人还是想恢复过去的局面，或者更确切地说，恢复想象中过去的局面。耶路撒冷的大祭司是犹太人的领袖，领导着一个圣殿国家，波斯国王在很大程度上尊重它的内部自主性。被视为上帝言辞的《圣经》文本进一步固定了下来——这一点对于古代世界的其他地区来说也是不同寻常的，因为其他地区很少有圣书，更没有影响力如此大的圣书。犹太人以新的严格标准要求自己同周遭环境划清界限——这是围绕何为犹太人特征的激烈斗争的产物。这不仅关乎宗教仪式的整顿，也对涉及生活各方面的行为方式做了新规定，且行为方式受到的关注远胜以往。宗教在很大程度上发挥了伦理的作用，这在古代条件下是不同寻常的。在宗教方面与周遭人等划清界限，也意味着犹太人可以将不信仰犹太教的人一股脑儿地视作异教徒。于是犹太人就以同一个概念指称大量不同的宗教观念和行为。一种理念越发根深蒂固，真理逐渐也就只属于一方，另一方只有谬误。

上述思想，即主张自己能代表全部真理的思想相当独特。为了指出一神论和真正教义观念之间存在这种关联，埃及学家扬·阿斯曼（Jan Assmann）提出了"摩西区分"（Mosaische Unterscheidung），在希伯来圣经的"摩西五经"当中，这种观念多次得到了表达。阿斯曼还在他的研究（也涉及另外两个亚伯拉罕宗教，即基督教和伊斯兰教）当中解释道，这种真理主张（Wahrheitsanpruch）[1]和以真正信仰的名义施行暴力的倾向有关。"摩西五经"里有一处写道：假如一个亲戚要让你事奉其他神祇，"去事奉你和你列祖素来所不认识的别神，是你四围列国的神，无论是离你近、离你远、从地这边到地那边的神，你不可依从他，也不可听从他；眼不可顾惜他，你不可

191

---

① 真理主张：认为自身代表唯一真理的宗教主张。

怜恤他，也不可遮庇他，总要杀他；你先下手，然后众民也下手，将他治死。要用石头打死他"。[3]

然而阿斯曼的看法既不表示一神教必然使用暴力，也不表示多神崇拜肯定是非暴力的。现代意义上的宽容思想——各人都有权敬拜自己的神祇——在古代极为罕见。古代只存在不同程度的容忍，这种实践符合深受现代宽容思想影响者的心意，但在法学和意识形态层面都没有依据。

第二圣殿时期起初较为安定，亚历山大的远征对犹太人没有直接影响，但是希腊化国王们延绵不断的战争却波及了犹太人。巴勒斯坦一开始落入了托勒密王朝之手，从公元前200年开始，它又成了塞琉古王朝的地盘。希腊化政权统治下的犹太人思考着应当如何应对希腊文化。这在犹太人内部引发了激烈冲突，也造成了犹太人和塞琉古国王安条克四世的矛盾。从公元前165年开始，奉行传统的马加比家族掌握了权力，另一些奉行传统的犹太人却又把他们视为传统的叛徒。[4]

以上冲突足以表明巴勒斯坦的犹太人根本没有形成一个同质群体，这一点在随后的几十年里变得越发明显：有人鼓吹遁世，还有人想要为俗世中的犹太人生活制定规范；有人信奉复活（Auferstehung）学说，还有人抵制它；有人想把希腊思想和犹太传统结合起来，还有人拒绝一切陌生事物。几乎所有人都继续寄希望于弥赛亚，他将复兴原本的犹太人王国——大卫的政权。有些犹太人想要获得弥赛亚的头衔，但是没有人能得到大众的认可。我们最熟悉的是重视传统的法利赛人群体，他们在《新约》里是自以为是的严守律法者的典型，但在他们那个时代的史书上法利赛人却经常引人注目，他们的形象是英勇的斗士，为了自己心目中的犹太教而战。

很久以来，地中海地区有一片犹太人聚居地，但越来越多的犹太人离开了家乡，通过充当手艺人、商贩、雇佣兵等方

192

式谋生。身在异乡，他们自然面对格外强大的希腊化影响。但是犹太人并未因此变成希腊人，而是吸纳了希腊文化中的某些因素，这种特点在犹太人身上体现得比其他民族更明显。犹太人前往犹太会堂，这是犹太人社团的聚会场所，大家在这里祈祷，阅读，释读《圣经》，维护父辈的传统，与此同时，犹太人却又越来越多地使用希腊语。连他们的《圣经》都被翻译成了希腊语。译文被称为"七十士译本"（Septuaginta），因为一个传说称七十二位（拉丁语：septuaginta duo）学者各自将《圣经》原文翻译成了希腊语，但是所有人的译文完全一样。人们认为一字不差的译文表示希腊语文本就是上帝的原话。

　　尽管摩擦时有发生，偶尔还有暴力冲突，但犹太人总体而言还是很好地适应了环境，也没有失去自己的特性。即使别人觉得他们的宗教很奇怪，也不得不因为它历史悠久而肃然起敬。在一些地方，犹太人甚至有了新的追随者——改宗者（Proselyt，也可译为"新来者"），他们十分赞赏对全能、公正、唯一的上帝的信仰，即使他们并不愿意全盘遵守犹太人生活的诸多规范。

　　从公元前 63 年开始，巴勒斯坦主要受到罗马的影响。很多人对新的掌权者寄予厚望，塞琉古王朝是罗马人和犹太人共同的敌人，所以犹太人曾把罗马人视作远方的朋友。此时，罗马人在一些地区实施直接统治，在另一些地区通过当地的藩属统治者（Klientelherrscher）进行统治。这些藩属统治者中最出名的是大希律王（前 40/37~ 前 4 年在位）。他小心翼翼地博取罗马人的好感，谁更有权，他就效忠于谁。他将自己在地中海东岸建立的新城命名为恺撒里亚（Caesarea）。对内，他一方面试图在犹太人心中建立权威；另一方面又以希腊化君主的奢华排场示人，也根本不在乎赶走自己的妻子，另娶新人。不过此举引起了激烈的批评——批评者之一是施洗者约翰，一位过着苦修生活的严肃布道者，他为此付出了生命的代价 ①。
罗马内战结束之后，巴勒斯坦地区十分繁荣，然而犹太人的不
满情绪也在滋长，犹太人中的权威和罗马官员对此十分警惕。
一位来自加利利（Galiläa）的巡回布道者的故事证明了这点，
此人出生于奥古斯都统治时期。

有着犹太根源的新宗教

194 　　　在提比略统治时期，一位名叫耶稣的男子在加利利巡
回布道。他来自拿撒勒，由施洗者约翰施洗。接近生命终点
的时候，耶稣去到耶路撒冷，总督本丢·彼拉多（Pontius
Pilatus）下令将他钉在十字架上。一个有着上述经历的人曾经
存在，这一点几乎没有争议，但是我们难以弄清他的原初教义
是什么，因为后来的传说使它们面目全非。关于耶稣生平的最
古老的证明材料出自保罗的信函，而保罗从未在尘世中接触过
耶稣。信函证明了——这很重要——耶稣死在十字架上以及保
罗所理解的耶稣布道的要点。

　　　距耶稣生活的时代越远，人们对他生平的兴趣就越大。今
版《新约》收录的只是诞生于基督教发展早期的基督教文本的一
部分。然而得到承认的基督教经书远远不止于此，早期经书主要
有耶稣的格言，还有对他事迹的若干报告。福音书或许诞生于圣
殿被毁之后，基督教社团通过福音书明确了自身的身份和耶稣的
教义，此时接触过耶稣的人已经全部离世。四部福音书被纳入了
《新约》正典，其他福音书逐渐消失，流传下来的大多只是片段。

　　　所以我们只能大致勾勒一下当时的情况：希律·安提帕

---

① 此处疑作者笔误，混淆了大希律王与其子希律·安提帕斯（Herodes Antipas）的
　事迹。据《新约》，希律·安提帕斯因为赶走妻子，另娶异母兄弟之妻而受到施洗
　者约翰等人的谴责，施洗者约翰因此被捕遇害。

斯（Herodes Antipas，前 4~39 年在位）①统治着耶稣生活的地区，此人是大希律王幸存的几个儿子之一。希律·安提帕斯模仿父亲，竭力追求奢华、效忠元首。他建立的城市提比里亚（Tiberias）以皇帝的名字命名。尽管耶稣是犹太人，在犹太人的环境里成长，但他还是能接触到希腊化的奢靡之风。假如耶稣真的像传说中那样是建筑工匠，那么他或许帮父亲在拿撒勒附近希腊建筑颇多的塞佛瑞斯（Sepphoris）干过活。

195

虽然我们了解的只是门徒和追随者记忆中的耶稣，但我们能较有把握地剥离出教义的核心。耶稣似乎宣布天国将要降临——这也意味着现世很快就要终结；耶稣还觉得自己和上帝十分亲近，他是上帝之子，也许还是弥赛亚，然而这个弥赛亚指的不是好战的国王，而似乎更像是犹太人生活的复兴者。耶稣似乎痛斥过周遭世界的不平，要求众人怀有博爱之心，不仅要泽及亲属，也要泽及所有弱者。他似乎要求追随者无条件地忠于自己，为了追随他，门徒应当放弃现有的职业，甚至自己的家庭。虽然这些要求看似极端，但是根据我们掌握的关于耶稣的所有信息，他并不打算创立一个宗教，反而似乎认为自己的活动是犹太教活动的一部分。

但是，耶稣仍然被人视作捣乱分子。在耶路撒冷逗留期间，他似乎斥责了圣殿区里的恶行。结果他就被公会——罗马统治时期犹太人的最高自治机构——交给了罗马总督彼拉多，受到刑讯——以当时的标准来看是正常流程——并被钉在十字架上。当时有规定，犯了重罪的下层人就要受到如此痛苦的惩罚。犹太人和罗马人都觉得此事无足轻重，其意义在于维护内部稳定。被门徒抛弃的所谓弥赛亚可耻地死去了，一切可能就

① 希律·安提帕斯是比利亚（Peräa）及耶稣故乡拿撒勒所在的加利利地区的统治者，他的多名兄弟都被父亲大希律王除掉。

此结束，也许当时巴勒斯坦的许多类似的宗教运动就是这样收场的。

然而，耶稣基督的追随者说他的遗体从坟墓里消失了。据说在被钉上十字架两天之后，耶稣复活了。许多人自称看到了他拜访门徒，同他们交谈，还有人证明他在 40 天之后升天。对于周围的犹太人来说，这不算匪夷所思，因为他们听说过先知以利亚（Elija）①等人有过此类事迹。不过他们肯定会问，这个加利利人耶稣真的如此亲近上帝吗？

耶稣的追随者和当时的犹太人一样都没有形成同质化群体。一部分追随者继续奉行犹太人的传统及全部戒律，另一部分人则融入了希腊环境。即便是早期的基督徒也不止在巴勒斯坦活动，他们以聚居地为目标，在当地的犹太会堂里布道。很快，叙利亚的安提阿（Antiochia）——罗马帝国的一座大城市——形成了一个基督教社区。社区里来了一个人，有些人觉得他颇为可疑：此人就是来自奇里乞亚的塔尔苏斯（Tarsos）的犹太人保罗，他学过帐篷制作，也学过释经。作为法利赛人，他参与了犹太人对基督徒的迫害，直到耶稣亲自向他现身，让他皈依——这是他的说法。保罗自此就和自己从前的生活一刀两断。以下文字非常极端地表述了他的自我认识。他的《罗马书》是这样开始的："耶稣基督的仆人保罗，奉召为使徒，特派传神的福音。"[5] 保罗在《罗马书》中主张自己和追随过耶稣、见过耶稣本人的门徒有着同等地位。

耶稣宣告了内在的行事（Innerweltlicher Wandel），可保罗对这不怎么感兴趣。保罗的学说主要围绕以下观念并在思想史上产生了重大影响：人类通过耶稣基督被钉死在十字架上而得到赦免。儿子的死最充分地体现了上帝之爱。一切皆取决

---

① 先知以利亚：《圣经》中的人物，被以色列王室迫害，最后在约旦河乘旋风升天。

于此，所以犹太人的律法就被超越了。人们难道不应当由此得出结论，即必须跨出犹太人社区的边界吗？这难道不足以说明上帝之爱针对的是所有人，包括犹太人，也包括外邦人吗？

保罗依据上述观念行事。他使基督徒都要参加的典礼向没有接受过割礼的人开放。也许他并不是第一个这样做的人，但他的身份是一个从来没见过在世时的耶稣的人，还曾是一个追捕者。保罗的做法引起了激烈争论。公元 48 年前后，一场会议在耶路撒冷召开，与会者讨论了上述问题并得出了结论，保罗由此确认自己为未行割礼的使徒，也即外邦人的使徒。然而他的地位仍有争议，当彼得（Petrus）和其他耶路撒冷人一起去往安提阿的时候，矛盾升级了。对此，保罗在《加拉太书》中有一番记录——

> 后来矶法 ① 到了安提阿，因他有可责之处，我就当面抵挡他。从雅各那里来的人 ② 未到以先，他和外邦人一同吃饭。及至他们来到，他因怕奉割礼的人，就退去与外邦人隔开了。其余的犹太人也都随着他装假，甚至连巴拿巴也随伙装假。但我一看见他们行的不正，与福音的真理不合，就在众人面前对矶法说：你既是犹太人，若随外邦人行事，不随犹太人行事，怎么还勉强外邦人随犹太人呢？6

我们不知道彼得对此事的说法，不过他和许多其他犹太人基督徒的想法很容易理解。假如放弃了割礼等要求，他们算不算过分偏离《旧约》里上帝的戒律？《旧约》的内容是不是无所谓的？许多基督徒继续遵循犹太人的传统。活跃的犹太人基

---

① Kephas，即彼得。——原注
② 指来自耶路撒冷的社团。——原注

督徒社团出现了，他们和其他犹太人群体有着密切交流，一部分人甚至可能参加圣殿里的崇拜活动。然而摩擦也是存在的，犹太人基督徒逃出了耶路撒冷，他们的社团最终可能在犹太—罗马战争的过程中消亡了。否则基督教的发展或许会走上截然不同的道路。

198　　然而，随着基督教在聚居地占据主导地位，一种令人惊讶的发展态势出现了。诞生在黎凡特海岸偏僻的腹地，起源于一位富有魅力的农村巡回布道者的基督教发展成了城市宗教，其环境受到城市文化和奢侈享受的影响。从城邦的诞生之日起，古代的关键思想进程都发端于城市；相反，基督教源自农村，不过它只能通过城市传播开来。

保罗和彼得之间的矛盾还有其他意义，它证明了基督教社团之间有着极为深入的交流，交流的途径是游历，但也可以是书信。因此，尽管身处各地，人们仍能推进基督教世界的融合。一些信件保留了下来，它们大多被算在保罗名下，这种看法部分正确、部分错误。信里谈到了很多组织管理和生活实际方面的困难，但也提到了根本性的神学问题。这些信件说明，公开解决争议最终加强了基督教社团的力量。保罗在传说中扮演着关键角色，不过很多证据指出，除他以外和在他之后，还有若干其他传教者发挥了作用，只是他们留下的印迹较少。

彼得的地位得到了巩固，于是另一项进程加快了速度，即基督徒逐渐脱离聚居地的犹太人社区。大部分犹太人并不认为耶稣就是弥赛亚，可这没有阻止基督徒继续造访犹太会堂。但是，犹太人越来越明显地将他们视为异类，视为离经叛道的群体。基督徒也越来越习惯于将自己视为独立的群体——基督徒此时针对犹太人展开了激烈论战，它们后来会给可怕的基督教反犹主义提供养料，导致犹太教普遍遭人贬低。周边的罗马人

199　和希腊人认为上述分歧主要是长期存在的犹太人内部矛盾的另

一种表现。

为什么偏偏是基督教能有别于犹太人世界里以各自的弥赛亚为中心的大量其他群体，拥有这么大的影响力？为什么偏偏是这个教派取得了成功？我们无法给出明确的答案，何况我们对基督教的竞争对手所知甚少。早期基督徒的极度自信令人惊讶，他们通常是普通人，却能持之以恒地对抗社会及统治者的要求。他们的这种态度和犹太人一样，但是不同于犹太人，基督徒不是勉强接纳了周围人群，即外邦人，而是热情地欢迎他们。

基督教的伦理观念对于当地环境来说并不是全新的，犹太人此前已有"要爱人如己"的戒律。基督教的其他准则让人想起希腊—罗马的大众哲学（Popularphilosophie）。不过，此时宣扬这些准则的是一个具有"普世主张"的宗教，这一点不同寻常。

同时——尤其是根据保罗的理解——基督教中存在极端性和适应性之间的奇特张力。极端性体现于主张只有一位真正的上帝，他的儿子耶稣基督道成肉身，在十字架上为人类牺牲。信仰应当影响一个人生活的全部及终生也是具有挑战性的观念。在古代宗教观当中，针对洁净的戒律一般是和特定地点联系在一起的。污秽的人不得踏入神殿。某些宗教职务也附带固定的行为规范，其中一部分带有禁忌的特征，比如罗马的朱庇特祭司不得骑马等，但是这些宗教观念通常不会对全人类提出特定的道德要求。在这方面，延续了犹太人观念的基督教更为极端。马太（Matthäus）记述的耶稣"登山宝训"就是典型例子——

> 你们听见有话说："以眼还眼，以牙还牙。"只是我告诉你们，不要与恶人作对；有人打你的右脸，连左脸也转过来由他打。[7]

　　即便历史上的耶稣真的号召大家与过去的所有人脉关系和传统行为方式一刀两断，这种极端的要求也被放弃了。保罗接受了家庭关系和奴隶制，这主要是因为他觉得天国就要降临。也许另一些基督徒支持的学说与此截然不同，拒斥所有社会结构，但是这些学说后继无人，我们并不十分了解。

　　此外，基督教的胜利也得益于偶然条件。基督徒对圣殿被毁危机的反应和大部分犹太教徒截然不同。基督教认为此事体现了弥赛亚预言成真，觉得自己的正确性得到了证明，可以继续欢迎非犹太人加入。相反，犹太人更加大力地保护自己的族群、自己的规范和自己的语言。

　　最值得注意的是，基督教战胜了耶稣教义中的一个危机。耶稣曾对追随者宣布天国将要降临。人们认为基督在死亡、复活和升天之后会再临（Parusie），但他只会对追随过自己的门徒现身。然而等到门徒都去世了，再临也迟迟没有发生。令人惊讶的是，早期基督徒接受了上述事实，却没有放弃自己的世界观。他们继续相信基督再临，并且将它与末日审判的观念结合起来。不过针对此世日常生活的极端要求将会继续淡化，因为信徒不得不适应漫长的人间生活。

　　基督徒对耶稣基督的感知将历史重新划分为两个阶段：耶稣道成肉身之前和之后的阶段。这种划分指向了一个终点——末日。在古代晚期，这种观念开始成为纪年法的基础，影响力延续至今，"基督之后"（nach Christus）或"我们的纪年之后"（nach unserer Zeitrechnung）① 等说法都体现了这种观念。

201

———————————

① 德语中"基督之后"（nach Christus，缩写形式为 n. Chr.）和"我们的纪年之后"（nach unserer Zeitrechnung，缩写形式为 n. u. Z.）等说法表示公元元年后；相应的，"基督之前"（vor Christus，缩写形式为 v. Chr.）和"我们的纪年之前"（vor unserer Zeitrechnung，缩写形式为 v. u. Z.）等说法表示公元元年前。

如前所述，早期基督教经历了许多斗争却屹立不倒，看似荒谬的是，它还因此而变得日益强大。信徒挺过了耶稣被钉上十字架的打击，解决了内部斗争，还发展出了一套神学，它可以将对真正上帝的极端信仰和日常生活结合起来，而这种日常生活的背景是一个深受不公和各种统治关系影响的世界。诞生于穷乡僻壤的基督教可以和罗马世界达成妥协。早期的基督徒必定认为四处传布自己的信仰是上帝的旨意。不久之后便出现了以下观念：罗马帝国的和平有序正是上帝缔造的，以便传播基督教。然而，传教不总是一帆风顺，地方宗教的代表经常觉得自己的地位受到威胁，罗马的高级官员有时也会干预并惩罚基督徒，因为基督徒被视作捣乱分子。尽管如此，很多地方还是诞生了基督教社团。

在公元元年后的头几个世纪里，基督教进行了一些斗争，融合了许多对象，传播开来，最后成了统治者的宗教。这段历史被视为在上帝的引领下发展成大教会的历史。另外，它又被描述成一段堕落的历史，因为它破坏了原初的真正基督教，甚至破坏了耶稣宣告之事。这两种看法的前提都是存在真正的基督教。不过上述超越历史（überhistorisch）的标准对于历史学家来说没有什么用。他们更想研究那些将耶稣奉为基督或者自身被视为信徒的人如何与周遭环境打交道。详情往往已不为人所知，但是影响了基督教内涵的环境恰恰可以让我们认识到什么是罗马帝国宗教世界中的关键因素。

202

2　基督教的传播

宗教多样化的世界

基督教传教活动初期的成果和难处都通过《使徒行传》流传了下来。虽然若干记录的可信度存在争议，但它们反映了时人的经验范围。保罗和巴拿巴（Barnabas）有一次为了传教去往小亚细亚腹地的吕高尼（Lykaonien），《使徒行传》对此行记述如下——

> 路司得（Lystra）城里坐着一个两脚无力的人，生来是瘸腿的，从来没有走过。他听保罗讲道。保罗定睛看他，见他有信心，可得痊愈，就大声说：你起来，两脚站直。那人就跳起来而且行走。众人看见保罗所作的事，就用吕高尼的话大声说：有神借着人形，降临在我们中间了。于是称巴拿巴为宙斯，称保罗为希耳米，因为他说话领首。有城外宙斯庙的祭司牵着牛、拿着花圈来到门前，要同众人向使徒献祭。巴拿巴、保罗二使徒听见就撕开衣裳，跳进众人中间喊着说："诸君，为什么作这事呢。我们也是人，性情和你们一样，我们传福音给你们是叫你们离弃这些虚妄，归向那创造天、地、海和其中万物的永生神。……"二人说了这些话，仅仅的拦住众人不献祭与他们。[8]

上述插曲显示了人们是怎么在传统背景下理解基督教的。治愈病人的功劳没有被算在一位全能的上帝头上，而是被算到了熟悉的诸神头上，使徒则是诸神在人间的化身。而且代表更强大神祇的并不是布道者保罗，而是沉默的巴拿巴，因为权势者和诸神都会让传令官代为发言。相反，对于基督徒来说，布道是最重要的，由地位更高的人负责。传教士根本不在乎获得祭品，而是想通过神迹来证明唯一的上帝的威力，然而路司得的居民压根没想到这点。不过，基督徒和非基督徒都相信世界上遍布神迹。《新约》中的医病神迹在现代读者眼中颇为费解，但大多数当时的人觉得它们正是神祇的分内之事。

大众对罗马帝制时代的印象充满偏见，似乎当时的社会极为堕落、道德沦丧。也许当时就已经有很多人不满于金钱至上、奢靡无度、随意离婚等现象，许多其他问题也会让道德标准严格的人义愤填膺。但是以上种种只是罗马帝制时代的一个侧面，另一个侧面是虔诚的信仰。

和其他古代文化里的情形一样，丰富多彩的宗教实践、崇拜和信仰观念在罗马帝国里并存，基督徒和犹太人将它们视作一类，一律贴上异教徒的标签。假如你在古代城市里穿街过巷，你就会碰见许多崇拜神祇的场所，在路口遇上小型神像，在广场和街道上看到宏伟的神庙。敬拜神祇的区域与其他区域泾渭分明，对进入者的行为和洁净有专门规定。有时人们必须用圣水沐浴，私宅里也有小型祭坛。

献祭及其他宗教仪式属于日常活动，它们也是盛宴和戏剧演出或角斗赛开幕式的组成部分。官员的活动离不开献祭，军团士兵的生活里有着周而复始的宗教活动。许多日子——我们现在会觉得它们是假期——被指定与崇拜相关，因为一座城市的节日一般就是宗教庆典。

当时没有星期日这类的固定假期，但是人们周而复始地举办许多地区性或者跨地区的节庆活动。一般不存在固定崇拜某一神祇的社区，连祭司的职能要求也因地区而异。在有些地方，祭司由家族内部世袭，但是通过选举、抽签或者买卖而担任祭司的情形更为常见。担任祭司经常是人们在仕途中提高声望的重要步骤，尤其是在罗马，到了帝制时代，祭司之职还被纳入了"荣誉阶梯"。除了在埃及，神职人员并未形成跨地区的组织。

诸神有着各不相同的故事和职能。雅典娜是雅典城的守护神，但也可能在其他城市受人敬拜。现代人觉得罗马的密涅瓦（Minerva）和雅典娜有许多区别，当时的人却习惯于把她和雅典娜视为同一位女神，因为古人经常将异族神祇认作本族神祇。古人一般不会断然拒斥对异族的崇拜，相反，他们遇到危机还习惯于向陌生的神祇求助。为了将异族神祇纳入原有的崇拜体系，罗马人甚至会走正式程序。

古代诸帝国容纳了丰富多样的文化区，这足以产生多种宗教并立的情况。各宗教截然不同，却又因为自身的传统而变得地位神圣且稳固。罗马帝国在宗教领域不可能整齐划一，罗马公民权的授予也和宗教信仰没有关系。虽然官方崇拜是存在的，朱庇特·卡比托利努斯（Jupiter Capitolinus）① 被视为至高神祇，但是臣民可以将其他神祇置于自己的宗教宇宙的中心。不过官员可能要主办特定的崇拜活动，有时还要担任祭司。各地军队举办的集体宗教庆典大同小异，士兵当然都要参加。每个城邦都积极举办本地的崇拜活动，小亚细亚的希腊城市对此尤其热衷，它们在罗马的统治之下恰恰很喜欢追忆自己的荣耀过往。

就这样，许多崇拜在不依赖政治支持的情况下从帝国边缘传播到了帝国各地。我们不能草率地将它们视作改变了罗马社会面貌的外来事物，毕竟这些崇拜本身也因为接触新的环境而发生了变化，神祇的形象已经按照希腊人和罗马人的喜好做了调整。早在希腊化时代，埃及神祇伊西斯（Isis）和塞拉皮斯（Serapis）就在埃及境外拥有信徒，到了共和制末期，他们又影响了罗马。他们的宗教仪式伴着奇特的音乐，被笼罩在神秘的氛围中；身着白袍、剃光头发的祭司在街头十分显眼。一些罗马人觉得此举十分可疑，于是伊西斯的信徒一再被视为捣乱分子遭到驱逐，然而这并不妨碍这位女神受到追捧。

---

① 朱庇特·卡比托利努斯：罗马主神朱庇特的别称之一，与罗马七丘之一卡比托利山上的朱庇特神庙有关。

至今仍有许多人觉得密特拉（Mithras）崇拜很有意思。这种崇拜围绕着一位有着伊朗名字的神祇，不过他的特殊形象可能是在罗马帝国才形成的。密特拉的信徒在昏暗的地方聚会，献祭公牛，纪念密特拉杀死了一头可能代表邪恶的公牛。我们可以在罗马帝国很多地方的崇拜浮雕上看到密特拉屠牛的画面。通过若干考验之后，密特拉的敬拜者似乎可以逐渐提升圣职等级。有人说，假如基督教没能取得胜利，密特拉崇拜就会变成主流——这种说法或许不对。因为密特拉大概只能吸引一部分民众，妇女一般不参与密特拉崇拜，而且在军队之外，密特拉似乎没有特别多的信徒。

对密特拉的敬拜以及对伊西斯、塞拉皮斯的崇拜只是在罗马帝国里传播的大量宗教流派中的两支，但是我们在上述例子当中也没有看到各个敬拜场所结成组织——后世的基督教教会史中则存在这种现象。针对同一位神祇，信徒有着许多类似的敬拜方式，但是指导他们的并不是大型组织，而是当地的崇拜场所。

罗马帝国具有高度的宗教多样性，但这并不意味着罗马人可以随心所欲。尽管正行并不意味着一切，但它仍然极为重要。不能因为新的崇拜而忽视对城市守护神的敬拜，人们会认为自然灾害或政治混乱是渎神的后果。在帝制时代，萨利祭司① 重新唱诵起古老的崇拜歌曲，即使唱词已几乎没人能听懂。

另外，某些做法令罗马人极为反感，比如有的崇拜要求信徒去势，有的崇拜和淫乱活动搅在一起，它们被视为东方式的崇拜。罗马人有时会颁布禁令加以压制，而且这类活动的参与

① 萨利祭司：又译舞蹈祭司等（拉丁语词 Salii 来自动词 saliō，意为"蹦""跳"），他们在宗教仪式上装扮成战士献歌献舞，祈求军事胜利。

者有可能失去全权罗马人的身份。

政治共同体也在宗教活动中会聚起来，宗教游行等集体行为恰恰在城市层面上为政治共同体注入了活力，展示了它的形象。人们并不是因为改变信仰或者其他个人选择而加入这些崇拜社区，而是出生于崇拜社区中，要继续维系它们。

与这些人相反，基督徒觉得自己摆脱了其他社会关系，是只听从天主教诲的信徒，而天主有时通过主教或者圣人传达教诲。这就为斗争——它实际上也是一种政治斗争——埋下了伏笔，虽然基督徒并不认为自己在进行反对罗马制度的运动。

207　　罗马的皇帝崇拜体现了宗教和政治不可分割。这种崇拜长期受到误解，被视为敷衍的、单纯由权力关系造就的效忠式宗教。然而，古人很容易理解对统治者的敬拜。在犹太教—基督教传统当中，人神有别是天经地义的，但是这种差别在希腊—罗马世界里并不彻底。神祇可以在人间现身，这指的不是基督教教义里的罕见神迹，而是一种虽不常见，但也在人意料之中的事件——使徒遇见的路司得城居民的反应就是如此。

一个人可以被当作半神英雄，由此如神祇般得到敬拜。因为大众在个人的超凡功业——比如亚历山大大帝的成就——当中看到了神祇的威力。比起其他人，乐善好施的统治者显得更为出类拔萃。维吉尔在一首牧歌中 9 安排一名男子说道："我将永远以他为神来供奉。"（Erit ille mihi semper deus）因为一位大人物帮他收回了抵押出去的土地，此人或许是指屋大维，即日后的奥古斯都。私下将某人当作神祇来敬拜只是统治者崇拜的一部分。正规的神化流程还包括建立圣地、安排祭司及祭祀。上述现象越来越常见，把统治者当作神祇来敬拜表现了臣民的忠诚，也表示臣民承认统治者具有超人的力量。

崇拜皇帝的方式是向他的形象致敬。举办崇拜活动的理由有很多，如戏剧演出、公务活动、日常事务和特殊节庆。很多地方出现了专门的奥古斯塔里斯（Augustales）① 崇拜团体，组织皇帝崇拜。他们中的许多人是被释放的奴隶，以这种方式表示自己是罗马社会的成员。也有人私下敬拜皇帝，因为统治者的大权可能使所有臣民受益，维吉尔笔下的农民就是如此。

　　皇帝崇拜在各个地区都有不同形式，这是多样化帝国中的常态，东部居民更是几百年来都很熟悉统治者崇拜。东部居民大方地将皇帝称为神祇，因为皇帝和他的地位象征着各地臣民憧憬的和平及繁荣。

　　西部的情况与此不同。精英很难对一个人致以神一般的敬拜，因为对方本应只是他们当中的"第一人"——元首。将他视为神祇是一种无理要求，通过低三下四的敬拜等自我贬低行为来承认他是神祇更是不可接受的。所以西部的精英经常选择更谨慎的说法，比如皇帝就像一位神祇，或者含糊其词。元老院可以通过一种形式——神化（Apotheose）——将去世的皇帝封为神祇，然后可以为他们建立官方崇拜，不过罗马人敢于调侃此举。塞涅卡（Seneca，约公元前 1 年～公元 65 年）② 写了一篇名为《南瓜化》（Apocolocyntosis）的文章讽刺克劳狄的神化。据说病入膏肓的韦斯巴芗喊道："呜呼！我想我正在成神。"（vae, puto, deus fio）[10] 这篇文章对皇帝崇拜加以讽刺有力地体现了古人的虔诚程度各不相同。

　　所以，一概而论地说皇帝有没有被视为神祇表达了一种错误的一元化思维。原因有二：一方面，神祇和人类的差别不那么彻底；另一方面，皇帝崇拜不要求人们有统一的、近乎标准的理解，也不受中央控制，而是基于帝国的宗教多样性，故从

208

---

① 奥古斯塔里斯：罗马帝国中组织皇帝崇拜的祭司。

② 塞涅卡：古罗马哲学家、剧作家，"南瓜化"（apocolocyntosis）一词是对拉丁语词"神化"（apotheosis）的戏仿。

一开始就是多元化的。

通过宗教实践向一种政治制度表达忠诚才是关键。这种政治制度没有成文的宪法，体现的是个人对统治的理解。敬拜皇帝表示的是效忠，因此许多人自发地敬拜皇帝。当时的大部分人肯定觉得这无伤大雅，另一些人却犯了难。由于要把皇帝视为神祇，抱有严格的一神论思想的群体肯定会觉得自己受到威胁。不过罗马的皇帝崇拜容忍了犹太人的特殊地位，一般不会强迫他们参加皇帝崇拜。虽然犹太人自己的宗教中心在暴动之后被毁，但是罗马人一直在很大程度上允许他们进行宗教活动，犹太会堂里也没有皇帝的形象。

许多例子会让我们觉得日常生活中各种宗教和平共存。大量古代城市建有犹太会堂和犹太人墓地。在希腊—罗马神祇世界的背景下，犹太教上帝并未被塑造成人类形象的现象显得十分突出。这使希腊—罗马人十分疑惑，也使他们深受吸引。犹太人的严格规范，如饮食及日常伦理方面的规定，也令人印象深刻。于是出现了大量认同者（Sympathisant），他们经常被称为敬畏上帝者，参加犹太会堂的礼拜，一直信仰《旧约》中的上帝，但是没有下决心接受割礼。还有些改宗者加入了犹太教，有些犹太人对此感到不快。以上种种已经增强了犹太教的多样性。此外，犹太教不仅在罗马帝国之内继续存在，也在境外拥有势力强大的群体，尤其是在巴比伦。

然而，认为各种宗教和平共存的看法是片面的。针对犹太人的仇恨同样存在，罗马时代最有声望的史家之一就表达了这种情绪，此人就是塔西佗。他有时以诡异的假设描述犹太习俗，对此解释道——

这些风俗姑且不论它们的起源如何，它们所以能存在乃是因为它们的古老。犹太人的其他风俗习惯是卑劣的、可憎的，而且正是由于它们的邪恶，它们才得以保存下来。因为其他民族当中那些最坏的恶棍，他们放弃了自身的信仰，却把神庙税和献礼送到耶路撒冷，这就增强了犹太人的影响力。而且犹太人相互间是极端忠诚的，他们在自己人中间总是准备向别人表示同情，但是对其他所有人，他们却只有憎恨与敌视。[11]

210

犹太人的崇拜十分古老，它的很多特点让当时的人觉得反感。这些特点也在此后的几个世纪里引发了人们对犹太人的怀疑，以及对犹太人的巨额财富或者隐秘势力的猜测。于是犹太人和非犹太人经常在地方上产生矛盾便不足为奇。学术界很难判定哪一种情况对日常生活影响更大：是冲突还是和谐共存？古代史书关注的是政治军事变化，自然不怎么记述和谐共存。

犹太人和周边人群的矛盾不只是地方上的冲突。罗马政权施加的行政压力——尤其是税务压力——越来越大，犹太人也期盼着弥赛亚的降临以及与之相应的上帝赐予的最终胜利。上述局面令犹太人焦躁不安，他们在公元66~73年、公元115~117年、公元132~135年发动了三次被罗马人视为暴动的战争。其中的第二次战争主要发生在犹太人聚居地，其他两场战争的主战场是犹地亚。许多犹太人信仰坚定、甘愿殉道，他们奋不顾身，使实力占优的罗马人损失惨重。

尽管如此，到了公元70年犹太人大难临头。第二圣殿被毁，保持犹太人身份的人此时必须把过去的圣殿税交给罗马国库。犹太教崇拜失去了自己的中心，因为圣殿被毁之后，人们不能继续在此祭祀，圣殿祭司集团也失去了依靠。罗马人肯定觉得自己给了犹太人致命一击。

然而，犹太教竟挺过了这场打击和之后的许多失败，几百年来，犹太教信徒已经习惯于将这些失败视为上帝的意志。

因为见证了上帝之工的书籍保存了下来，解释它们的人——拉比——变得越来越有影响力。3世纪初，用希伯来语撰写的《密西拿》（Mischna）基本完成，它记录了拉比对犹太人生活的规定。以《密西拿》为基础，它的详细评注《塔木德》在之后的几个世纪里诞生于罗马帝国。不过《塔木德》有两种版本，一种是巴勒斯坦版，另一种是更加详细的巴比伦版。

分散于各处的犹太人聚居地看似就要消亡，却得以存续，这是因为它们对共同律法的态度高度统一。在罗马帝国当中，"纳西"（nasi）扮演着关键角色。按照传统，纳西居犹太公会之首，似乎可以决定要职人选、颁布普遍适用的规定、确定历法。罗马人称他为族长（Patriarch），将他视为必不可少的联络人，因为犹太人的宗教并没有被禁止。

用希腊语写成的犹太文学一度十分繁荣，却在第二次犹太人暴动之后逐渐衰落。也许犹太人觉得自己与周边人群交往太多，也许冲突双方之间的沟通人被消灭了。大片地区出现了回归自身传统的现象，于是这些传统得以在罗马帝国里存续。希伯来传统在古代晚期得到复兴，但是一些犹太人继续在有着人物画像的会堂里聚会，3世纪的杜拉欧罗普斯（Dura Europos）①，甚至6世纪的塞佛瑞斯都有此类会堂。在犹太教历史的任何阶段，我们都不能认为它全然不受外界影响。

当我们分别讨论基督教、犹太教和异教的时候，有一点很容易被忽视，就是尽管各宗教竭力划清界限，但它们仍在不断互动。在日常生活中，它们必然发生接触并相互影响——哪怕接触的目的只是划清界限，因为这必然会使一种宗教认识到自己真正重视什么。但这又不仅仅是划清界限的问题，对于受到异教宗教观影响的人来说，偶尔求助于犹太教上帝或者基督教

---

① 杜拉欧罗普斯（Dura Europos）：幼发拉底河畔古城，位于现在的叙利亚境内。

上帝没有什么不对，他们也无须因为这些宗教的一神论主张而承担后果。

还有一些思想变化似乎跨越了宗教的边界，对所有人产生了影响。不过我们很难把握这些过程，因为它们的进展通常十分缓慢，而且常见文献中并没有史家对它们的直接记录。研究者只能将零星记录视为普遍现象，因为我们无法回到古代，调查大多数人的观点。但是假如不思考多数人的观点，我们就可能会忽视重要问题。在一项著名的研究中，受过心理分析训练的英国古代语文学家埃里克·罗伯森·多茨（Eric Robertson Dodds，1893~1979）将公元 2~3 世纪称为焦虑的时代（age of anxiety）。他的诠释现已因其片面性而无人问津，但是那个时代确实出现了某种宗教敏感化甚至精神化现象。这体现于吸纳了更多宗教内容的哲学文本，新柏拉图主义和表达小人物宗教观的铭文都是相关例子。当时的人似乎更努力地思考彼岸（Jenseits），更深入地反思日常道德，并且似乎越来越多地从宗教角度解读日常道德。基督教钻研的宗教世界的内容绝不只是形式主义地满足崇拜要求，宗教世界在不断变化着。

人们越发喜欢求助于那些可以和自己直接对话的神祇，但这不一定表示他们会背弃过去信仰的神祇。他们也会表达单一主神教观念，下面这篇诞生于公元 3 世纪中叶的铭文就是例证。

> 唯一的上帝以及圣洁（Hosios）和公义（Dikaios）的祭司斯特拉托尼库斯·加科利斯（Stratonikos Kakolis）和妻子阿斯克雷皮雅娅（Asklepiaia）为他们的孩子祈祷，竖立（此碑）表达谢意。[12]

213

古代异教徒对一神论理念绝不陌生。一些不满于五花八门的日常宗教实践的哲学流派有着一神论思想，它们觉得各种崇拜的背后都有同一位神祇，但它们不一定会因此而排斥其他看法，再说常规的崇拜看起来更适合普通民众。这是包容一神论（inklusiver Monotheismus）：所有神祇归根结底都是同一位。相反，基督徒秉持排他一神论（exklusiver Monotheismus），否认基督教上帝之外的任何神祇，但是这种排他一神论在社会层面上具有开放性，因为任何人都可以加入。

为什么帝制时代的人——从一切迹象来看——更加关注宗教现象，还想直接亲近神祇，我们很难理解这种态度，更不用说进行解释。原因之一可能是君主制的代表将所有的胜利及成就据为己有，荣耀万分，使得元老在公众面前出风头的机会越来越少。元老不得不寻找其他途径出名，或者接受全新的价值观。另一个原因可能是和平与繁荣使当时的人摆脱了生存压力，可以更加深入地思考自己的感受和需求，或许他们也不得不怀有忧患意识，因为帝国遭受的威胁越发严重。

于是基督徒碰上了一些可以促使同时代人接受基督教教义的观念。当时社会上出现的许多事物与基督教的内涵以及基督教在环境影响下形成的新内容相互呼应。在宗教观念世界层面，基督教的传播已经有了肥沃的土壤。不过种子要发芽没那么容易，在皇帝崇拜等敬拜神祇的实践方面，基督徒与他人明显不同，这样一来矛盾就爆发了。现在我们首先介绍一下周围的人究竟如何看待基督教。

214

新的一元化：基督教

公元 64 年罗马市中心突发大火，这时流言四起，传说皇帝尼禄是罪魁祸首。而尼禄把罪名安在了奇怪的基督徒群体头上，尽管此举并不公正，基督徒还惨遭杀害，但史家塔西佗并没有产生同情。

尼禄为了平息这些流言，便找了其他人作为替罪羊，用各种残酷至极的手段惩罚他们，这些人因作恶多端而受到憎恶，民众把他们称为基督徒。他们的创始人基督，在提比略当政时期便被皇帝的代理官本丢·彼拉多处死了。这种有害的信仰虽然一时受到抑制，但是不仅在犹地亚，即这一异端的发源地，而且在罗马城——世界上所有可怕的或可耻的事情都集中在这里并且十分猖獗——再度流行起来。起初，尼禄把那些自己承认为基督徒的人都逮捕起来。继而根据他们的揭发，又有大量的人被捕。他们被定罪不仅是因为纵火，而且也可能是因为普遍的憎恨。[13]

塔西佗流露的厌恶显而易见。"普遍的憎恨"（odium humani generis）在拉丁语中是多义的，既可以表示基督徒憎恨别人，也可以表示基督徒遭人憎恨。也许塔西佗故意使用自己喜欢的矛盾表述来传递这两重意思。尼禄的做法表示基督徒已经被一些人所知，但是仍然被视为异类。尼禄利用了人们对基督徒的憎恨，让大家不再关注他自己的罪责。尼禄的举动看似引人瞩目，其实只是地方性措施。在基督教传统中它却成了第一场针对基督徒的大迫害，人们还把使徒彼得和保罗的殉道与它联系起来。

基督徒和罗马的制度势力之间的冲突被记录下来并非偶然。因为只有这点才会让罗马的史家对一个外来的、不以精英为基础的宗教感兴趣。不过严重的冲突可能十分罕见，否则我们就会看到更多记载。尽管基督徒在一些地方引发了动荡，这是《使徒行传》中叙述的，但大多数基督徒似乎过着平淡的生活。他们在小型社区当中离群索居，与其说是穷人，不如说是中层

215

市民，依靠普通职业谋生，文化程度通常很低，没法让自己和孩子拥有远大前程，只有在集体的信仰生活中寻求满足。似乎有很多妇女参加礼拜，而且她们在社区里很有声望。一些对犹太教感兴趣的人可能也受到了基督教的吸引。与犹太教相似，基督教也有严格且坚决的伦理要求，但是放弃了割礼和饮食规定等与他人划清界限的象征。总之，皈依基督教的门槛低于皈依犹太教。

基督徒的传教活动通常始于犹太会堂，然而他们对很多问题的看法不同于大部分犹太人。于是始于保罗时期的划清界限进程继续推进，耶路撒冷被征服、犹太人失去宗教中心之后，这个进程的发展速度似乎加快了。

使徒之间也有争论，新的社区内部绝非完全和睦。保罗给哥林多教会写的第一封信已经证实了穷人和较为富裕的人之间有矛盾。

216   我听说你们聚会的时候，彼此分门别类，我也稍微的信这话。在你们中间不免有分门结党的事，好叫那些有经验的人显明出来。你们聚会的时候，算不得吃主的晚餐。因为吃的时候，各人先吃自己的饭，甚至这个饥饿、那个酒醉。你们要吃喝，难道没有家吗？还是藐视神的教会，叫那没有的羞愧呢？我向你们可怎么说呢？可因此称赞你们么？我不称赞。[14]

保罗并未主张消除社会上的贫富差异，但是要求不能把这一套再搬到礼拜中去。这已经体现了基督教的教义在等级分明的社会中处境艰难。

我们可以肯定，许多社区解决了此类矛盾，社区的分裂并不罕见，各地解决矛盾的方式都不一样。不过，尽管存在各式各样的地区差异，社区生活却有着共同的趋势。管理机构的变化如下：早期的管理机构似乎主要是合议委员会，它们领导社区，处理其中的事务，妇女肯定发挥了作用；后来更加稳定的结构逐渐成形，它们被称为君主式主教制（monarchischer Episkopat），意为一个主教领导一个社区，接受司铎的建议，司铎之下还有其他等级的神职人员，任职者为男性。

神学问题比组织问题更危险，因为神学问题涉及真理，由其本质决定不容妥协。基督教神学致力于解释耶稣基督给世界带来了什么，它的发展属于伟大的古代思想成就，所以我们可以认为它的重要性同哲学史及文学史不相上下。

基督徒最容易通过划清界限来找到共性。他们首先同犹太人划清界限。基督徒坚信弥赛亚已经以耶稣基督的形象降临过人世。这就带来了对犹太教《圣经》的全新释读。希伯来《圣经》对于基督徒而言成了《旧约》，其中处处指向基督。信奉基督死于十字架的新信仰似乎扬弃了《旧约》里的戒律，虔诚的犹太人对此无法容忍。

基督教越是脱离犹太人的环境，应对异教观念的任务就越是紧迫。因为关于基督教社区内食人及乱伦的离谱谣言四处流传，还有哲学层面的问题亟待解决，比如如何有理有据地表述这种信仰。《新约》的内容对此已有所体现，《新约》的语言渗透着哲学概念，亲近新信仰的知识分子越多，为基督教寻找论据的压力就越大。这些论据要能让认同者中的知识分子理解基督教。一批作者的作品表达了这些思考，他们被称为"护教士"（Apologet），即辩护者。他们以各不相同的方式完成了任务，或许他们的说理工作不仅总是面向他人，也面向自己。

有些人喜欢宣称基督徒格外坚定地按照异教价值观生活。比如公元 2 世纪的阿萨纳戈拉斯（Athenagoras）就是这样做的。他首先反驳了以下批评——基督徒是无神论者，为此他引

用了阿提卡悲剧家欧里庇德斯等异教权威的话，因为他们对神
祇的说法和基督徒相似。为了有文化的受众，人们重新表述了
基督教的信仰观念，使其最终与哲学相容；对于基督道成肉身
的神学难题，阿萨纳戈拉斯宁可闭口不谈。

218　　　阿萨纳戈拉斯转而赞扬基督教的生活实践——

　　哲学家中有谁拥有如此纯洁的灵魂，能够不憎恨自己
的敌人，反而去爱他们，对于侮辱了自己的人不恶语相向
（恶语中伤对这些哲学家来说已然是最克制的行为），反
而为对方祈福，甚至为谋害自己性命的人祷告？相反，哲
学家总是怀着恶意探听上述秘密，总想在书里写点邪恶的
内容，因为他们的目的是玩弄语言，而不是描述行为。在
我们这里，您却能看到没受过教育的人、工匠和老母亲，
他们虽然不能借助语言阐明自己的学说多么有益，却可以
通过行为展示自己的原则多么有益。

末了，他把基督徒描述成统治者的理想臣民——

　　因为在您的臣民当中，我们的请求最应当得到满足，
我们为了您的统治而祈祷，希望政权能按照最正当的继承
顺序由父亲传给儿子，希望您的帝国发展壮大，使整个世
界向您臣服。这也是我们的利益所在，这样我们才能安定
平静地生活，心甘情愿地执行所有命令。[15]

　　在这个社会里，基督徒不再是异类，而是这样一群人：他
们能主动做到异教世界里许多人认为正确的事。同时，基督教
内蕴的另一种要求变得更迫切了：基督教的道德戒律在原则上
对所有人都有约束力，就此而言具有"普世性"。

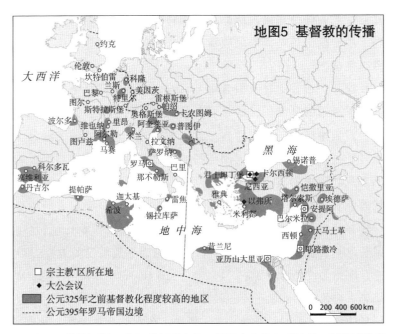

地图5 基督教的传播

注：* 早期基督教在一些主要城市的主教，威望和权力高于一般主教，其辖区名为宗主教区（Patriarchat）。

其他护教士，比如殉道者查士丁（Justin der Märtyrer，100~165）指出，基督教实现了《旧约》里先知的预言，而且摩西生活的年代比异教哲学家更早：历史悠久是对犹太教非常有利的论据，基督徒恰恰沿用了这一点。撒狄的梅利托（Melito von Sardes，约逝于 180 年）① 再次强调，罗马帝国随着基督教的诞生在奥古斯都治下获得繁荣。许多其他观点也出现了。护教士越是深入地应对来自异教的质疑，神学论证就变得越复杂。

这一切或许会让我们觉得基督徒是刻意按照一个宏伟计划进入了身边的社会，目的是以后成为社会的主宰。然而这种印象是错误的，它是史家的秩序意志的产物，所依赖的文献大多经过了成功者的遴选，因此传扬的主要是胜利记录，而失败者的言论和历史的其他发展可能性容易被人遗忘。所以，研究基督教胜利史略过不提的那些人物便更有意义了。我们有时也会看到另一些神学，它们将自己定义为基督教神学及正统神学，但是迟早会被斥为异端邪说，甚至被说成与基督教无关。

哪怕是对普通人而言，诺斯替主义（Gnosis）现象至今也非常知名。它长期受到学术界的关注，至今都被大众视为神秘且重要信息的载体。人们对诺斯替主义概念（在希腊语中意为"知识"）的使用一般较为笼统，因为它可以指主要出现于公元 2~3 世纪的差异很大的宗教群体，如瓦伦廷派（Valentinianer）②、卡波克拉底派（Karpokratianer）③ 及其他派别。它们喜欢以《新

220

---

① 撒狄的梅利托：小亚细亚撒狄城主教，基督教早期重要权威，曾向罗马皇帝呈献《护教篇》。

② 瓦伦廷派：诺斯替派代表瓦伦廷（Valentinus）的诺斯替主义—基督教学说的信徒组成的派别。

③ 卡波克拉底派：亚历山大里亚的卡波克拉底（Karpokrates von Alexandria）的诺斯替主义—基督教学说的信徒组成的派别。

约》中的人物为例证，不少人以基督徒自居。不过上述群体似乎有一些区别于主流教派的共同点，即基于二元论世界观，他们不认为创世是上帝所为，因为上帝不可能创造如此糟糕的东西。他们觉得世界的本质是坏的，获得真知的人必须脱离它。这种观念的前提是，上帝将创世工作托付给了一位次等神祇——巨匠造物主（Demiurg），这位神犯下了错误，基督教全能造物主学说的信徒对此无法容忍。

根据今人难以理解的诺斯替主义学说，神性通过各种所谓流溢（Emanation）进入世界，也进入人的身体。在此过程中，距源头越远，神性也就越弱。信徒应当通过秘密的知识摆脱谬误及命运。这种知识无法被人掌握，只能在顿悟中显现，只有被选中的人才能顿悟。

应对此类观点使得基督徒面临更大的压力，因为他们必须负责任地表述信仰及宗教经验。里昂的爱任纽（Irenäus von Lyon）在此过程中扮演了重要角色。他出身于小亚细亚，因此说希腊语，他去往高卢，在公元 177 年成了高卢首府里昂的主教。他在自己管理的教会里力促融合，但也坚定不移地抗击异端。他的代表作《驳异端》（Adversus haereses）主要批判诺斯替主义。爱任纽主教的这部作品和其他著作里有一套虽不新颖却很严密的神学思想，它为大教会奠定了传统，为排除异见者做出了贡献。

除了神学思考，我们还要想到巩固基督教世界的另一个重要因素，即构建《圣经》正典，至少在文本选择层面上建立约束力。所有基督徒都必须回溯耶稣基督的事迹和拥有解释、传布他事迹的早期文本。但是哪些文本是可靠的？很多文本广泛传播，宣称自己传布耶稣的言辞和生平。早期使徒的许多信函四处流传，还被编成了书信集。遴选过程难以追述，但是我们很清楚，到了公元 2 世纪下半叶，经书的核心部分已然形成，它们或许因为在礼拜中得到使用而变得重要，被普遍视为正典。其中包括四福音书——《马太福音》《马可福音》《路加福音》《约翰福音》，还有保罗的若干书信及其他文本。正典的形成过程并未就此结束，并且有了重大进展。

但问题马上出现了：应当如何看待犹太人的经书？这个问题因为马西昂（Marcion，约85~约160）[1]的举动而变得亟待解决。为了努力与犹太人划清界限，他想要抹去基督教中的所有犹太印迹，他谴责希伯来《圣经》，甚至谴责一些关于耶稣的报告，因为他觉得它们受犹太传统影响太深。与他相反，大部分基督徒在接触这些教义之后坚信作为《旧约》的希伯来《圣经》预示了《新约》，所以必不可少。《旧约》和《新约》体现了上帝与其子民的关系的历史，上帝的子民起初只是犹太人，后来扩大了范围。不过，为了把另一种宗教和另一个世界的文本纳入自己的正典，基督徒一直绞尽脑汁。这种亲近却没让基督徒对犹太人产生好感，反倒更觉得必须同他们划清界限。

正典形成的过程中有"输家"，即未得到考虑的文本。《希伯来书》等文本直到后来才被认为可靠，另一些很受认可的文本则没有被收入正典，比如那些算在罗马主教克莱门（Clemens，约90~约97年任职）名下的书信，还有一些经书遭到谴责。这类著作只留存下一小部分，但是挖掘者一再发现陌生的文本，使得早期基督教的形象变得更加具体、丰富，乃至面貌一新。历史小说和其他文学体裁里的人物有时希望通过它们发现一直受到险恶诡计打压的真正、原初的基督教，然而他们的希望还没有实现。

---

① 马西昂：又译马吉安、马克安等，早期基督教神学家，第一位在历史上尝试编列《新约》正典的人；自立马西昂派，被教廷判为异端。

令人惊讶的是，尽管那时没有共同的教会组织、没有教宗、没有全国性的宗教会议，且地方上的基督教各具特点，正典编撰还是取得了许多人能接受的成果。社区之间深入的交流为此创造了条件，人们经常旅行、通信、相互认识。假如没有罗马帝国的和平环境，基督徒就无法如此顺利地达成一致。

通过信函和著作，通过护教活动及抵制诺斯替主义，神学领域的专家文化诞生了。神学思想专家说服他人靠的是逻辑严密的论述，而不是个人魅力。但是，和现代等时期的情况不同，当时并没有出现大学，即不受主教控制的教育机构。当时的大部分专家就是主教，只有他们可以布道或者授予布道权。

前君士坦丁时代影响力最大的基督教神学家可能是亚历山大里亚的奥利金（Origenes，185/186~254），他是殉道者之子，师从新柏拉图主义哲学家阿摩尼阿斯（Ammonios）。作为亚历山大里亚的教师，有身份的人喜欢同他交谈，连皇后也是如此。奥利金也是一名苦修者，据说他——违背大部分人遵守的戒律——按照自己的信仰自我阉割。奥利金的学说引发了强烈不满，他还和当地主教本人起了冲突，这足以说明他所在社区的情况。当地主教可能认为奥利金的声望威胁了自己的权威。奥利金不得不避走巴勒斯坦的恺撒里亚，在那里他可以布道。奥利金的影响力主要来自他的著作，这些著作为神学树立了典范，基础是深入的、符合当时阐释学标准的《圣经》注释。在著作《论首要原理》（Perí archón）当中，奥利金搭建了第一套系统化的神学框架。奥利金的生活方式极富争议，他的神学思想和《圣经》阐释都给后来的几代人留下了深刻印象，奥利金在西部也有影响，因为他的著作被翻译成了拉丁语。

奥利金通过精心锤炼的教义表述与周遭人群划清界限，然而这不仅赋予了基督教信仰新的面貌，也改变了基督教信仰：

223

犹太人的观念——人作为整体在肉体与灵魂层面复活——得到了新的解释，因为人们习惯于按照柏拉图主义的传统将肉体和灵魂严格分开。划清界限和吸纳同化齐头并进，此前犹太人的历史上也出现过类似情况。

上述过程有时被人称作"基督教的希腊化"，在基督教传统中得到了两极分化的评价。这种情况符合解读基督教史的几种基本范式：一些人认为基督教的希腊化就是抛弃自身传统，另一些人认为这种发展对于基督教在俗世中的存续必不可少。变化本身是客观事实，不过另一件事也是客观事实，即假如没有这场促使知识分子接近并理解基督教的变化，基督教就无法强大起来。但是，当时和后世的基督徒却又恰恰可能认为努力促使他人理解基督教就是背叛原初的基督教。

上文描述的基督教绝对无意反抗罗马社会，相反，它尽量适应罗马社会。但是基督教社区规模越大，它们就越是因为与众不同而引人注目。一旦出现危机，无论是供应问题还是自然灾害，别人都喜欢指责这群怪人，尤其是那些靠传统崇拜吃饭，觉得自己的生计受到威胁的人。生活在公元200年前后的德尔图良（Tertullian）①从基督徒的视角生动地描述了当时的情况："假如台伯河漫过堤岸，假如尼罗河没有淹没农田，假如星辰静止，假如大地震动，假如发生饥荒，假如瘟疫肆虐，人们马上就喊'把基督徒喂狮子'。"[16] 以时人的眼光来看，德尔图良描述的这种态度不能算不合情理。因为自然灾害通常被人视为神祇不悦的标志，其原因必然是宗教方面的不当行为。这难道不是基督徒的错吗？

虽然基督教具有很强的适应能力和思想灵活性，但它在一

① 德尔图良：又译特土良、戴都良、特图里安等，北非柏柏尔人，律师、基督教会主教，早期基督教著名的神学家、哲学家、护教士。

个核心问题上坚定不移。它奉行的文本不容更改，它奉行的价值观不受周遭社会的影响，而是取决于信徒和上帝的关系。坚定的真理主张——使基督徒与周围的人区别开来——遇到特定问题时绝不妥协。这种根本矛盾在一项日常活动中体现了出来：献祭，尤其是向皇帝献祭。

参加献祭者无疑都认可罗马皇权的合法性。基督徒忠于政治制度，因为这被视为上帝的安排。存在争议的是应当如何表达忠诚。在基督教社区里，人们为皇帝祈祷，但是这在旁人眼里还不够。当时已经出现了另一种表达忠诚的方式，即向皇帝和罗马的最高神祇献祭。然而令大部分人愤怒的是，基督徒认为这样做就是背叛他们的上帝。基督徒对宗教和政治加以区分的方式与社会上的大多数人截然不同，他们通过有力的真理主张表达这种立场，在其他问题上，真理主张也引领着他们。这不能被理解为刻意的政治批判，却可能充分表露了他们的固执己见。

矛盾不可避免地升级了。我们意外地知晓了一桩地区性事件：比提尼亚（Bithynien）① 的罗马总督普林尼（61/62~ 早于117）博学且宽容，他向皇帝图拉真汇报，一些特殊的人被带到了他的面前，因为他们被指控为"基督徒"（Christiani）。普林尼写道他没有处理这些人的经验，可他似乎又很清楚要用死刑威胁他们。一些人忠于自己的信仰，于是总督马上让人处决了他们。不过另一些人解释说自己过去是基督徒，现在则进行献祭及辱骂基督。身为总督的普林尼应当如何处置这些人？因为离教者——他们必定是可靠的证人——对基督徒行为的描述听起来清白无辜。

225

---

① 比提尼亚：罗马帝国行省，位于小亚细亚西北部。

226　　　　　他们通常于指定日子的破晓前集会，像对上帝那样依次对基督唱赞美歌。他们用一种庄严的宣誓来约束自己，这并不是为了为非作歹，而是宣誓决不犯欺诈、偷盗或者奸淫，或决不背信食言，决不侵占别人托管的财物。接着，他们照例分散，然后又复集合，共同用膳，食物普通平常。

上述说法让普林尼十分惊讶，于是他命人拷问了两个在社区里干活的女奴，目的是检验其他人的说法："我却只发现了一种混乱、极端的迷信。"[17]

基督徒在日常生活中显然清白无辜，在法官面前却摆出了挑衅的姿态，普林尼无法理解这种反差，于是他征求皇帝的意见。皇帝赞同这位总督的处理方式，还补充说不必刻意搜寻基督徒，但是假如被告不能通过献祭证明自己不是基督徒，那么他就必须获刑。

上述情形随处可见，罗马人一般不想有计划地迫害基督徒。和其他违法行为不同，基督徒只要放弃信仰就算无罪。只有高级官员认为基督徒一直做出挑衅行为的时候，基督徒才应该被处决。尽管如此，基督徒的处境还是很危险，因为他们的安全取决于别人——包括恶毒的邻居——不会揭露他们的身份。这绝对令人无法安心。很多人经历了告密和反基督教骚乱，但它们起初只是地区性事件，连尼禄治下罗马城的基督徒受到迫害也是个案。另外，塞维鲁王朝的成员却对基督教表露了兴趣，如前所述，皇后曾邀请奥利金前往宫廷参加辩论。既然罗马帝国已经融合及容忍了那么多事物，基督教是否也能融入罗马帝国呢？

公元3世纪的危机带来了许多变化。氛围越发紧张，因为
227　当时的人只知道把灾难（见本书第三章第五节最后一部分）归咎于渎神行为，于是规模更大的迫害基督徒行为恰恰发生在那

时，也在人们意料之中。皇帝德西乌斯（Decius，249~251年在位）决定强迫全体帝国居民向罗马的神祇献祭。统治者并未直接针对基督徒，但基督徒是出了名的拒绝献祭者，皇帝的敕令对他们影响极大。许多基督徒——绝不是全部——拒绝服从皇帝的命令，殉道而死。但是德西乌斯执政时间很短，很快就在和哥特人作战时丧命。基督徒松了一口气，他们肯定觉得德西乌斯受到了上帝的惩罚。

德西乌斯的命令在古代环境下非常罕见，甚至令人迷惑，这不仅是因为他兴师动众，还因为他不是要消灭一种迷信，而是要让所有人拥护一种崇拜。此时帝国的全部居民都被怀疑崇拜新的神祇，以往偶尔才会被人打破的正行也不再是天经地义的行为了。皇权开始想要规定臣民的信仰，后世信仰基督教的统治者也将按照这种意愿行事。看似矛盾的是，这种最终演变为迫害的措施恰恰让我们看到基督徒对宗教和政治关系的新界定已经广受认可。重点不再是保持某些做法，而是每个人的行为。

德西乌斯死后几年，直接针对基督徒的迫害就发生了。公元253年，瓦勒良登上皇位。从公元257年起，他颁布若干敕令刻意打击基督徒，禁止基督徒聚会，坚持信仰的神职人员应当马上处决。针对地位较高的罗马人——基督徒中似乎已有这类人——有特殊的惩罚手段。基督徒不得不再次为众多的殉道者（但也有离教者）而哀叹。然而，他们最终又一次从信仰中汲取了力量，它或许就体现在瓦勒良身为皇帝却在公元260年被波斯人俘虏。

此后的一段时间对于基督徒而言较为稳定。社区得到发展，教徒获得场地用作教堂。教徒因为一座基督教建筑发生内部矛盾时敢于找皇帝评理，这说明基督徒对统治者的忠诚没有改变。由于戴克里先十分成功地稳定了帝国，在他治下又发生了迫害基督徒的运动，且或许是史上最严重的一次。如上文所

228

述，戴克里先从宗教角度解读了危机现象，系统地加以应对。公元300年前后，他已经开始迫害摩尼教徒，他们信奉的是一种公元3世纪中叶诞生于波斯、传播迅速的新宗教。从公元303年开始，戴克里先开始关注基督教。他下令销毁基督教文本、破坏基督教组织，甚至消灭信徒。在帝国的各个部分——当时是四帝共治时期，帝国各个部分的统治者有较大自主权——这些规定的执行情况大相径庭，有些地方的做法极为残忍，有些地方的基督徒基本平安无事。不过，迫害行动没有在任何地方长期收到成效。伽列里乌斯被视为最顽固的基督徒迫害者，连他都在公元311年宣布宽容基督徒，前提是他们不能破坏社会稳定，还要为皇帝和帝国祈祷。

229　　对基督徒的迫害最终使基督徒变得更强大，他们证明了自己能承受国家施加的压力，认为这无疑体现了上帝的保佑。但是迫害给基督教世界带来了严重的内部矛盾。很多人变得软弱，甚至有司铎和主教把《圣经》交给密探。假如这些人想要回归社区，基督徒应该怎样对待他们？将他们拒之门外合乎情理，许多承受过巨大痛苦的人主张这样做，但另一些人倾向于以基督教的仁慈对待有意悔改的人。双方冲突严重，在罗马、埃及、阿非利加等很多地区形成了分裂。

比起离教者，人们更愿意回忆英雄、宣信者（Bekenner）①，尤其是殉道者，殉道者的勇气证明了真挚的信仰。他们的墓地是信仰的结晶，构建了当地社区的身份。此时到处都有敬拜场所，供基督徒纪念信仰方面的榜样。基督教的殉道者很容易遭到嘲笑，有人会说，死于近代早期基督教内部斗争的基督徒肯定比死于罗马人迫害的更多，还有不少人背弃了信仰。不过我们也不能否认，来自各阶层的许多基督徒做出了重大牺牲，给同时

---

① 宣信者：又称精修圣人等，指遭受迫害、折磨，但没有受害致死的圣人。

代的人——不仅仅是基督徒——留下了深刻印象。但是，甘愿为真正的信仰而死的态度肯定不是促进古代基督教发展的唯一因素。只有到了基督徒掌握权力，基督教史和帝国史看似密不可分的时候，我们才能看清这个问题。我们现在要讨论古代晚期的皇权，重拾上一章结尾留下的话题。

3　基督教皇权

公元 312 年 10 月 28 日对于皇帝马克森提乌斯（Maxentius）来说是个吉日，因为六年前的这一天，他在罗马当上了统治者。还有什么时候比眼下这个日子更适合他迎击围攻罗马的君士坦丁（306~337 年在位）呢？马克森提乌斯决定前往坚不可摧的罗马城进行战斗。他肯定对自己的神祇充满信心，但是战役以他的惨败告终，马克森提乌斯本人命丧于米尔维安桥（Milvische Brücke）附近。获胜的君士坦丁相信自己得到了更强大的神祇的庇佑。他曾让麾下的士兵打着基督教上帝的旗号作战。

230

君士坦丁：源自异教精神的基督

作为四帝之一的君士坦提乌斯（Constantius）之子，君士坦丁在权势者的圈子里长大，却不得不想到自己会被排除在外，因为四帝共治体系没有规定世袭。不过，当君士坦丁的父亲在公元 306 年死于不列颠的约克，他又正在附近的时候，他抓住机会让人宣布自己是皇帝。经过反复讨论，他终于在四帝共治体系之内得到认可。战胜马克森提乌斯之后，君士坦丁控制了西部。尽管四帝共治制度在形式上又维持了几年，但实际上它已经崩溃了。

君士坦丁此前就一直确信自己受到诸神庇佑。他似乎特别亲近曾经亲自向他现身的阿波罗和太阳神——许多人认为太阳神就是阿波罗。可他又轻易地从专注于崇拜太阳神转向了敬拜基督教上帝，因为后者使他战胜了马克森提乌斯。没有证据显示君士坦丁是因为神学思考和对基督之死的沉思而皈依基督教，他也可能是出于异教精神才改信基督教上帝。他当然得敬拜使自己打胜仗的神祇。在他身上，对基督教信仰的丰富解释——本书对此做过多次讨论——体现得淋漓尽致。

不过，基督徒总体而言还是得到了好处。公元 313 年，君士坦丁已经和当时的东部统治者李锡尼（Licinius）在米兰达成协议，于是基督徒不仅得到宽容，而且能拿回过去被没收的财产。可是，君士坦丁和李锡尼之间的和睦没能维持多久。公元 324 年，君士坦丁击败李锡尼，成了整个帝国的统治者。他继续扶持基督教：神职人员尤其是主教被赋予特权，星期日在许多生活领域变成了神圣的日子，等等。君士坦丁也在经济方面慷慨资助新的信仰，他和母亲海伦娜（Helena）在很多地方，尤其是在罗马和耶路撒冷，捐建了一些仿效皇宫美学风格的新教堂。君士坦丁直到去世前不久才接受洗礼，不过当时这对于他那般地位的人物来说并不罕见。

君士坦丁虽支持基督徒，但也未对异教坚决抵制。基督徒特别反感的那些崇拜，比如对圣妓（Tempelprostitution）的崇拜肯定被禁止了，其实许多异教徒也厌恶这类行为。君士坦丁甚至同意人们新建了一座崇拜他家族的神庙，尽管那里规定禁止献祭。总的来看，君士坦丁的政策在很大程度上追求融合。

君士坦丁或许指望过借由改信基督教上帝来确保得到民众，尤其是富庶的东部地区的居民的广泛支持，创造稳定局面。然而他失望了，他没有考虑到，基督徒惯于争论，在涉及真理及与真理相关的灵魂得救的问题上不愿妥协。

最重要的是，围绕如何对待迫害时期离教者的争论没完没了。大家还对这段艰难岁月记忆犹新，所以很难平心静气，阿非利加的信徒尤其激动。在阿非利加，这种冲突在所谓的多纳图斯派①争论（Donatistenstreit）当中和一场有争议的主教选举搅在了一起。君士坦丁的做法比较慎重，他多次安排主教讨论此事，试图推行他们的决议，但是最终不得不承认自己失败了。此后几十年，这场争论仍影响着阿非利加的基督徒。在其他地区，赞成接纳离教者的群体逐渐占了上风。正是这种举措持久地加强了教会的力量，因为它没有变成仅仅由圣人组成的教会，而是变成了所有人的教会。

232

　　一场源自埃及的教义之争产生了更为深远的影响。在亚历山大里亚，监督（Presbyter）阿利乌（Arius）和当地主教亚历山大发生了争执。其中涉及主教和司铎的权力关系问题，但也涉及一个神学问题，即基督和上帝的关系。遗憾的是，我们只能通过其对手的辩论内容得知失败者阿利乌的观点，这种情况十分常见。有一个问题意在讨论是否存在一个时间点，那时还没有基督，而流行的看法是基督的灵魂在道成肉身之前就已经存在了；假如这个时间点存在，那么基督就是被创造出来的，于是他就居于造物主之下，也许就不是真正的神了。上述争论不仅让现代读者觉得过分琐细，君士坦丁的反应也是如此，所以他试图通过一封书信让争论不休者停止无谓的讨论。

　　然而他失败了，因为这类争论在当时牵动着许多人的心。问题其实是应当如何评价这个为了使人类得救而被钉在十字架上的人物。他——基督——归根结底还跟人一样吗？他在殉道者当中有什么特殊之处？或者说，他是一位神祇吗？假如他本来就脱离了一切人类特性，因而也没有痛苦，那么他能算是做

---

① 多纳图斯派：又译多纳图派等，以迦太基主教多纳图斯（Donatus）为首的北非教派，激烈反对重新接纳曾经离教的基督徒。

出了真正的牺牲吗？这个问题将会在此后几十年间不断引起古代基督徒的思考，而且此问题和神学及世俗领域的其他矛盾相互纠缠，震撼力越来越大。在君士坦丁统治时期，主教亚历山大的一些同僚肯定很乐意同这个大权在握的亚历山大里亚人唱反调，于是他们就支持阿利乌。

按照传统，罗马皇帝以"大祭司"（pontifex maximus）身份担任罗马世界的最高级祭司，管理宗教事务。不过，此时他需要新的机构的帮助。公元325年，君士坦丁在尼西亚（Nizäa）召开了一次宗教会议，与会者是来自帝国各地的代表，有些人甚至来自境外。这在基督教史上是一件新鲜事，因为到此时为止基督教只召开过规模较小的宗教会议。对于帝国来说，这也是史无前例之举。主教被允许使用国家驿站，并且得到恭敬的接待。他们继续争论，君士坦丁最终亲自过问，建议简洁地表述能使所有人联合起来的共同信条：基督和他的父亲上帝为"同一本质"（homooúsios）。这不是一个新词，但绝非没有问题，因为它并未出现在《圣经》当中，但是几乎所有人都表示愿意接受它。于是与会长老——他们也对复活节的日期达成了一致——庆贺教会重新得到统一。阿利乌和少数继续支持他的人被流放。

后世将此次宗教会议视为第一次大公会议。它确定的信条至今仍是所有基督教会的信条基础。但它的直接影响很小。阿利乌很快得到了赦免，新的宗教会议召开，接任亚历山大的主教亚他那修（Athanasius）继续斗争，遭到流放。虽然君士坦丁的亲基督徒宗教政策很少引发基督徒和异教徒之间的暴力冲突，但它无法抑制基督徒内部的争论，甚至可以说激化了矛盾。

君士坦丁的作为绝不仅仅限于宗教政策领域。起初，他最关心的问题肯定是如何巩固自己的势力。但军事威胁相对较小，罗马反复与日耳曼人部落，尤其是法兰克人和哥特人交战，不过仍能控制局势。自从公元298年罗马人战胜波斯人之后，双方便相安无事，不过大家都能想到波斯人打算复仇。最终，君士坦丁在出师途中去世。

在帝国内部，君士坦丁继续推行戴克里先的改革措施，这两位皇帝的作为通常难以区分。此时稳固的官僚体系诞生了，其领导者是失去了军事职权的近卫军长官（Prätoriumspräfekt），军队里形成了界限明确的责任领域，除了边境部队之外，还有机动部队，后者充当军事行动的后备兵员。新的货币开始启用，迅速被人接受。尽管外有威胁，民众还承担着赋税压力，帝国还是进入了一段安定繁荣的时期。索利都斯（Solidus）是君士坦丁时期启用的一种新的金币，作为保值的硬币，它直到公元12世纪初仍是地中海地区的储备货币（Leitwährung）——这是货币史上的伟大成就。

君士坦丁很少颁布明确受基督教观念影响的行政规定。以星期日的神圣化为例，审判活动在这一天应当停止；这项规定的语言表述却使太阳神的信徒觉得该规定也和自己有关。君士坦丁无意打着基督教的旗号整顿社会，然而他的措施还是发挥了巨大作用。随着星期日制度的引入、每周的假日循环等，全新的时间节奏问世了。

君士坦丁希望自己的作为长久地受人称颂，于是他建立了一座新的城市：君士坦丁堡，它替代了古老的希腊城邦拜占庭。奠基仪式完全采用异教程序很能说明问题。君士坦丁当然也修建基督教建筑，但他没有破坏神庙，甚至可能翻修了其中的一部分。君士坦丁在十分显眼的位置上竖立了一座雕像，把自己塑造成太阳神的样子，此后数十年都有人向它献祭，这惹怒了基督徒。君士坦丁建立的并不是基督的城市，而是君士坦丁的城市。他也没想把君士坦丁堡建成首都，起初君士坦丁堡

234

235 一直是都城之一。到了公元 4 世纪末，君士坦丁堡才发展成首都并保有这一地位直至公元 20 世纪。

君士坦丁对权力的把控体现了他没有放弃世袭思想。所以他注重由自己的亲属继承权力，还为此把帝国分为几个行政区。他似乎觉得帝国由一位统治者统一管理只是权宜之计。君士坦丁大帝去世的时候，他的计划没能实现，信仰基督教的皇室内部发生了杀戮，最终他的三个儿子——君士坦丁二世、君士坦斯（Constans）和君士坦提乌斯二世——瓜分了权力。统治权毕竟还在家族内部，这一成就超越了公元 3 世纪的大多数皇帝。

试验时期：从君士坦丁之子到狄奥多西王朝

君士坦丁可能以异教精神接纳了基督教上帝。他的统治过程、他的宗教政策的失败却体现了基督教上帝不同于其他神祇，人们无法轻易地让基督教上帝融入传统世界。真理主张也使得基督徒做出他人难以理解的极端行为。此外，新的权威人士出现了，执政者必须同他们打交道，他们就是在基督徒中有威望的主教和修道士。另外，基督徒必须制定内部决策流程，皇帝和基督徒也必须明确彼此之间的关系。公元 4 世纪，人们在上述所有方面进行了各种尝试，最终形成了相对稳定的制度。

人们对在君士坦丁之后执政的皇帝有新的期待。罗马皇帝向来支持宗教机构，有时以法律手段提供支持，有时修造建筑或者提供其他物资。为真正的信仰而付出的努力却远远不止这些。皇帝还得考虑到臣民不都是基督徒。在有些地区，基督徒只占居民中的少数，许多行政精英和军队精英进行传统崇拜。没人一开始就知道基督教能不能占上风。

信仰基督教的皇帝并未马上严厉处理所有与自己的信仰对立

的事物。他们肯定采取了若干措施，拆除了一些神庙，但在很大程度上表现了宽容之态。我们甚至能发现他们倾向于树立中立的公众形象。比如皇帝的自我包装立足于博爱（Philanthropia）这个词。它可以被理解成普通意义上的与人为善、宽容仁慈——这向来就属于统治者的美德，但它也可以表示基督教的博爱。在公共场合，人们起先虽只能看到少数基督教标志，但异教标志的重要性有所下降。血腥的祭祀活动很快遭到禁止，然而异教崇拜在特定条件下仍能举行，罗马就有案例。但这只是过渡状态。

无论是在聚居地还是在巴勒斯坦，犹太人都可以一如既往地在礼拜之前会聚于犹太会堂。不过，他们在日常生活中越发频繁地受到基督徒的刁难。公元 429 年，狄奥多西二世（408~450 年在位）撤销了犹太族长（"纳西"）之职，这一职务曾对罗马和犹太人之间的关系发挥了重要作用，代表犹太人的特殊地位得到承认。尽管承受着越来越大的压力，很多地方的犹太社区仍然繁荣。

基督徒是难以管理的臣民。新的基督教权威人士的势力越来越大。作为当地社区的领袖，主教凭借职权发挥影响力，他们的个人魅力也能起到一些作用。假如主教常驻行省首府，他们就可能变成总督的真正竞争对手。因为总督只是短期——通常是一年——在该地任职，而教会要员却是长时间地——一般为终身——在某地活动。因此，后者可以比世俗官员更加清晰地评价当地的事务。他们经常居于更高的位置，充当城市的保护人，开始以代言人的身份取代世俗权力和官员。

确知自己大权在握的主教完全不怕和执政者发生矛盾。米兰的盎博罗削（Ambrosius von Mailand）就设法在与皇帝闹矛盾时占上风。不同于盎博罗削主教，瓦伦提尼安二世（Valentinian II，375~392 年在位）不属于尼西亚派，他想让主教修建一座教堂，而主教成功地依靠广大米兰居民的支持拒绝了皇帝。就连狄奥多西大帝（379~395 年在位）大开杀戒时，盎博罗削也敢与他对抗，甚至还迫使皇帝公开忏悔。

修道士的权威来自他们的苦修。人们报告他们身上发生的奇迹，他们被视为影响力巨大的代言人，为上帝代言，也为民众代言。教会史家狄奥多勒（Theodoret）生动地叙述了一位普通苦修者如何对待高官。税务引发的暴动过后，这些高官在公元 387 年宣布皇帝对安提阿的惩罚措施。

> 传达皇帝威胁的人来了，他们是当时的军事长官黑勒比希（Hellebich）以及宫殿总管恺撒里乌斯（Cäsarius）……，此时所有人都因为惧怕威胁而瑟瑟发抖。住在山脚下的有德之人——当时他们数量众多、出类拔萃——却带着许多的请求和告诫前去面见官员。十分神圣的马西顿纽斯（Makedonios）对于生活俗务一无所知，甚至对《圣经》也了解不多，但他在山顶上日日夜夜地向着人类的救世主奉上纯洁的祈祷。他既不畏惧皇帝的怒火，也不在乎来使的权势，而是径直在市中心抓住了一名官员的斗篷，要求两人下马。看到这位矮小且衣衫褴褛的老人，两名官员起初不想理会，但是一些地位比他们更高的人描述了老人的德行，于是他们翻身下马，抱住老人的膝盖请求原谅。[18]

上述事件的历史真实性自然存疑，但它肯定说服了狄奥多勒的读者，并且证明了苦修者拥有极大的影响力。官员自然可以除掉这个修道士，然而在社会日趋基督教化的背景下，这种做法无异于当众出丑。人们有时试图让修道士远离城市，通过建立由院长领导的修道院来管理他们，不过苦修者在东

238

部恰恰一直是一股重要且难以控制的势力。人们用希腊语词 parrhesía（"直言"，见本书第二章第三节）形容修道士（和其他基督徒）在上位者面前直言不讳。在古典时代的雅典，这个词指的是公民有权对所有政治事务表态。到了基督教化时期，自由似乎依然重要，不过这种自由并非源于公民地位，而是源于以上帝的名义说话的权利，此时每个人原则上都能得到这种自由。

另一件事也使与基督徒打交道变得困难——他们根本就没有形成一个团结的群体。君士坦丁统治时期爆发的矛盾仍未平息。很快基督徒就不只争论基督的本质了，他们还争论圣灵问题以及与此相关的圣父、圣子和圣灵三位一体问题。大家普遍认可宗教会议是解决矛盾的途径，在理想状态下，宗教会议应当借助于圣灵的影响而达成统一的决议〔但这一般是因为反对派不（再）在场而实现的〕。得到皇帝支持的宗教会议自然影响巨大。皇帝不仅提供后勤保障，还把宗教会议的决议以法律的形式固定下来。然而，皇帝和宗教会议的合力也无法带来长期稳定。

君士坦丁之子君士坦提乌斯二世（337~361 年在位）殚精竭虑地举办了多次宗教会议，又与教会人士谈话，却未能促成有效的和解。后来的皇帝如瓦伦提尼安一世（Valentinian I，364~375 年在位），可能还有他的弟弟瓦伦斯（Valens，364~378 年在位）——此人被视为尼西亚派的敌人——都任由事态发展。到了狄奥多西大帝统治时期，混乱的局面似乎画上了句号。虽然我们远不能说国家教会已经建成，因为统治者在教会中的角色并没有得到明确界定，教会自身的组织程度也不高，但是皇帝在一份敕令中明确宣告了自己的臣民应当遵从哪种信仰。公元 381 年的君士坦丁堡宗教会议上通过了一套至今仍被很多教会遵奉的信条，它在尼西亚信经的基础上确定了

239

三位一体的本质。此外，皇帝禁止了异教祭祀——私下举办也不行。他还越发把自己包装成类似《旧约》中理想统治者的国王。他的继任者将沿袭这一路线，自此之后，异教徒和犹太人的处境就越发艰难了。

皇帝和基督教之间的关系发展绝非毫无波折，甚至还有异教卷土重来的插曲。背教者尤利安（Julian Apostata，361~363 年在位）尝试过复兴异教，其态度之坚决甚至让一些异教徒反感，他建立的组织显然参考了基督教会的模式。他的试验没有进行多久，因为他很快就在和波斯人作战时阵亡了。基督徒觉得此事再次证明了自己拥有上帝的支持。

基督教史上的角力十分显著。一方面，皇帝非常希望借助基督教获得一种有利于统一的力量，他们显然越来越接受新的信仰及其代表。另一方面，基督徒又在以两种方式破坏社会融合：第一，层出不穷的神学争论分裂了基督徒；第二，基督徒拥有主教和修道士等势力很大的地方权威，他们日益威胁皇权。

统治者与基督徒之间的矛盾及基督徒的内部矛盾多种多样，必定对行政工作造成了很大压力，但还有另一类问题需要解决，即所有君主制的根本问题——统治权继承。此问题在四帝共治制度崩溃之后再次主要依靠世袭原则得到了解决。在君士坦丁的几个儿子统治的头几年里，兄弟阋墙和政变是重头戏。公元 351 年，君士坦提乌斯二世成为唯一的统治者，此前发生了伤亡极其惨重的莫尔撒 [Mursa，今奥西耶克（Osijek）①] 战役。古代作家的看法或许很有道理，他们觉得这次损失再也不可能得到弥补，而且以暴力手段实现的帝国统一也没能延续多久。

---

① 奥西耶克：克罗地亚城市。

公元364年，瓦伦提尼安一世一登上皇位就把弟弟瓦伦斯提拔为共治者，即两人在公元364年正式平分行政机构和军队的管理权。但这绝不表示他们就此放弃了帝国统一的想法，帝国"事实上"正在加速分裂。这些进程在当时的人看来却平平无奇。瓦伦斯的继任者狄奥多西大帝其实在短期内将帝国统一了起来，当他在公元395年去世后，他的两个儿子又分割了帝国。政治分裂由此愈加严重，在很大程度上也是拉丁世界和希腊世界之间的文化分裂，后来又日渐演变为教会的分裂。但是，这种分裂后来始终没能让人放弃维持"一个"罗马帝国的想法。

在结构性变化的背景下，重大政策反复变动，征收足够的税款来养活军队的目标对行政产生了关键影响。为了募集必不可少的军费，政府一再采取新的手段。法律汇编里记录了大量措施，它们似乎严重侵害了公民的权利，规定了职业的代际继承或者将农民束缚在土地上。此前一直必须为所在城市的税款征收担保的官员承受了更大的压力，所以他们经常觉得当官与其说是荣誉，不如说是负担。现代人曾经认为上述变化是专制国家形成的表征，但是新近的研究得出了与此大相径庭的结论。实际上，古代晚期的社会具有巨大的流动性，若干地区的经济蓬勃发展。不断出台的法律措施似乎恰恰体现了古代晚期的政府没有能力实现自己的主张。

与此同时，罗马帝国陷入了诸多军事冲突。与公元3世纪相比，异族引发的骚乱减少了。尽管发生过几次蛮族入侵，边防仍能发挥作用，莱茵河流域等许多地方的局势甚至稳定了下来。公元4世纪初，波斯人似乎无法再构成威胁，他们不仅被罗马击败，还有内部矛盾。然而到了君士坦丁统治末期，新的冲突又爆发了，它们延续了数十年，使罗马投入了大量兵力。尤利安率军攻入波斯帝国境内，但他阵亡了，于是罗马人被迫撤退。面对一同袭来的内忧外患，尤利安的继任者约维安（Jovian，363~364 年在位）不得不撤出幼发拉底河以东的重镇尼西比斯（Nisibis）[①]。在遥远的北部，罗马人还和波斯人长时间地争夺亚美尼亚，不过此时罗马人也占不了上风。狄奥多西大帝可能在公元 387 年接受了一份和约，承认亚美尼亚的大部分地区属于波斯人。然而，尽管经受了如此惨痛的挫折，罗马帝国却没有因此而动荡不宁。

242   更严重的威胁潜伏在其他地方，而且长期没有得到罗马人的重视。遥远的亚洲腹地的局势变化使得游牧民族匈人（Hunnen）向西推进，破坏了当地既有的日耳曼人政权。于是特文吉人（Tervingen），即日后的西哥特人，于公元 376 年突然来到多瑙河边境，请求罗马帝国接纳自己。在此前的几十年里，他们和罗马人一直有大大小小的摩擦。罗马人竟然答应了他们的要求，因为我们知道历史的后续发展，所以会认为罗马人的做法令人惊讶，时人的反应却平静得多。一方面，先前已有很多外来部族——过去的敌人——来到了罗马帝国境内，其中的男子可以充实经常兵员不足的罗马军队。另一方面，这些民族和罗马作战也不是出于民族主义的、敌视罗马的情绪，而是为了分享罗马的繁荣富庶——当兵就能让他们如愿。

所以双方都觉得前景大好，然而多瑙河地区的罗马政府犯下了很多错误。大批的特文吉人被允许来到多瑙河对岸，他们可以携带自己的武器，却得不到足够的生活必需品。他们忍耐了两年，不再满足于抢掠，他们向罗马皇帝和此前在会战中几乎没有败绩的罗马军队宣战。公元 378 年 8 月 9 日，双方在阿

---

① 尼西比斯：古代城市，今在土耳其境内，位于叙利亚的边境。

图7 在君士坦丁堡，图特摩斯方尖碑（见图4）被竖立在一块基座上，上面有狄奥多西大帝时期的浮雕。浮雕刻画了皇帝被亲属和护卫簇拥，下方是观众，皇帝手拿花环，可能要赐给战车比赛的胜利者。这个画面一目了然地塑造了古代晚期的皇帝高人一等的形象

德里安堡（Adrianopel），即现在的埃迪尔内（Edirne）① 附近交战。结果对罗马人而言是灾难性的：军队被击败，皇帝阵亡。罗马人立刻想起了坎尼之败。

　　史无前例的大败已经是一件大事，罗马人的应对手段也是前所未有的。瓦伦斯的继任者，迅速上位的狄奥多西自然想要消灭侵入帝国的部落，但是更多的部落继续涌入，于是罗马人再也难以招架入侵者。公元384年，罗马人勉强签订了一份和约，承认西哥特人享有广泛的自治权，但是必须以某种形式为罗马人服兵役。这类协议反映了中央权力之衰弱，却不一定会导致帝国瓦解。后来，狄奥多西甚至依靠着西哥特人再度统一

① 埃迪尔内：土耳其城市，位于希腊和保加利亚的边境。

并稳定了罗马帝国。而当他在公元395年去世的时候，罗马的
势力也正在西部迅速衰落。

基督教化的社会？

244　　回顾公元4世纪的罗马帝国史，我们首先会想到这样的
问题：基督教带来了什么？帝国改变了吗？基督教化是一个过
程，它并不意味着一个发展成熟的宗教直接被套在既有的社会
结构之上，更确切地说，基督教自身在这一过程中同样发生了
深刻变化。另外，所谓的异教也发生了变化，原因之一是政治
共同体和宗教共同体的联结瓦解了。仔细来看，基督教化涉及
多个过程，它们相互牵连，然而并不同步发生。精神生活的一
些领域很早就出现了基督教化现象，而全社会的基督教化直到
君士坦丁统治时期才开始。不过即便到了那时，一些城市和地
区仍然不受基督教化的影响，另一些城市和地区则很快充分地
打上了基督教理念的烙印。

　　人们的日常生活是否因为基督教化而改变？生活质量是否
有所提高？我们无从衡量，主要原因是评价标准各异。在信仰
中获得慰藉的人、得到圣人的帮助而康复的人、在修道院里觅
得平静的人，他们的生活变得更轻松了。基督徒肯定经常扶危
救困，给饥渴者送去饮食，给赤裸者送去衣裳。许多教堂和修
道院开办了照顾穷人、病人和外乡人的机构。这确实解决了一
些人的燃眉之急，却不能根除问题。世界上仍然充斥着不公和
压迫。教会人士不仅接受奴隶制，甚至继续为之辩护。社会上
仍然有饥渴和贫困，更不用说战争。

　　星期日不仅控制着新的时间节奏，还有特殊地位，星期
日的礼拜变得十分重要——尽管有些做礼拜的人也不介意前往
犹太会堂以及同异教祭司来往。基督徒还会庆祝纪念圣人的节
日。庆典，尤其是宗教游行，使得基督教在城市中引人注目。

传统的宗教观十分重视仪式和崇拜实践等外在表现，基督徒也
对此越发重视。基督教还通过另一种方式吸引了更多人的眼
球。教堂越来越多地被建在繁华地段，许多教堂富丽堂皇，体
现了捐资修建者的富裕。如此一来，到了公元 4 世纪末，许多
城市里都有了非常显眼的基督教标志。许多地区的宗教空间格
局焕然一新，朝圣者穿梭于帝国各处，对他们来说，世界正在
变成遍布基督教的记忆之场（Erinnerungsort）①。

　　基督徒在一些地方对非基督徒公然使用暴力。公开献祭和
私下献祭先后遭到禁止，不久后献祭者也要受到惩罚。信仰基
督教的乌合之众把破坏欲倾泻到了一些神庙上，不过更多的神
庙是毁于年久失修。许多古典雕塑仍旧受到喜爱，人们肯定不
认为它们带有宗教含义。有些艺术品上同时装饰着异教标志和
基督教标志。直到公元 4 世纪与 5 世纪之交，角斗赛才告终，
同时终止的还有奥林匹克运动会等大型赛会。在城市里，戏剧
表演和战车比赛继续进行，后者甚至变得更加流行。

　　在学校和有文化的人家里，甚至在神学家当中，人们继
续阅读古典文本。典雅的语言、深刻的思想和无处不在的神话
是人们阅读古典文本的原因。基督徒一般学习这些传统，只有
少数人坚决反对古典传统。一个作家可以同时创作带有神话
内容和基督教内容的作品，5 世纪中叶的埃及史诗作家农诺斯
（Nonnos）就是如此。

　　讨论某些问题的方式也有所变化。此时，《圣经》和基督
教教义成了重要的参考资料。广泛的神学争论恰恰使人觉得讨
论信仰问题天经地义。据说连理发店和面包房里的顾客都在激
烈讨论上帝的三位一体。皇帝既自比为亚历山大大帝或者奥古

---

① 记忆之场：法国历史学家皮埃尔·诺拉（Pierre Nora，1931~ ）提出的概念，指
　凝聚了某个社会群体的集体记忆的特殊场所。

斯都，又自比为大卫和所罗门。这样一来，《旧约》——不同于《新约》，它提到了虔诚的统治者——就有了出人意料的重要性：人们在《旧约》里找到了信仰基督教的皇帝的榜样，但是这些榜样并不完美。所以信仰基督教的皇帝的罪行、错误也就可以理解了，一种新的、未见于此前的古代希腊—罗马的理想皇帝形象诞生了，它的核心是谦卑（Demut）。

此外，基督教文本的强大力量不可能完全不对生活产生影响：人们对以基督徒自居者有着某些期许。苛待奴隶、赶走妻子、对饥民无动于衷的人不得不更加费力地为自己辩解，甚至也会害怕上帝降下惩罚。有些人宁可晚些接受洗礼，这也体现了他们把必须为罪行忏悔一事看得很重。许多人亲近基督教会，成了慕道友，即待受洗者，却对受洗持观望态度，因为受洗意味着承诺摆脱罪行，此后若再犯后果就更严重了。

女性的行动自决权亦有变化。在此之前，社会认可的女性生活方式几乎只有作为妻子和母亲，此时出现了新的可能性，贞女可以在教会里获得受人尊重的地位，寡妇可以通过违背习惯拒绝再嫁而提高声望。以上种种肯定和现代意义上的妇女解放相去甚远。贞女和寡妇受到司铎的监督，各行其是的女性苦修者并不受欢迎。女修道院的管理者是男性院长。尽管如此，女性的行动空间有所扩大，而且扩大显著。这一点体现于许多显赫家族的反对态度：他们不愿意把自家的女儿交给教会，因为安排女儿跟其他家族联姻可以带来很多好处。在这方面，米兰的盎博罗削主教是维护教会利益的重要先驱。

基督教没有变成纯粹的统治工具。外力很难影响基督教，原因之一是基督教与一部圣典相关，而这部圣典发展到了一定阶段就不容更改。另一个原因是圣人的出现，圣人的权威并非源于他们在体制中的地位，而是源于他们与上帝的特殊关系，连皇帝也不能影响他。但是，基督教没有消灭制度中的种种不公与残酷。

本书已经讨论了三种伟大的进程，它们似乎造成了文化的统一：希腊化、罗马化和基督教化。三者的共同点是，某些文化行为流传开来不仅仅依靠强制手段，更常见的原因是时人的兴趣——不论是否带有目的性。三种进程只是在表面上促使帝国呈现整齐划一的面貌，实际上各地的吸纳形式并不相同，所以这些进程并没有消灭古代世界的多样性，尽管人们对多样性的理解已经与过去截然不同。

4　西罗马皇权的终结和基督教的存续

西罗马皇权的灭亡是缓慢的。公元406年和公元407年之交的新年夜，汪达尔人和其他群体越过了冰封的莱茵河。虽没有发生类似阿德里安堡之役的血腥战役，但是结果与之相近。进入罗马帝国的民族再也不能被赶走，他们径直深入帝国腹地，公元429年抵达阿非利加。

罗马城几百年未遭战祸，数十年来都被坚不可摧的城墙保护着。但在公元410年，西哥特人征服了它，狄奥多西大帝曾把罗马帝国的定居权赐予他们。这些征服者真的可以被称为西哥特人吗？他们的首领阿拉里克（Alarich）的正式身份是罗马军官，军队由罗马士兵组成。这一点再次指出，我们不能把当时的变化一味地理解成日耳曼人与罗马人的矛盾，尽管当时的罗马人将罗马失陷的耻辱算在了蛮族头上。

狄奥多西不久前才统一了帝国，上述种种怎么会发生？可能是狄奥多西的统治虽具有一定的遏制作用，却无法持续地缓解日耳曼人带来的压力，最终他不得不对西哥特人让步。从公元4世纪末开始，"民族大迁徙"造成了巨大的冲击，看似强大的罗马似乎已经无法阻止力量的衰弱。面临这一问题的不只

248

是罗马人，因为波斯人也需要抵御迁徙的民族。"民族大迁徙"的进程延续了数百年，席卷了欧亚大陆上的广大地区，影响了诸多古代大帝国。

从霍诺留（Honorius，395~423 年在位）开始，西罗马皇帝住在拉文纳（Ravenna），这座城市最重要的特点是难以攻占。西罗马皇帝的实际统治区域显然在缩小，政变接连发生。自公元 455 年起，皇帝的统治时间最多只有几年。在位时间更长的是其他人物，即蛮族出身的最高军事长官，然而他们的性命也岌岌可危。

斯提里科（Stilicho）——狄奥多西还将自己的儿子霍诺留托付于他——在公元 408 年被谋杀。他的继任者埃提乌斯（Aëtius）享誉至今，因为公元 451 年此人在卡塔隆平原（Katalaunische Felder）① 将匈人赶出西部。埃提乌斯被皇帝瓦伦提尼安三世（Valentinian III，425~455 年在位）谋杀，因为皇帝觉得他功高盖主。此后的军事统帅是里西梅尔（Ricimer）。他服侍过多位皇帝，几乎可以随心所欲地保护或者推翻他们。里西梅尔也许考虑过不顾自己的日耳曼人出身而自立为帝，不过没有成功。另一个很有影响力的军官是奥多亚克（Odoacer）。公元 476 年，他在拉文纳推翻了孱弱年幼的皇帝罗慕路斯·奥古斯都路斯（Romulus Augustulus），安排他过上了待遇优厚的流放生活。当时的人没理由觉得这是一件大事，何况当时还有一个合法的西罗马皇帝——尼波斯（Nepos，474~480 年在位）。大家推测东部会任命一位新的统治者。况且从前也有过空位的现象。然而在公元 476 年，没人能想到自己亲历的事件会被后世称为"末代罗马皇帝的退位"，甚至是"西罗马帝国的终结"。

---

① 卡塔隆平原：或译作卡塔隆尼亚平原、沙隆平原，位于今法国东北部。

　　罗马帝国没有正式地放弃在自己旧有的领土上行使统治权。罗马法在这片土地上依然有效，没人原则上质疑罗马统治的合法性以及皇权。罗马士兵准备为皇帝战斗，直到军饷发不下来的时候，他们才觉得不对劲。

　　由于通信不便、天高皇帝远等，各自为政的军阀统治区形成了，这种局面也很符合罗马的传统。举例而言，西阿格里乌斯（Syagrius）在公元 464/465 年到公元 486/487 年在高卢北部独立行动，却从未正式宣布脱离罗马帝国，马尔切利努斯（Marcellinus）稍早些在达尔马提亚①地区的做法与此相仿。其实，他们在很大程度上自行其是。

　　和这些短命政权相比，所谓日耳曼人后继帝国（Nachfolge-reich）的出现更为重要。西哥特人先在今法国西南部，后在西班牙定居，汪达尔人定居于阿非利加，东哥特人定居于意大利，法兰克人定居于今法国北部。但是，使用上述名称难免把情况说得太简单了。理由如下：我们习惯于把"民族大迁徙"中的诸多部落和民族安上"汪达尔人"或者"西哥特人"之类的名字，但他们根本不是统一的族群。他们的联盟由语言及出身各不相同的人组成，罗马人或者匈人也可能追随所谓的日耳曼人。他们之间的凝聚力依靠的是战争和劫掠，国王的形象也有凝聚力，只要他能领导暴力共同体取得胜利，众人就聚拢在他周围。

　　不过，这些国王希望自己的统治能够持久，所以想得到皇帝的承认。皇帝能够通过协议和罗马的封号赋予他们合法性。这些国王还在为王室寻找共同的历史和传统。他们惯于利用罗马史家，让对方记录他们对自身历史的看法，阿玛里（Amaler）王室统治的东哥特人历史就是这样诞生的，据说他

250

---

① 达尔马提亚：罗马帝国行省，位于巴尔干半岛，覆盖了现在的阿尔巴尼亚北部、克罗地亚大部、波斯尼亚和黑塞哥维那、黑山、科索沃以及塞尔维亚。

们从瑞典出发，经东欧迁徙至意大利。这些故事或许总包含着一些真实信息，但所谓的存在了数百年的族群身份则纯属子虚乌有。通过接触罗马人，一种或许保留着传统内核的新身份形成了，它可以因为新的交流和发展发生变化。

这些群体以及他们在过去属于罗马的土地上建立的政权变得较为团结。西哥特人在多瑙河地区的定居点似乎具有一定的代表性，但是定居点都不相同。他们各自结成同盟（foedera），同盟是共同生活的基础，还处理税务问题和军事事务等。日耳曼人——他们始终只是居民中的少数——定居下来，衣食无忧，得到了 1/3 的土地或者税款。原住民的利益自然受到了侵犯，不过他们和日耳曼人通常能和平共存。罗曼人可以在很大程度上按照罗马法生活，可以说自己的语言，因为他们的制度没有被摧毁。日耳曼人承担军事任务，使罗曼人越发清楚地看到了自己的软弱无力。尽管异族统治令人讨厌，但罗马传统没有覆灭。拉丁语文学恰恰是在汪达尔帝国——那里对罗马人的统治可能最为严苛——经历了一场真正的繁荣。

在日耳曼人的帝国里，有一种隔阂比文化隔阂更深，那就是教派分歧。日耳曼人是阿利乌派，罗曼人则普遍遵循尼西亚宗教会议和君士坦丁堡宗教会议的传统，这些会议以后也将对天主教会产生重大影响。教派隔阂为婚姻制造了障碍，也加深了族群之间的隔阂。

意大利的东哥特王国建立了一种引人瞩目的罗曼人和东哥特人共同生活的模式。国王狄奥多里克大帝（Theoderich der Große，493~526 年在位）受东罗马皇帝所托，经过绵延数年的战争击败了奥多亚克，征服了意大利。在经历了几十年的动荡之后，意大利进入了长期稳定时期。狄奥多里克还通过巧妙的结盟举措巩固了东哥特王国的对外地位。新的建筑拔地而起，波爱修斯（Boëthius）的著作给哲学带来了一场迟到的繁荣。狄奥多里克遵循罗马皇帝的传统，却没有使用"奥古斯都"头衔。他让人称他为"弗拉维·狄奥多里克国王"（Flavius Theodericus Rex），换言之，他用上了罗马人曾经拒绝的国王头衔，却又使用弗拉维这一姓氏——这是古代晚期罗马皇帝（但不仅仅限于他们）的姓氏（见图8）。飘逸的头发和小胡子同样凸显了狄奥多里克的日耳曼人出身，然而他的政府使用拉丁语，说拉丁语的西部领袖也为他效力。罗马的元老院仍然存在。狄奥多里克政策的独特之处在于"文明有礼"（civilitas）这一口号，这在他的公告里经常出现。这个关键词指的是大家在共同生活中应当正派、宽厚、温和，它最终迫使哥特人遵循罗马的价值观。狄奥多里克努力通过恰当的立法满足自己王国里的不同群体——也包括犹太人——的需要。不过他似乎并不追求融合，而是更支持和平共存。

252

　　狄奥多里克最终失败了。因为罗马的元老和罗马主教陷

图8　这块金牌把狄奥多里克大帝塑造成了留着日耳曼人的发式和小胡子，穿着罗马皇袍式服装的人物。金牌边缘的文字（见上文）借鉴了皇帝的头衔，却没有照抄。这体现了狄奥多里克想同时讨好受罗马文化影响的民众和受哥特文化影响的民众

入了一仆二主的困境，他们始终把东罗马皇帝视为真正的统治者。此时他们的处境变得更艰难，因为君士坦丁堡主教和罗马主教决裂了，而皇帝阿纳斯塔修斯（Anastasius，491~518年在位）在西部被视为异端分子。尽管阿利乌派信徒狄奥多里克的神学观点与这两派都不同（或者正因为如此），皇帝还是认可了他。此后，良好的局面维持了较长时间。然而，东罗马皇帝查士丁（Justin，518~527年在位）终止了教派分裂，意大利的元老遂死心塌地地忠于君士坦丁堡。狄奥多里克或许觉得自己遭到了背叛，于是以极为严厉的手段做出回应。教宗被废黜，哲学家波爱修斯等几名元老被逮捕处死。狄奥多里克死后数年，罗马军队就来了，目的是消灭东哥特王国。

现代人绘制的古代晚期地中海世界地图看上去就像五彩斑斓的拼花地毯。这符合实际势力格局，不过以君士坦丁堡或者拉文纳高官的视角来看，我们也可以画出一片统一的地区。因为从法国北部到埃及南部，从大西洋到幼发拉底河彼岸，统治者掌权的合法性都来自（东）罗马皇帝。日耳曼人国王喜欢拥有"执政官"或者"贵族"（patricius）等头衔，它们可以由皇帝授予。罗马有着特殊的余威，可以赋予他人合法性，这与罗马的实际势力并不相符，然而在此后的几百年间，它还将支撑罗马帝国的声威。罗马帝国的传统此后被中世纪的皇帝和俄国的沙皇继承，所以我们也有理由不把诸王国称为蛮族王国，而称为后罗马王国，因为大人物们最看重的似乎就是以其他手段继续罗马的统治。

说到将皇帝的头衔传给后代，我们没怎么提过的一个部落堪称范例：法兰克人。上文所述的卡尔大帝加冕为罗马人的皇帝就体现了这种说法，传统认为他的加冕日期是公元800年12月25日，不过此事只是长期发展过程中的一个高潮部分。法兰克人取得成功的另一个原因是，他们不像哥特人或者汪达尔人那样作为异族突然占领某地，相反，法兰克人在高卢扎根已久，所以和当地人关系亲密。十分擅长外交的国王克洛维（Chlodwig，481/482~511 年在位）迈出了关键的一步，据传统文献记载，他在公元 497 年的圣诞节接受洗礼成为天主教徒。此举为罗马人和日耳曼人的融合进一步奠定了基础。后来法兰克王国将统一西欧的大片地区，复兴罗马皇权。

很久以后，身在西班牙的西哥特国王雷卡莱德（Reccared，586~601 年在位）在公元 587 年改信天主教。伊比利亚半岛上诞生了充满活力的拉丁语文学，直到公元 710/711 年，拉丁语文学才随着阿拉伯人的入侵而消亡。文学繁荣的代表人物是塞维利亚的依西多禄（Isidor von Sevilla，约 560~636），他想要通过自己的著作《词源》（*Etymologiae*）汇编当时的知识，使它们得以流传至中世纪。

尽管罗马帝国尚可赋予他人合法性，拉丁语文化仍生机勃勃，但在公元 378 年的阿德里安堡战役失败之后，帝国的衰落显而易见。公元 410 年罗马被占领是一个信号，它使异教徒产生了疑问：基督教的胜利导致旧的神祇遭到轻慢，这是不是帝国严重衰落的原因？对此，一位曾在米兰担任雄辩术教师、当时是行省主教的人物通过《上帝之城》（*De civitate Dei*）一书做出了答复，他的答复将在思想史上产生重大影响。此人就是希波的奥古斯丁（Augustinus von Hippo，354~430）。其他人经常沿用先知但以理的说法强调罗马帝国对救赎来说是必不可少的，末日审判会随着罗马帝国的灭亡而降临。而奥古斯丁解释说存在两个城。按照古代政治思想的传统，它们不能被理解为两个空间单位，而应被理解为两个由人组成的团体，其中一个代表俗世制度，另一个代表上帝之城（civitas Dei），它在人间就像在异域漫游。真正的基督徒属于上帝之城。但是末日审判何时到来、基督徒何时抵达这座城则取决于上帝的意志。

255　　　一种典型的基督教机构——修道院——为保护古代文化做出了重大贡献。狄奥多里克手下的高官卡西奥多鲁斯（Cassiodor）建立了一座名为维瓦里乌姆（Vivarium）的修道院，它的任务是延续古代的思想传统。卡西奥多鲁斯还写了一部关于哥特人历史的著作《引论》（Institutiones）①，他像西哥特王国的依西多禄那样在著作中汇编了知识，产生的巨大影响也与后者相似，尽管维瓦里乌姆修道院在他死后败落了。

　　另一种兴起于 6 世纪的修道院传统将获得更长久的生命力，它就是本笃会修道院。本笃会修道院不久后也视传承古代文本为己任。通常认为努西亚的本笃（Benedikt von Nursia）在公元 529 年创立了卡西诺山（Monte Cassino）修道院，此人是否真的存在还有争议。不过，和他的名字联系在一起的纪律严明的修道院却真实存在并产生了重大影响。这种修道院生活取法东方，由周而复始的祈祷和工作（ora et labora）组成。

　　罗马城的重要性取决于其主教的分量。大利奥（Leo der Große，440~461 年任职）和大格列高利（Gregor der Große，590~604 年任职）② 等强势的教宗强调罗马的地位，把这座城市变成了基督教城市，教堂是它的门面。因为皇帝几十年来都不在意大利进行统治，教宗有时就能自作主张。如前所述，东西罗马曾发生教会分裂，皇帝阿纳斯塔修斯试图逼迫教宗哲拉旭（Gelasius，492~496 年任职）接受皇帝的信仰，教宗则以一句影响力巨大的话回敬了皇帝："伟大的皇帝，有两种最高权力在治理着这个世界，主教的神圣权威和统治者的权力。两者之中，主教（司铎）更为重要，因为在上帝的法庭上，主教也
256　将亲自报告人类统治者的所作所为。"[19] 所谓的两种权力学说

---

① 《引论》：指卡西奥多鲁斯的代表作《神圣及世俗知识引论》（Institutiones Divinarum et Saecularum Iitterarum）。

② 大利奥和大格列高利：教宗利奥一世和格列高利一世。

强调了主教——归根结底是教宗——的特殊地位，这成了西部地区中世纪政治思想的基础之一。不过，这种通过书信表达的意见没能在古代产生持久影响。教权的要求只在少数时候得到认可，况且表达这类要求前提就是天高皇帝远，但它为后来的权力扩大创造了条件。

此类思想家使得基督教摆脱了政治结构，这是和罗马帝国关联极其紧密的基督教在帝国覆灭之后得以存续的原因之一——正如从前犹太人在他们的王国覆灭之后能继续生存一样。古代晚期神学的思想遗产、延续了本笃传统的修道制度以及教权将影响西部中世纪基督徒的历史。他们中的许多人沉湎于继续在罗马帝国生活的想象，却并不依赖罗马制度的支持。

5　基督教帝国在东部的存续

罗马在公元 410 年被占领，东部居民对此不甚在意。东部的局势要比西部稳定得多。将军盖依纳斯（Gainas）试图得到同时代的斯提里科在西部的地位，然而在公元 400 年遭到残酷镇压。盖依纳斯手下的哥特人部队一部分被屠杀，一部分被驱逐。东部的边境地区也比西部安宁，和波斯人的冲突仍然牵制着大量兵力，不过这些冲突起初没有对帝国内部造成威胁。阿拉伯人部落有时会长驱直入，但那只是偶然现象。西罗马帝国的大部分居民不得不面对汹涌而来的异族，东部居民则大多没有此类经历。巴尔干地区的局势比较危险。虽然西哥特人朝着意大利的方向而去，匈人对多瑙河地区的进攻却让人头疼，其他部族也随之而来。东罗马人避免和入侵者战斗，宁可用礼物（匈人称之为贡品）安抚他们。幸好东罗马的行省繁荣富庶，负担得起这笔支出。

东罗马部队大部分由异族士兵组成，以东哥特人和伊苏里亚人（Isaurier）①居多，他们中的一部分人能彼此遏制。不过异族士兵可以迅速地变成危险的敌人。他们的领袖通常接受过罗马式教育，肯定还有许多罗马头衔，内心却怀有异志。公元486年，东哥特人在狄奥多里克的率领下占领了君士坦丁堡——后者在公元484年还被为提升为执政官。类似事件屡见不鲜。

但是到了公元5世纪末，这些民族的影响力下降了。公元488年，芝诺（Zeno，474~491年在位）将狄奥多里克派往西部，希望能在那里击败奥多亚克，统治意大利。阿纳斯塔修斯在位期间，伊苏里亚人被消灭了。尽管在君士坦丁堡及周边地区存在一些势力强大的军事长官，有时甚至可以废立皇帝，但是他们当中没有人能像埃提乌斯或者里西梅尔那样势焰熏天。

在军事领域之外，政府没有什么变化，它多多少少仍能运转，规模庞大、充满自信。狄奥多西二世让人搜集现行法规，编成《狄奥多西法典》（*Codex Theodosianus*），为判决奠定了更好的基础。在很多地区，城市还会繁荣很久，另一些地区的城市则开始衰落。总体来说，税收一如既往地居高不下。许多精英阶层的成员自然想要避税。很多地方出现了重要的大型地产，所有者经常是贵族，他们在总督面前甚至宫廷里都有影响力，和常规的政府分庭抗礼，进一步加大了征税的难度。这是一种非常危险的社会崩解进程，但是远不如西部的危机那么严重。

一些地区逐渐脱离中央控制还有别的原因，问题主要出在教会政策方面。狄奥多西大帝只是在表面上平息了基督教内部的矛盾，在他的继任者统治期间，矛盾依然存在。公元4世纪的基督徒争论耶稣在多大程度上是人，此时则追问耶稣身上的神性。人们又试图通过宗教会议寻求解决方案，即使相关决议依然没什么用。狄奥多西王朝终结之后的第一个皇帝马尔西安

① 伊苏里亚人：一个来自小亚细亚的民族。

（Marcian，450~457 年在位），在公元 451 年邀请各方到君士坦丁堡附近的卡尔西顿（Chalkedon）参加宗教会议。

各方在皇帝的强大压力下制定了一套折中信条。虽然付出了极大努力，但他们最终只是重新整理了旧概念，而不能或不愿真正明确地阐述这些概念的内容。与折中之举相关的还有对论战中的重要代表人物和一些学说的谴责。以上做法并没有带来教会的和平，结果正相反，因为信条仍然需要阐释，矛盾再度爆发。所谓的基督一性论者（Miaphysiten）强调基督只有一性。不幸的是，这种神学发展和地方脱离中央的进程相互关联。埃及的问题尤其突出，它的财富和粮食生产都极为重要，却在宗教政策方面脱离了皇帝的控制。皇帝不断做出新的尝试，比如寻找折中方案或者推行自己的宗教观点。

查士丁尼的干预力度最大。他出身于巴尔干的拉丁语区，跟着舅舅查士丁来到君士坦丁堡。查士丁起初在皇帝的近卫军中服役，公元 518 年成了皇帝。公元 527 年查士丁去世，查士丁尼成了罗马帝国的唯一统治者。

259

查士丁尼继续同波斯人作战，虽然没能取胜，但还是在公元 532 年平息了战争。当他将目光投向西部的时候，截然不同的机遇显现了出来：在汪达尔王国，一位亲罗马的国王被赶下了台。查士丁尼手下的将军还对过去的失败心有余悸，查士丁尼却不顾他们的建议向汪达尔王国派兵，并在公元 534 年大获全胜。被汪达尔王国控制了一个世纪的阿非利加回到了罗马统治者手中。不久之后，东哥特人的内讧给了查士丁尼出兵干涉意大利的理由。但他在意大利取得的胜利重要性有限。冲突持续了几十年，罗马人有时似乎被击退，不过公元 552 年查士丁尼的军队还是守住了阵地。罗马人甚至再次在西班牙的东南海岸地区站稳了脚跟。

后世将这一串胜利视为目标明确的"复兴帝国"（renovatio

imperii）之举。然而，我们不清楚查士丁尼是否一开始就有如此宏伟的计划，抑或他更有可能先利用了有利条件，再随着时间的推移发展出一套计划。总结查士丁尼的对外政策，他也有失败之处。他已经无法继续控制多瑙河流域，面对再次一路进军至地中海沿岸的波斯人，他遭遇了多次惨败。公元562年的和约使得罗马人不得不支付高额贡金。因而尽管帝国在查士丁尼统治末期看起来变得更强，资源却几乎耗尽。

在国内，查士丁尼面对的是蠢蠢欲动的市民和充满自信的贵族。查士丁尼是农民的儿子，他的妻子狄奥多拉（Theodora）当过演员和娼妓，所以贵族看不起他们。公元532年的所谓尼卡暴动（Nika-Aufstand）①体现了反对他的势力何等强大。这场暴动在君士坦丁堡赛马场爆发并非偶然。赛马场是战车比赛的场地，是皇帝和臣民会面的少数地点之一。有人在这里对查士丁尼采取的措施表达抗议，抗议变成了暴力活动，引发了大火。市中心的部分区域被毁，暴动者拥立了另一个皇帝，据说查士丁尼甚至考虑过逃跑。但他派出士兵无情地追捕暴动者，大开杀戒，于是最终获得胜利。此后民众再也不敢暴动，而贵族——他们中的许多人支持暴动者——被削弱及剥夺了权力。君士坦丁堡的中心出现了一片空地，查士丁尼就在那里修造了一批建筑，其中最重要的就是宏伟的圣索非亚大教堂（Hagia Sophia），它至今都代表着查士丁尼统治时期的荣耀（见图9）。上述事件大大增强了查士丁尼的势力，所以有些现代学者认为尼卡暴动是他自己精心策划的。

在尼卡暴动之前，查士丁尼就展示过专横独断的铁腕，在此之后，他更是频繁出手。他命人编撰了一套法律著作，由现有法律的节录合集［《查士丁尼法典》（Codex Iustinianus）］、法学家

---

① 尼卡暴动：因暴动中市民高呼"尼卡"（Nika，希腊语：胜利）的口号而得名。

作出的具有法律约束力的解释汇编［《法学汇纂》（*Digesten*）］和一部教材［《法理概要》（*Institutionen*）］组成，全书在公元 533/534 年大致形成了我们现在所知的形态。查士丁尼认为这项成就是自己的丰功伟绩之一，他的看法很有道理。因为此前也有别的皇帝尝试搜集整理罗马法的一般规定，但他们的工作都不像查士丁尼那样覆盖面广泛且成功。我们现在把这套法律著作称为《民法大全》——后来又添上了《新律》（*Novellen*）部分，即查士丁尼颁布的新法。这套法律著作在东部和西部断断续续地流传了几个世纪，也对中世纪以来的欧洲法律传统产生了重大影响。

查士丁尼也对政府倾注了大量精力。他严办腐败官员，借此削弱了那些惯于以权谋私的贵族的势力。他请主教担任督察。查士丁尼本人原则上拥护卡尔西顿宗教会议的决议，但愿意接受变通，于是他一直试图拉拢基督一性论者。他的妻子狄奥多拉就是该派信徒，所以基督一性论者哪怕是在广受迫害的时候也有皇宫内部的联络人。但是，查士丁尼施加的压力越来越大。他的神学思想有所转变，还亲自撰写神学论文，他最终试图通过公元 553 年的（第二次）君士坦丁堡宗教会议强制推行统一的信仰。尽管他迫使心有不甘的教宗维吉里（Vigilius，537~555 年在位）签字同意，但他的胜利得不偿失，因为这恰恰使得罗马主教在意大利失去了支持。皇帝本人在晚年再度转信另一个教派，成了彻底的孤家寡人。

查士丁尼一开始就努力让人在日常生活中尊重基督教。他试图动员人们改信基督教，甚至不惜使用强制手段。正如所有公民过去都自然而然地参与城邦的崇拜，查士丁尼则期望所有的臣民都能按照皇帝的意愿理解基督教。他有计划地与异教作斗争，也逼迫犹太人。这不仅仅是强权政治问题。因为查士丁尼对待基督教极为严肃，甚至甘愿为了增加妇女或者奴隶的权利等引发社

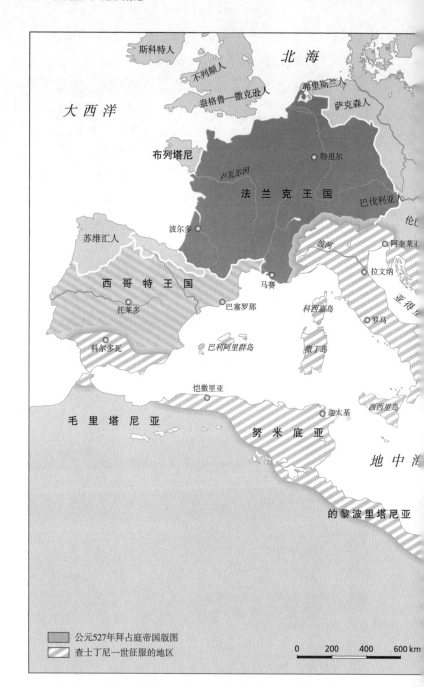

斯科特人

北海

不列顛人

弗里斯兰人

大西洋

盎格鲁－撒克逊人

萨克森人

布列塔尼

特里尔

卢瓦尔河

法 兰 克 王 国

巴伐利亚人

波尔多

苏维汇人

西 哥 特 王 国

波河

阿奎莱亚

拉文纳

马赛

托莱多

巴塞罗那

科西嘉岛

罗马

科尔多瓦

巴利阿里群岛

撒丁岛

恺撒里亚

西西里岛

毛 里 塔 尼 亚

努 米 底 亚

迦太基

地 中 海

的黎波里塔尼亚

公元527年拜占庭帝国版图

查士丁尼一世征服的地区

0   200   400   600 km

地图6 查士丁尼时期的罗马帝国

拉夫民族

阿瓦尔人

可萨人

里 海

奥塞梯人

安德人

克里米亚哥特人

黑 海

拉兹卡

锡诺普

特拉比松

阿德里安堡　君士坦丁堡

塞萨洛尼基

尼西亚

东罗马帝国

萨珊帝国

帕加马

士麦那

以哥念

雅典

以弗所

幼发拉底河

底格里斯河

达

安提阿

克里特岛

塞浦路斯岛

耶路撒冷

昔兰尼

亚历山大里亚

利比亚

孟菲斯

埃 及

尼罗河

红 海

狄奥斯波里

会动荡。查士丁尼坚信自己受上帝派遣而来，越发以圣人的形象示人，他亲自带领众人进行宗教游行，谦卑地走上街头。

让他对自己的看法深信不疑的也许是偶然事件，而不是可控事件。他起初似乎总能取得胜利，从公元 6 世纪 30 年代末开始，灾难和挫折却接踵而至，他肯定会认为这是因为上帝的愤怒。40 年代发生的一场流行病后果尤其严重，其被称为查士丁尼瘟疫。瘟疫夺走了大批民众的生命，极大地削弱了帝国的力量。据说形势在此之前已经有所恶化，结果很可能是粮食歉收。君士坦丁堡再也无法补救人口损失产生的后果。极为强大的对手和自然的力量，似乎都在同查士丁尼作对。就连费力推行下去的措施，比如君士坦丁堡宗教会议，也被证明是政治上的败笔。在十分漫长的统治生涯之后，查士丁尼死去了，当时的他统御的是一个衰弱无力、宗教分裂的社会和一个疲惫不堪的帝国。

他的继任者想要渡过难关，收效却各不相同。多瑙河流域仍然不受控制，罗马无法长期阻挡住波斯人，宗教矛盾同样无法解决，新的问题还不断出现。意大利的绝大部分地区不久后落入了伦巴底人（Langobarden）①之手，他们从公元 568 年开始进入该地区。

在希拉克略（Herakleios，610~641 年在位）统治时期，东部帝国似乎气数将尽。公元 614 年，耶路撒冷被波斯人占领，公元 619 年，埃及被征服，首都的物资供应岌岌可危。不过皇帝果断地集结了罗马军队，亲自指挥几场远征，直至公元 629 年大胜波斯人，罗马军队甚至推进到了两河流域。这些战争也带上了前所未有的宗教色彩。娶基督徒为妻的波斯国王库思老（Chosrau）把耶路撒冷的十字架真木带回了波斯。希拉

---

① 伦巴底人：日耳曼人的一支。

克略把它夺了回来，送归原址——西部居民也庆贺此事。战争
双方通过破坏来释放宗教热情。罗马人和波斯人蹂躏对方的圣
地，给后世留下了不祥之兆。时人的看法却与此大相径庭，他
们认为东罗马帝国必定得到了上帝的支持，又有卓著的战绩，
因而东罗马帝国有可能统治整个西亚地区。

　　此时，一个强大的新敌人出现了，它也受到宗教热情的 265
驱使。当罗马人和波斯人深陷战局之时，在一个只有商人和部
分传教士会提到的边缘地区诞生了一种新生事物。似乎是受到
了犹太教—基督教的影响，那里出现了一位新的先知——穆罕
默德，他说自己直接受真主委托宣布教义。尽管遭到了许多攻
击，他还是在麦加和麦地那取得了成功。穆罕默德去世之后，
麦加和麦地那的阿拉伯人部落在公元632年重新组织了起来。
以传播本教真理为己任的新生宗教发动了战争，推进到了势力
衰落的黎凡特地区。公元636年，东罗马军队在约旦河的支
流雅莫科河（Yarmuk）附近被阿拉伯人打得落花流水；公元
638年，耶路撒冷陷落；公元641年，穆斯林大胜波斯人；公
元642年，穆斯林占领了罗马统治的埃及。他们的军事胜利还
远远不止于此，连伊比利亚半岛上的西哥特王国最终也将成为
他们的囊中之物。

　　新的世界随着伊斯兰教的诞生而到来。东罗马帝国势力衰
弱下去，萨珊帝国——第二个古代世界性帝国——在公元651
年覆灭。另一个有着极端真理主张的宗教发展了起来。和第一
批信仰基督教的统治者在位时的情况一样，在信仰伊斯兰教的
统治者治下，尤其是在倭马亚王朝（Omayyaden），各种文化
和宗教能够暂时和平共存。说希腊语的基督徒可以为哈里发工
作，信仰不会受到干涉。人们可以阅读希腊哲学著作并且用它
们解释信仰问题。但是，和信仰基督教的统治者治下的情况一
样，这里也很快出现了极端化现象，出现了信仰战争和迫害。

6　小结

犹太教形成于巨大的压力之下，其他宗教面对这样的压力或许已经灭亡。在这一过程中，犹太教发展出了一套教义，它可以解释上帝的子民经历的挫折甚至失败，又不会让人对上帝的全能起疑。犹太教的内部诞生了一种以耶稣——他的追随者视他为弥赛亚——为中心的新运动，它成了独立的宗教。基督教放弃了犹太教的很多规定，但是保留了以下观念：弱小和失败恰恰不能表示上帝的无能。基督教使得宗教，包括皇帝崇拜，变成了个人选择问题，使它脱离了与城邦的关联。这种信仰形式确实极富吸引力，所以基督教就成了皇帝的宗教，得到了权力的支持，基督教的社会影响力就更大了。

但是基督教不能创造国内和平，伊斯兰教后来也无法做到这点。信仰中的真理主张能使人坚贞不屈，也会让人难以容忍其他观点。如果这种态度和个人的权力主张相结合就很容易引发暴力。基督教和伊斯兰教都秉持以下理念——对于全人类来说只有"一种"正确信仰，它们也在这种理念的基础上建立了帝国。它们为了宗教真理展开基本教义之争，打着基督教和伊斯兰教的旗号压迫其他教徒的现象也时有发生。但是，我们不能就此认为一神论和暴力之间存在必然联系。

因为基督教和伊斯兰教在预言和平的教义之中都蕴含一种思想的萌芽，即对走极端的真理主张做出谴责。基督教和伊斯兰教的历史上都存在过自我批判、改革、不同观点并立的阶段。但我们不能认为这两种宗教的历史是相同的：因为西方的基督教深入研究过与自由有关的思想，也接受过宗教改革和启蒙运动的挑战。以上种种使得这种古代宗教发生了改变，而伊斯兰教至今没有此类经历。

第五章

尾 声

古代世界的遗产远比本卷所能描述的内容更加丰富多样。本卷大致略过了艺术传统、哲学和科学。笔者专注于讨论三个对欧洲的政治发展和自我理解极其重要的关键概念，尽管它们在不同时期的重要性并不一样。它们是自由、帝国思想和真正的信仰——它们在古代就都已包含矛盾：谁可以分享自由；如何看待罗马帝国中被消灭的文化；为真正的信仰战斗会造成多大的牺牲。不过回忆这三种理念也为欧洲的思想注入了活力，有时甚至通过创造性误解推动了一些被我们视为近代成就的发展。古代让后人看到自由的共同生活是可以实现的，跨地区的制度可能带来和平和富裕，坚定的信仰可以让人顽强地与政治暴力做斗争。于是欧洲以各种形式接受并学习了古代遗产。现在，古代不再是我们的认同对象，对古代的深入研究恰恰使我们认识到了它是何等的陌生而独特。不过，古代研究或许也能让我们深入思考欧洲的形成基础，看到欧洲的形成过程。

没有一座记忆之场能充分体现古代各方面的多样化特征，不过有些城市可以让我们领略古代的丰富面貌。在君士坦丁堡——曾经的拜占庭、如今的伊斯坦布尔——汇集着各种元素，例如城邦传统、元老院传统、皇权传统；旧神祇的一些圣地直到古代晚期仍然存在，不过教堂和宫殿才是这座城市的门面。基督教日渐成为市内日常生活的主导因素。

尽管如此，在赛马场里欣赏查士丁尼时期的大型竞赛之一——

图9　看到如今的伊斯坦布尔赛马场，我们就能意识到古代东方、古典和基督教传统在古代的交融以及它们后来对伊斯兰教产生的影响。我们能够认出可能建于公元4世纪的石砌方尖碑，还能看到——目前已经在地表以下的——来自德尔斐的蛇柱（见图2），更远处是图特摩斯方尖碑（见图4）以及诞生于古代晚期的浮雕基座（见图7）。背景中有圣索非亚大教堂，在伊斯兰教统治时期人们为它增建了宣礼塔，照片右前方是苏丹艾哈迈德清真寺（蓝色清真寺）的前院入口，它的建筑风格受到圣索非亚大教堂的启发

战车比赛——的观众看到的竞技形式是在罗马帝国历经几个世纪发展而成的。在隔断（Spina）①，即赛马场的中央隔离带上方，观众能看到当时的战车驭手的纪念像，也能看到一些已有数百年历史的艺术品，比如德尔斐蛇柱，造型为三条蛇相互盘绕（见图2）。击败波斯人之后，参战城市为了纪念希腊人捍卫自由而在公元前479年于德尔斐竖立了蛇柱。移到赛马场之后，蛇柱就失去了自己原本兼具的宗教意义。

　　赛马场上最重要的建筑物始终是一座方尖碑（见图4），它是图特摩斯三世为了纪念远征胜利在卡尔纳克的阿蒙神圣地

①　隔断：位于长"U"形战车竞技场中央的长条隔离带，战车绕着它行驶。

竖立的，有人把它从那里运到了博斯普鲁斯海峡旁边，在狄奥多西大帝统治时期，人们大费周折地让它重新竖立在君士坦丁堡，又给它加上了浮雕，上面刻画的是皇帝在家人和臣民的簇拥下亲临战车比赛的场面（见图 7 ）。这件艺术品把埃及法老和罗马皇帝联系到了一起。

皇帝是赛马场上的焦点人物。他的"座位"（Kathisma），即"皇帝看台"肯定极为显眼。皇帝从宫殿建筑群出发，直接前往赛马场并主持比赛。一切都体现着皇帝的荣耀以及罗马帝国的伟大。

在赛马场，基督教的象征物似乎并不重要。不过，赛道起点几米之外就耸立着圣索菲亚大教堂，其建筑结构和另一座教堂——神圣和平教堂（Hagia Eirene）——相互连通。从赛道的另一头出发，走几步就到了谢尔盖和巴克斯教堂（Sergios-und Bakchos-Kirche）。前往赛马场的游客也无法无视基督教的影响力——这个宗教早已不是什么新生宗教，尤其是在这座竞技场变成基督教游行场地的时候。

我们难以判断古人是否觉得古典艺术和教堂的联系构成了一种张力。很多证据表明他们愿意看到各种事物，而不认为古典传统和基督教传统之间存在矛盾——不过前提是基督教和皇权终究统御一切。人们正是在查士丁尼统治时期感受到了这种信仰的威力，此时对异教的压制空前严厉。然而，我们也不能把这个时代视为终结和僵化的代表。

建筑艺术鲜明地体现着，在查士丁尼统治时期建筑艺术的发展尤其具有创造性。随着谢尔盖和巴克斯教堂的建造，所谓圆顶巴西利卡 ①（Kuppelbasilika）样式的建筑日趋成熟，它的集大成之作是圣索菲亚大教堂（见图 9 ）。圆顶巴西利卡的

272

---

① 巴西利卡：古罗马的一种公共建筑样式，基督教沿用其布局建造教堂。

影响向各个方向辐射，或许是经由拉文纳式① 建筑的推广，其影响力远达亚琛，新的"罗马人的皇帝"——卡尔大帝——也喜欢在此种建筑中居住。不计其数的拜占庭教堂和俄国教堂同样吸纳了圣索非亚大教堂的建筑样式并继续发展，于是后人经常觉得这种教堂修建方式带有东方特色。但是，伊斯兰教艺术也学习了这些样式。在奥斯曼王朝统治了这座古老的城市之后，有着巨型圆顶的奥斯曼式清真寺和圣索非亚大教堂尤其相似。许多大型清真寺展示着古代晚期的建筑艺术遗产，1616/1617 年开放的苏丹艾哈迈德清真寺（Sultan-Ahmed-Camii）——德语中习惯称之为蓝色清真寺——就是范例之一，人们有意将它建在圣索非亚大教堂附近。

古代是一段过往，欧洲在那里重新找到了自身的传统，但是古代不仅仅属于欧洲大陆。拜占庭（也即君士坦丁堡、伊斯坦布尔）这座影响力巨大且广泛的城市恰恰体现了古代是地中海诸文化的共同遗产。亚伯拉罕同时受到三大一神教的敬拜，所以我们现在习惯于称它们为亚伯拉罕诸教。但是这个例子恰恰说明，尽管它们看似拥有共同点，却不能混为一谈。因为它们都敬拜一个名叫亚伯拉罕的人，又以各不相同的方式宣称他是本教人物。其中犹太人将他视为以色列的先祖，基督徒认为他是一位指出了弥赛亚耶稣将要降临的族长，对于穆斯林而言，亚伯拉罕是克尔白（Kaaba）② 的重建者。拥有共同的遗产不足以保证他们有共同点，甚至可能引发矛盾。只有心怀善意，我们才能看到有益于团结的因素。回顾一段不直接涉及现实利益的共同过往或许能帮助我们认识到这一点。到了那时，古代遗产便可能使各种起源于地中海地区的文化汇聚起来。

---

① 拉文纳式艺术：古代晚期的拉文纳基督教艺术，代表作是大量带有马赛克装饰的教堂。

② 克尔白：伊斯兰教核心圣地，又称卡巴天房、天房等，是一座立方体型建筑物，位于麦加的禁寺内。

建议阅读文献

　　要写这样一本书，我必须参考大量文献。我不得不放弃在每句话后面都加上注释、在每一段后面都提出不确定信息以及待解决问题的习惯。我已经通过学术专著和论文解释了本书中的一些观点，但它们只是需要证明的观点中的一小部分。我还参考了他人的研究，业内人士很容易看出他们是谁。假如要详尽地列出资料来源，本卷的厚度就会增加一半。

　　在此，我只能列出若干深入介绍某方面知识的文献。其他文献详见出版社主页（在 www.chbeck.de/das-erbe-der-antike 和 www.chbeck.de/geschichte-europas 可以看到本系列各卷的建议阅读文献）。网页上还会列出最新文献，因为对于科学家来说，呕心沥血的研究成果迅速失去时效性实属最痛苦的经历之一。

　　以下两本书可以帮读者大致了解古代史：《古代史学习手册》（*Geschichte der Antike. Ein Studienbuch*）① 和《古代：希腊与罗马，从起源到伊斯兰教的扩张》（*Die Antike: Griechenland und Rom von den Anfängen bis zur Expansion des Islam*）②。相关教材可以参考《古代史导论》（*Einführung*

---

① Gehrke，Hans Joachim / Schneider，Helmuth (Hg.)：*Geschichte der Antike. Ein Studienbuch*，Stuttgart / Weimar 2000.

② Dahlheim，Werner：*Die Antike: Griechenland und Rom von den Anfängen bis zur Expansion des Islam*, Paderborn ⁶2002.

in die Alte Geschichte)①。《剑桥古代史》(*Cambridge Ancient History*)② 是优秀的多卷本文集。《劳特利奇古代世界历史》(*Routledge History of the Ancient World*) 同为多卷本，内容更简明，时间跨度为公元前 1200 年到公元 600 年，这套书的出众之处在于各卷都能提供深刻的方法论反思。《第一个欧洲：公元前 1000~ 公元 500 年 》(*Das Erste Europa 1000 v. Chr. – 500 n. Chr.*)③ 的出发点与本书截然不同，它具有启发性地将古代视为第一个欧洲。《为自由而兴文化：希腊的开端，欧洲的开端? 》(*Kultur um der Freiheit willen. Griechische Anfänge – Anfänge Europas?*)④，预计将成为一套规模较大的史学著作的一部分，它着重研究自由问题，并做了深入阐释。《古典世界》(*Klassische Welt*)⑤ 出色地描绘了公元 2 世纪之前的时代。

《奥登伯格历史概论》(*Oldenbourg Grundriß der Geschichte*) 中涉及古代的几卷很有用处，《古代百科全书》(*Enzyklopädie der Antike*) 已出版的几卷也值得参考，其解释了一些涉及面很广的主题。

一切工作都要以原始文献为基础。它们一方面能使我们形成非常直观的印象，另一方面却经常由于语言及内容难以解读。《文献中的历史》第一卷《古代：古老东方，希腊，罗马 》[*Altertum. Alter Orient, Hellas, Rom (Geschichte in*

① Leppin, Hartmut: *Einführung in die Alte Geschichte*, München 2005.

② *Cambridge Ancient History*，Second / Third Edition, Cambridge 1970 ff.

③ Schuller, Wolfgang: *Das Erste Europa 1000 v. Chr. – 500 n. Chr.*，Stuttgart 2004.

④ Meier, Christian: *Kultur um der Freiheit willen. Griechische Anfänge – Anfänge Europas?*，Berlin 2009.

⑤ Lane Fox, Robert: *Klassische Welt, Stuttgart 2010 (engl. 2005)*.

Quellen 1）] ① 是一种编纂时间较早的古代文献集，收录了大量经过翻译和简要解释的原始文献。上文提到过的 Gehrke 和 Schneider 主编的学习手册配有一本新近出版的经过精心挑选和解释的《文献集》（*Quellenbuch*）。

---

① Arend, Walter: *Altertum. Alter Orient, Hellas, Rom (Geschichte in Quellen 1)*, München ⁴1989.

大事年表

约前 1150~前 1070	埃及新王国时期；
前 1259	签订《卡迭石和约》；
约前 1200	"海上民族入侵"，赫梯帝国灭亡；埃及陷入困境；
约前 1200~前 800	"黑暗时代"；
前 753	传统观念中的罗马建城时间；
前 750 起	希腊在西部建立海外定居点（"殖民地"）；
前 8/7 世纪	《荷马史诗》成形；
约前 650	旧僭主政治之始；
前 639~前 609	犹太国王约西亚统治时期，犹太传统复兴；
约前 620	德拉古在雅典立法（？）；
前 6 世纪的前 1/3	梭伦在雅典当政；
前 597 及前 587	尼布甲尼撒二世两次征服耶路撒冷，流放犹大王国的部分居民；
前 559~前 530	居鲁士大帝在位时期；
前 546/545~前 511/510	庇西特拉图家族连续统治雅典；
约前 520/515	修建耶路撒冷第二圣殿；
前 524	哈摩尔狄乌斯和阿利斯托盖同谋杀了庇西特拉图之子及继承人西帕库斯（"谋杀僭主"）；
前 510	传统文献中罗马王制终结、罗马共和国建立的时间；
前 509/508	雅典人民抵御斯巴达进攻；
前 490	马拉松战役，第一次希波战争；
前 480~前 479	萨拉米斯战役、普拉提亚战役和米卡列战役，第二次希波战争；

前 478/477	建立提洛—阿提卡海上同盟;
前 464/463	美塞尼亚黑劳士起义;
前 462/461	埃菲阿尔特改革,战神山议事会失去权力;雅典放弃与斯巴达结盟;
前 449/448	雅典和波斯形成均势;
前 446	雅典和斯巴达相安无事;
前 431~前 404	伯罗奔尼撒战争,结果是雅典失败、海上同盟解体;
前 396	罗马征服并摧毁维爱城;
前 387/386	希腊订立《大王和约》,波斯占主导地位;
前 367/366	提出《李锡尼—绥克斯图法》,罗马平民地位上升;
前 340~前 338	拉丁战争,罗马成为意大利中部霸主;
前 346	腓力二世和雅典订立《菲洛克拉底和约》;
前 338	喀罗尼亚战役,马其顿成为希腊霸主;
前 336~前 323	亚历山大大帝统治时期;
前 334~前 325	远征波斯;
前 301	伊普索斯战役,帝国统一的最后代表安提柯阵亡;
前 282~前 272	罗马和他林敦的斗争(皮洛士战争),罗马成为意大利霸主;
前 281	库鲁佩迪安战役;三个王朝(马其顿的安提柯王朝、西亚的塞琉古王朝、埃及的托勒密王朝)并立的格局形成;
前 264~前 241	第一次布匿战争;
前 218~前 201	第二次布匿战争,罗马成为地中海西部地区的霸主;
前 200 起	罗马介入东部;
前 188	罗马和安条克大帝订立和约,安条克大帝不得不撤出小亚细亚;罗马间接统治希腊;
前 168	马其顿解体;
前 168	"厄琉息斯之日",罗马使节迫使安条克四世撤出被他击败的埃及;

前 168/167~ 前 164	反抗塞琉古王朝的犹太马加比起义；
前 149~ 前 146	迦太基被彻底击败并摧毁；
前 146	罗马人摧毁科林斯；
前 133~ 前 122	格拉古改革；共和国晚期开始；
前 104 起	马略军队改革；军队荫庇制诞生；
前 91~ 前 88	意大利同盟者战争；
前 81~ 前 79	苏拉独裁；
前 64	塞琉古王朝覆灭；
前 58~ 前 51	恺撒担任高卢总督；
前 44	恺撒遇刺身亡；
前 30	克利奥帕特拉七世死后埃及归属罗马；
前 27	屋大维放弃自己的特殊全权，以奥古斯都的身份继续统治；
约 30	耶稣被钉上十字架；
68	朱里亚—克劳狄王朝终结；
69~96	弗拉维王朝时期；
96~180	养子继承皇权时期；
193~235	塞维鲁王朝时期；
70	耶路撒冷第二圣殿被毁；
212/213	卡拉卡拉将罗马公民权授予几乎所有帝国居民；
249/250	德西乌斯强迫全民献祭；
257~260	瓦勒良统治时期迫害基督徒；
294	实现四帝共治；
303~311	多次迫害基督徒；
306	君士坦丁被宣告为皇帝，四帝共治告终；
312	君士坦丁打着十字架旗号在米尔维安桥附近获胜；
364	东部和西部行政分离；
378	罗马人在阿德里安堡附近战败；
406/407	日耳曼人群体越过莱茵河；
410	西哥特人占领罗马；
451	卡尔西顿宗教会议（第四次大公会议）；反对派在此后几十年里形成"基督一性论"教会；

476	西罗马皇权终结；
533/534	重要法律汇编呈送至君士坦丁堡，后来成为《民法大全》；
540 起	地中海地区发生瘟疫，造成严重的人口损失；
629	希拉克略击败波斯人；
632	穆罕默德去世；此后不久伊斯兰教开始扩张；
636	罗马在雅莫科河被阿拉伯人击败；
651	萨珊帝国覆灭；
710/711	穆斯林军队的冲击造成西哥特王国瓦解。

注　释

第一章　序　幕

　　笔者还需要做出一些体例方面的说明：对于统治者和主教，本书注明在位时间，其他人物则注明生卒年份；古人姓名常有多种拼法，本书选用较为通行的形式；假如上下文能够体现时间顺序，则年份之前不再标注"公元前"或者"公元"。①

第二章　自　由

1　Aischylos, *Perser* 241–244; Übers. nach J. G. Droysen.
2　Herodot 7,104; Übers. nach A. Horneffer.
3　Hesiod, *Werke und Tage* 363; 348 f.; 248–264; Übers. nach W. Marg.
4　R. Koerner, Inschriftliche Gesetzestexte der frühen griechischen Polis, Köln/Weimar/Wien 1993, 333.
5　Solon, Fragment 3 D (= 3 G.-P.); Übers. nach M. Stahl.
6　Alkaios, *Gedichte* 46 a D = 326 LP; Übers. nach M. Treu.
7　*Attisches Skolion* 10 D. = 10 P; Übers. nach F. Hölderlin.
8　Thukydides 2,37; Übers. nach G. P. Landmann.
9　Aristophanes, *Wolken* 550–558; Übers. nach L. Steeger.
10　Thukydides 1,70; Übers. nach G. P. Landmann.
11　F. D. Harvey, ‹Help! I'm Dying here›. A Letter from a Slave, ZPE 163 (2007), 49 f.
12　Tyrtaios, *Fragment* 6,1–4 G/P; Übers. nach M. Meier.
13　Horaz, *Oden* 3,2,13.
14　Plutarch, *Lykurg* 18,1; Übers. nach K. Ziegler.
15　Simonides 92 A D = FGE XXII b.
16　Thukydides 2,37; Übers. nach G. P. Landmann.

---

①　德文原书只在人物第一次出现时标注了在位时间或生卒年份，为了方便中文读者，译者仍在年份前补标了"（公元）前"或"公元"。

第三章 帝 国

1 *Daniel* 2,31–35. Übers. wie auch bei den anderen Bibelzitaten nach der Neuen Zürcher Bibel (2007).

2 *Daniel* 2,44; vgl. das Kapitel 7, das gleichfalls eine Vision bringt, die sich auf die vier Reiche beziehen lässt.

3 Suda, s. v. *basileia*; B 147 Adler; Übers. nach F. W. Walbank.

4 *Töpferorakel* P₂ 29–35, ZPE 2 (1968), 206.

5 Vergil, *Aeneis* 8,347–368; Übers. nach J. Götte.

6 Polybios 29,27,2–8; Übers. nach H. Drexler.

7 Horaz, *Briefe* 2,1,156f.

8 *Res gestae divi Augusti* 34; Übers. nach M. Giebel.

9 P. Yale I 61.

10 BGU VII 1680 = Sel. Pap. 1,134.

11 Aelius Aristides, *Auf Rom* 97; Übers. nach R. Klein.

12 Tacitus, *Agricola* 21; Übers. nach K. Büchner.

第四章 真正的信仰

1 «*Großer Hymnus*» Echnatons von Amarna; Übers. nach J. Assmann.

2 *Exodus* 20,2f.

3 *Deuteronomium* 13,6–10.

4 S. dazu S. 105f.

5 *Römer* 1,1.

6 *Galater* 2,11–14.

7 *Matthäus* 5,38f.

8 *Apostelgeschichte* 14,8–18.

9 Vergil, *Eclogen* 1,7.

10 Sueton, *Vespasian* 23,4.

11 Tacitus, *Historien* 5,5,1; Übers. nach J. Borst.

12 TAM V I 246; Übers. nach G. F. Chiai.

13 Tacitus, *Annalen* 15,44; Übers. nach W. Harendza.

14 1. *Korinther* 11,18–22.

15 Athenagoras, *Legatio* 11; 37; Übers. nach A. Eberhard.

16 Tertullian, *Apologeticum* 40,2; Übers. nach C. Becker.

17 Plinius, *Briefe* 10, 96; Übers. nach M. Giebel.

18 Theodoret, *Kirchengeschichte* 5,20,4f.; Übers. nach A. Seider.

19 Gelasius, *Briefe* 12,2; Übers. nach A. M. Ritter.

图片说明

图 1 Museo Archeologico Nazionale, Neapel (Berlin, The Bridgeman Art Library)

图 2 Gerard Degeorge (Berlin, akg-images)

图 3 Peter Willi (Berlin, The Bridgeman Art Library)

图 4、图 5 Bridgeman Berlin (Berlin, The Bridgeman Art Library)

图 6 Kalkriese, RIC: Augustus 541; Erich Lessing, RIC: Titus 63 (Berlin, akg-images)

图 7 Suzanne Held (Berlin, akg-images)

图 8 Rom, Museo Nazionale

图 9 München, Interfoto/Miller

全书地图均由 Peter Palm, Berlin 绘制。

地名、人名索引

（此部分页码为德文原书页码，即本书页边码）

图书在版编目（CIP）数据

古代遗产：欧洲的源起 /（德）哈特穆特·莱平
(Hartmut Leppin) 著；徐庆译. -- 北京：社会科学文
献出版社, 2024.11
　（贝克欧洲史）
　ISBN 978-7-5228-2771-1

　Ⅰ.①古… 　Ⅱ.①哈… ②徐… 　Ⅲ.①欧洲－古代史
Ⅳ.①K502

中国国家版本馆CIP数据核字（2023）第219916号

审图号：GS（2024）4231号

·贝克欧洲史·

古代遗产：欧洲的源起

著　　者 /［德］哈特穆特·莱平（Hartmut Leppin）
译　　者 / 徐　庆

出 版 人 / 冀祥德
组稿编辑 / 段其刚
责任编辑 / 陈嘉瑜
文稿编辑 / 顾　萌
责任印制 / 王京美

出　　版 / 社会科学文献出版社·教育分社（010）59367151
　　　　　　地址：北京市北三环中路甲29号院华龙大厦　邮编：100029
　　　　　　网址：www.ssap.com.cn
发　　行 / 社会科学文献出版社（010）59367028
印　　装 / 北京盛通印刷股份有限公司

规　　格 / 开　本：889mm×1194mm　1/32
　　　　　　印　张：8.375　字　数：209千字
版　　次 / 2024年11月第1版　2024年11月第1次印刷
书　　号 / ISBN 978-7-5228-2771-1
著作权合同
登 记 号 / 图字01-2018-7843号
定　　价 / 69.00元

读者服务电话：4008918866